W0383690

Carl Christian Bry

Verkappte Religionen

FACHBUCHVERLAG DRESDEN

Carl Christian Bry

Verkappte Religionen

ISBN/EAN: 9783961690220

Auflage: 1

Erscheinungsjahr: 2017

Erscheinungsort: Dresden, Deutschland

CARL CHRISTIAN BRY

VERKAPPTE RELIGIONEN

4. BIS 6. TAUSEND

LEOPOLD KLOTZ VERLAG / GOTHA

1925

VERKAPPTE RELIGIONEN

Inhalt

WAS SIND VERKAPPTE RELIGIONEN

I

Die Musikanten der Weltweisheit

Hat Bücherschreiben noch Sinn?

Die Frage hat nichts zu tun mit der Not der „geistigen Arbeiter" Wenn statt 35 000 Büchern im Jahr nur noch 20 000 und statt 2000 Blättern nur 800 erscheinen könnten, hätte der Zustand seine Vorteile. Die Hochachtung vor dem Menschen, der Bücher schreiben konnte, nur weil er Bücher schreiben konnte, bestand ja nur so lange zu Recht, als das Schreiben das Privileg Weniger und jedes Buch ein Beitrag zum „Gedächtnis der Menschheit" war. Das ist heute längst nicht mehr der Fall. Völker und Menschheit wären vielleicht ganz froh, wenn sie einiges vergessen könnten.

Das geistige Leben ist ja nicht nur für die Leute da, die davon ihr tägliches Brot essen. Man kann Schopenhauer mit seinem Wunsche, daß wir auf allen Gebieten nur wenige, aber vortreffliche Bücher hätten, allzu unbescheiden finden. Man braucht den Wert des breiten Unterbaues auch im Geistigen nicht zu unterschätzen; und wird dennoch sagen müssen, daß eine Drosselung der Produktion in Büchern, Zeitungen, Zeitschriften und Doktoren der Philosophie — ich bin auch einer — nicht Erdrosselung des geistigen Lebens ist.

Sie könnte das Gegenteil sein. Sie könnte regeres Leben sein, sogar äußerlich, wirtschaftlich. Das geistige Leben könnte rentabler werden, gerade dadurch, daß es noch unrentabler geworden ist als es war. Wird heute ein junger Mensch, der bei günstigerer Wirtschaftslage sich der Weltweisheit und den schönen Künsten ergeben hätte, statt dessen Bankdirektor, so wird er wahrscheinlich Bücher lesen und keine schreiben. Die Zahl der Schreibenden vermindert, die der Lesenden vermehrt — was könnte erwünschter sein?

Die Frage nach dem Sinn hat mit der nach dem Lohn nur insofern zu tun, als Kopf auf Körper angewiesen ist. Es macht so viel nicht aus, ob sich Bücherschreiben äußerlich ebenso schlecht oder noch etwas schlechter lohnt als von jeher. Die

Frage ist nur: lohnt es sich innerlich? Kann ein Buch noch wirken?

Wirken hat mit dem Erfolg umgekehrt zu tun, als man gemeinhin annimmt. In der guten alten Zeit, vor dem Kriege, beklagte sich der Bücherschreiber grämlich über die Tücke der Verleger, die ihn ablehnten, über die Grausamkeit der Rezensenten, die ihn heruntermachten, über die Böswilligkeit von Kritikern, die ihn totschwiegen und über die Blödigkeit des Publikums, das ihn nicht las. Er glaubte sich durch rohe, körperliche, kapitalistische Gewalten vom Wirken abgeschnitten.

Sein Kollege von heute ist viel unglücklicher daran. Er glaubt und klagt, daß seine Verleger nicht g e n u g für ihn tun, daß seine Kritiker und Rezensenten seine Bedeutung nicht g e n u g unterstreichen, daß sein Publikum ihn nicht g e n u g liest. Das heißt: er spürt in seinem und trotz seinem Erfolg, daß er nicht wirkt und nichts ändert.

Warum? Weil es ihm zu leicht gemacht worden ist. Tatsächlich war es vielleicht noch zu keiner Zeit weniger schwierig als heute zu Wirkung und Geltung zu gelangen; und gerade weil es so leicht ist zu „wirken", scheint es unmöglich zu wirken.

Von jeder Plakatsäule droht ein neuer, besonderer Weltumsturz, schreien Enthüllungen, locken frisch entdeckte Dimensionen. Die Folge ist, daß sich niemand mehr darüber aufregt; außer den Leuten natürlich, die von ihrer Aufregung leben, den — ich bin einer — Journalisten.

Wir sind überfüttert mit Gedanken. Das Bilderbuch verdrängt das Buch und das ideale Bilderbuch, der Film, frißt sie beide auf.

Glückliche Zeiten, als die Menschheit noch in Irrtümern befangen war! Wir hingegen stöhnen unter der Last von einigen Schock Meinungen, von denen jede einzelne nicht Unrecht hat und die doch weder einzeln, noch mitsammen das Gefühl der Wahrheit geben.

Man könnte meinen, diese Schwierigkeit sei mehr physikalischer Art. Schließlich und endlich müsse es doch gelingen, alle diese „Richtigkeiten" entweder durch eine einzige große

Wahrheit zu besiegen oder zu einer einzigen großen Wahrheit zusammenzufassen.

Die Wahrheit vorstürmen zu lassen, die Richtigkeiten aus dem Felde zu schlagen, kurz, der Situation durch einen entscheidenden Sieg ein Ende zu machen ist unmöglich. Und, so resigniert es klingt: das ist eine der Tatsachen, die unserer Zeit Ehre machen. Denn wenn auch keine von den Anschauungen, mit denen wir heute so reichlich überschüttet werden, uns ganz genug tut und wenn sie alle auch weit entfernt sind, uns zu befriedigen, so ist es ihnen dafür um so gründlicher gelungen, uns anspruchsvoll zu machen. Wir wollen nicht verzichten, wollen nichts opfern von dem, was wir erkannt haben. Alle Verstandesenergie, die auf uns einspricht, uns ihre besondere Richtigkeit als Wahrheit aufzureden, die Konkurrenten aus dem Felde zu schlagen trachtet, beweist uns immer auch zugleich ihr eigenes Gegenteil. Jede Verkündigung, die durch Sieg das Feld behalten, uns überreden will, auf einen Teil unserer Erkenntnisse einfach Verzicht zu tun, um zur Wahrheit und Festigkeit zu kommen, vermehrt nur die Zahl unserer Möglichkeiten des Denkens um noch eine. Wir alle sehnen uns nach dem Gesetz, dem absoluten — und bleiben doch Relativisten, die das Eine ohne das Andere nicht denken und fühlen können, die von jedem Gedanken auch in sein Gegenteil geworfen werden. Unser Gewissen ist nicht einfach dadurch zu befriedigen, daß wir ihm einen Teil unseres Wissens opfern. Diese Befriedigung wäre nicht von Bestand, weil sie — gewissenlos wäre. Denn einen Teil unseres Wissens unterdrücken, vergessen, nicht mehr wissen wollen, um der Ruhe unserer selbst oder der Welt willen, unserem inneren oder äußeren Wohlergehen zuliebe, das hieße uns selbst aufgeben. Es wäre geistiger Selbstmord: die einzige Todsünde, die keine Religion verzeiht, weil sie nicht wieder gut gemacht werden kann. Trotzdem es an Verführung dazu nicht fehlt, erliegen ihr wenige. Der Sieg einer Anschauung, der wir wieder alle innerlich ohne Einschränkung verbunden sind, wäre heute nur möglich auf Grund einer letzten Verzweiflung am Denken überhaupt, einer tabula rasa des Geistes; nein, erst auf

Grund einer tiefen Gleichgültigkeit, der sogar ihre eigene Verzweiflung schon gleichgültig geworden wäre. Das aber ist nicht unser Zustand. Wenn wir verzweifelt sind, dann nicht, weil wir an gar nichts mehr glauben könnten, weil uns alles gleichgültig geworden ist; sondern gerade umgekehrt, weil wir zu vieles einsehen müssen.

Weder durch teilweises Vergessen, noch durch die tabula rasa kann uns Wahrheit kommen, die uns erfüllen und uns sich zu eigen machen könnte. Sie darf unser Wissen nicht leugnen; sie muß es aufnehmen und enthalten. Nicht rückwärts auf ein Alleingültiges, sondern vorwärts zum Allgemeingültigen führt unser Weg. Alles andere, wie erhaben und tiefsinnig es sich auch gebärde, ist geistiger Selbstmordversuch.

Das Allgemeingültige sucht heute unsere Philosophie in verschiedener Art. Die ältere Weltweisheit der Universitäten strebt dahin, indem sie einfach die Sechs- und Siebensilber der Fachterminologie immer neu paart oder neu teilt. Man könnte sie die chemische Philosophie nennen. Sie geht mit ihren Begriffen und Formeln um, wie eine Chemie ohne Grenzen und Gesetze, in der sich alles binden, alles scheiden, alles aufeinander zurückführen läßt. Für uns hat dieses Gesellschaftsspiel unter Berufsgenossen, das zwar steril, dafür aber ohne Anspruch auf geistige Welteroberung ist, nur auf Umwegen Bedeutung.

Anders und unserem Thema näher steht schon die jüngere akademische Weltweisheit. Sie versucht tatsächlich wieder, die ganze Welt zu erfassen, zu beleuchten und zu deuten, aber auf eine vereinfachte Art: nämlich am Typus. Ihre Bedeutung liegt darin, daß sie mit aller Kraft wieder den Menschen in den Mittelpunkt der Betrachtung rückt, statt des Begriffes. Doch erstarrt ihr der lebendige Mensch mit seinem Reichtum vorzeitig zum Typ, nämlich gleich zu Anfang. In diesem besonderen Teil unserer heutigen Philosophie sind die Typen immer vor den Einzelheiten da: Arbeitswerkzeug, statt Arbeitsergebnis.

Dadurch wird (neben anderen Nachteilen) besonders eine Gefahr jeder Philosophie überstark: daß nämlich nicht die Welt, das Ursprüngliche, sondern die anderen Weltanschauungen, das

Abgeleitete, Grundlage und Ziel des Denkens werden. Es entsteht eine Philosophie über die andere Philosophie; Philosophie zur zweiten, dritten, zehnten Impotenz; Bücherkritik, statt Weltanschauung. Das Denken in Typen wird zur bloßen Demonstration am Phantom, zu einer geistigen Gymnastik, die ebenso akademisch-alexandrinisch versandet, wie die chemische Philosophie.

Daß auch im Denken jede Aktion Reaktion ist, daß jede Weltanschauung zugleich Nach-Denken, Kritik anderer Weltanschauung ist, braucht man dabei ebensowenig zu übersehen, wie die andere Tatsache, daß Bücher die Hauptquelle unserer Kenntnis der Vergangenheit sind. Nur fragt es sich, ob sie benutzt werden als Prüfsteine oder als Grundsteine. Ein lehrreiches Beispiel bietet Schopenhauer. Sein Bannfluch über die „Windbeutel" Hegel und Fichte ist ohne Wirkung verhallt, was Reaktion an ihm war, hat seine Bedeutung verloren. Wäre nur sie sein Ziel gewesen, er wäre heute ebenso vergessen, wie unsere chemische Philosophie in fünfzig Jahren vergessen sein wird. Aber seine Reaktion war nur Kehrseite seiner Aktion, welche die Welt als Willen und als Vorstellung zu erweisen sich mühte. Unsere heutige Philosophie jedoch bezieht ihren ersten Antrieb immer aus der Reaktion. Sie philosophiert im Hauptpunkt die Werke der anderen Philosophen herunter oder hinauf; und trotzdem sie dabei sogar mehr recht hat, als Schopenhauer gegen Hegel und Fichte, wird sie doch vielleicht ein wenig schneller vergessen werden.

Neben der chemischen Philosophie und der Typenphilosophie steht, ihre Ergebnisse zum Teil ausnutzend, das, was man mit schiefem Ausdruck Kulturphilosophie nennt. Sie denkt nicht wie die Kantische Philosophie über Möglichkeiten und Grenzen des Denkens, sondern über das Leben selbst; und auch wo ihr das Denken zum Problem wird, meint sie nie das Denken als logischen Vorgang, sondern immer als Lebensakt. Von Nietzsche bis Scheler, Keyserling, Spengler hat diese unsystematische Philosophie unerhörte Triumphe gefeiert. Philosophische Standwerke sind populär geworden wie Ullsteinromane.

Da spätere Kapitel sich ausführlicher mit der Lebensphilosophie befassen, können hier flüchtige Andeutungen nicht über den Inhalt, nur über die Methode genügen.

Die unsystematischen Philosophen gewinnen uns leichter. Wir ertragen selbst offenbare Widersprüche, denn sie liegen ja auch in der Welt selbst offen da und die Lebensphilosophie tut ihnen weniger Gewalt an als die systematische. Es stört uns sehr wenig, wenn der Philosoph auf Seite 32 das Christentum für ein Übel und auf Seite 159 für einen Fortschritt erklärt. Wir erkennen den jedesmaligen Zusammenhang und erheben keinen Widerspruch gegen den Widerspruch. Wir sind über das Alleingültige hinaus- und noch nicht vorwärtsgekommen bis zum Allgemeingültigen. Werden uns daher zwei Erkenntnisse vorgelegt, die einen Widerspruch bilden, so werden wir weder die eine verwerfen, noch den voreiligen Versuch machen, sie beide zu versöhnen. Vielmehr werden wir beide Erkenntnisse mitsamt ihrem Widerspruch hinnehmen.

Und hier beginnt die wirkliche Schwierigkeit der neuesten Kulturphilosophie. Sie umgeht die Gefahr, sich selbst zu widersprechen, auf ganz eigentümliche Art. Um die Widersprüche mit sich selbst aufzuheben, zu denen Mut gehört, hebt sie alle Grenzen auf. Nietzsche tat das, indem er seine Philosophie in Aphorismen faßte. Dabei hatte wenigstens jeder einzelne Gedanke noch ein Minimum von Bestimmtheit, während er auf der anderen Seite, durch die aphoristische Form, unverbindlich, oder jedenfalls nur in einem bestimmten Zusammenhang verbindlich wurde. Eine Methode, die Arthur Schnitzler einmal ganz scharf in ein paar Worte gefaßt hat, die zwar nicht Nietzsche gelten, aber sein Vorgehen deutlicher bezeichnen, als ein Band in Großquart: es ist alles nur im selben Augenblicke wahr.

Seine Nachfolger gehen anders vor. Sie empfinden peinlich eben dieses Unverbindliche einer aphoristischen Philosophie; sie möchten, der Sehnsucht der Zeit entsprechend, wieder in Quadern bauen und wissen doch, daß kein System ihnen selbst und uns genügen kann. So kommen sie zu einer anderen Aushilfe: der Grenzenlosigkeit. Von Keyserling versteht sich das von selbst. Schon sein Titel Reisetagebuch eines Philosophen spricht deutlich genug; er hätte, ohne zu übertreiben, auch sagen können Weltreisetagebuch eines Philosophen. Bei Spengler ist auf zwei Seiten, die man beliebig aufschlägt, die Rede etwa von englischer Politik, vom Königreich Tsu, vom Napoleonismus und Cäsarismus, vom magischen Geist und magischen Geld, vom byzantinischen Mönchtum, vom Bastillesturm, von den Abbassiden, von der Restauration von 1815; und dazwischen von weiteren Menschen und Dingen, deren Stellung und Bedeutung vielleicht nur der Fachgelehrte genau kennt: vom Abt Theodor von Studion, von den Paulikianern, von den Churramija, von Babak, von den Karmaten, vom Jahrhundert des byzantinischen Bildersturms, von einer freikirchlichen Mönchspolitik, vom Sklavenaufstand in Irak und anderem mehr. Spengler wird erwidern, das sei ja eben seine Methode, das sei ja eben das Neue und Große, das seien die historischen Parallelen über Blüte und Verfall der großen Kulturen. Für unseren vorläufigen Zweck geht es schon zu weit, ihm zu erwidern, daß seine Parallelen nicht viel länger sind als der Strich über dem Feuilleton, wenn etwa — immer auf denselben zwei zufälligen Seiten — Bagdad den Titel eines neu erstandenen Ktesiphon erhält; wenn ein byzantinischer Abt in magischen Formen die Bastille stürmt; wenn Ali den Beinamen Spartakus des Islam bekommt. Wir werden diese Lust an und diesen Zwang zu einer Verknüpfung des einander Fernliegenden später auf Gebieten wiederfinden, die anscheinend tief unter Spengler liegen. Hier genügt vorläufig die ganz simple und materielle Feststellung, daß der Stoff bei Spengler sich nicht, wie nach Spenglers Ansicht die Kultur es tut, aus sich selbst geheimnisvoll entfaltet, streng und magisch an seinen Zirkel gebannt. Gerade das Gegenteil ist der Fall: der Stoff gehorcht jedem Einfall und der einzige feste Punkt in der Kulturphilosophie der Gegenwart ist der Philosoph selbst. Der Stoff ist nicht mehr in irgendeiner erkennbaren vorausbestimmten Weise gebunden, sondern nur noch personell.

An Stelle des Gedankens, mit dem es bisher die Philosophie zu tun hatte, tritt die Stimmung. Schopenhauer, mit dem Endziel einer Befreiung von Willen und Langeweile in Nirwana, also ein Stimmungsphilosoph, ein Ästhet, ein Lyriker, fängt doch seinen ersten Band mit dem sehr bestimmten Satz an: die Welt ist meine Vorstellung. Spengler, der Verächter von Stimmungen, der Verkünder des Tatmenschen, der Erniedriger der Philosophen und Dichter, fängt seinen zweiten Band mit den Worten an: betrachte die Blumen am Abend, wenn in der sinkenden Sonne und man wundert sich, daß sich die Zeilen nicht reimen.

Durch ein paar tausend kümmerlicher Jahre hat sich die Philosophie ebenso selbstverständlich mit Denken befaßt (gleichviel was sie auch immer über das Denken dachte und wie sie es anfing), wie sich der Maurer mit Mauersteinen, der Bäcker mit Brot befaßte. Jetzt tritt an Stelle des Gedankens die Stimmung, an Stelle der Behauptung die Lyrik; nein, nicht die Lyrik, sondern der grenzenloseste Menschenausdruck: die Musik. Unsere Kulturphilosophen sind verhinderte Musikanten.

Damit aber ist das Wesen der Philosophie, die es mit dem Gedanken zu tun hat, aufgehoben. Diese Wandlung ist grundsätzlich verschieden von allen früheren. Wenn einem Vogel plötzlich drei Beine wachsen, ist er noch immer ein Vogel, wie sehr auch die Vogelwelt gegen diese Neuerung angehen mag. Wenn ein Vogel aber sein ganzes Wesen ändert und, sagen wir, eines Tages wie eine Katze aussieht, dann haben wir trotz seiner Behauptung, er sei noch immer ein Vogel, wohl kaum noch das Recht, ihm den Namen noch zuzubilligen und nennen ihn besser Katze.

Natürlich besagt das nicht, wenigstens nicht von Hause aus, etwas gegen Wert und Leistungen der Katze. Warum sollen Philosophen nicht Künstler werden? Und in der Tat wäre wenig dagegen einzuwenden, wenn sie nur eben Künstler werden möchten. Aber sie werden es nicht. Dann nämlich müßten sie an einem begrenzten Einzelfall Weltall und Menschheit demonstrieren. Sie aber gebrauchen bis jetzt Weltall und Menschheit, um eine Stimmung zu demonstrieren.

Dabei entwaffnet die Musikalität, die Grenzenlosigkeit in der

Zusammenholung und der Zusammenstellung des Stoffes jede Kritik. Über ein Werk, das alles sagt, was es nur will, kann auch die Kritik alles sagen was sie will. Das ist ohne jede Schwierigkeit ganz von außen zu erweisen, aus dem äußeren, dem Druckbogenumfang moderner Philosophie. Wenn ein viel belesener Mensch ohne besondere überragende geistige Gaben sich hinsetzt, um einen großen Band zu verfassen, in der er jeder seiner Belesenheiten unter Zugrundelegung eines Gedankens nachgeht, so muß sein Buch notwendigerweise viel Neues und Überraschendes bringen. Wenn auf der anderen Seite ein Genie sich dieselbe Mühe macht, so wird er vielleicht bei der Ausdehnung des Bandes flachen, schiefen, erweislich unrichtigen Einzelheiten nur unter Schädigung der inneren Stoßkraft aus dem Wege gehen können. Deshalb ist die Kulturphilosophie der Gegenwart sehr leicht zu loben, denn sie enthält auf jeder Seite Fesselndes, Richtiges und bisweilen selbst Wahres; sie ist sehr leicht anzugreifen, denn sie muß notwendigerweise viel Falsches bringen. Was aber das Schlimmste ist: sie ist sehr leicht nachzumachen, denn niemand von uns kann wissen, zu welchen überraschenden und fesselnden Einzelheiten er kommt, sobald er einmal ernstlich daran geht, die Tontafeln des Assurbanipal mit dem Dollarkurs und den Zweitaktmotor mit der Porzellanmalerei unter der Dynastie T'sin zu verknüpfen.

In ihrer Wehrlosigkeit hat nun die Kritik ein merkwürdiges Auskunftsmittel gefunden. Sie tritt nämlich einfach die Flucht auf die höhere Ebene an. Sie beendet die Kritik mit der Definition; während Definition der Anfang der Kritik ist. Sie konstatiert den Eklektizismus Keyserlings und den Pessimismus Spenglers. In der Tat bleibt ihr nichts anderes übrig; denn das Eingehen in die Einzelheiten, die nur musikalische Figuren sind, ist ja wertlos geworden.

Ältere optimistische Leute sprechen immer noch von den geistigen Kämpfen der Gegenwart. In der Tat aber sind geistige Kämpfe so ziemlich das einzige, was die Gegenwart sicher nicht besitzt. Die endlose und leidenschaftliche Polemik auf jedem Gebiet, die das achtzehnte und noch den Anfang des neunzehnten

Jahrhunderts erfüllte, hat aufgehört. Selbst politische Leitartikel werden unpolemisch geschrieben (ohne daß deshalb etwa das Zeitalter der Toleranz angebrochen wäre). Polemik ist unmöglich; wo keine Behauptung mehr steht, sondern nur noch Musik, gibt es Gegenbehauptung.

Die Folgen?

Oben war der Ausdruck Überfütterung mit Gedanken gefallen. Aber er stimmt nicht. An die Stelle des Gedankens, der etwas Bestimmtes ist, ist die Strömung, die Richtung getreten, die etwas ganz unbestimmtes ist. Viele Leute behaupten, sie seien über den Tod des Gedankens nicht traurig. Wirklich und gültig — sagt auch Spengler — sei ja einzig die Tat. Wir werden später auf bestimmterem Felde der Frage nahe kommen, ob der Gedanke wirklich die Tat lähmt. Ganz axiomatisch aber kann gesagt werden, daß Strömungen, Stimmungen, Richtungen ganz sicher die Tat lähmen.

Die Strömung ist das Mittel, an allem Interesse und nichts ernst zu nehmen.

Ihr allgemeinster Ausdruck besteht in den vier Worten: es ist etwas daran; die zugleich Hochachtung und Nichtachtung ausdrücken.

Wir haben die beiden großen Versuche, in der und durch die Philosophie wieder zum Absoluten zu gelangen, bis zu ihren Ergebnissen verfolgt. Die frevelhafte Anstrengung, zugunsten unseres Wohlbefindens einen Teil unserer Erkenntnisse zu unterdrücken, führte günstigen Falles zu noch einer Denkmöglichkeit neben den schon Bestehenden. Der andere Versuch, zusammenzufassen, zu überbauen, führte in der Philosophie — und in der Kunst ist es nicht viel anders — zur Lähmung des Denkens überhaupt; aber damit nicht zur Tat, sondern nur zu Strömungen, die aneinander vorbeigehen oder Wirbel bilden; zwischen denen aber infolge ihrer Unbestimmtheit und Grenzenlosigkeit, infolge ihrer Musikalität, weder Kampf noch Versöhnung möglich ist.

Gibt es einen dritten Weg, um dem Absoluten näher zu kommen? Hat Bücherschreiben wieder Sinn?

II
Die Hinterweltler

Soll es Sinn haben, so muß es offenbar das zu erfassen und klarzustellen suchen, was wirklich unsere Zeit bezeichnet: nicht die einzelnen Gedanken, sondern die Wirbel und Strömungen selbst.

Aber sind Strömungen faßbar? Schon die philosophische Musik, schon das Denken in Kulturen entwaffnet ja infolge seiner Unbestimmtheit den Gedanken und läßt Klarheit nicht aufkommen. Wenn das schon bei der Einzelwelle der Fall ist, so wird offenbar die Bestimmung und Untersuchung der gesamten Strömungen und Wirbel noch mehr unter Grenzenlosigkeit und Unklarheit zu leiden haben. Wir haben ja gesehen, wie grenzenlos und unbestimmt schon ein paar beliebige Seiten etwa von Spengler sind.

Soll an Stelle der Strömungen wieder der Gedanke treten, soll statt des Wirbels wieder Streit oder Verständigung möglich sein, soll wieder ein festes Gegeneinander oder Miteinander das aufgeregte Aneinandervorüber ablösen, soll die Stimmung wieder durch das Urteil ersetzt werden, dann gilt es offenbar, in unserer Zeit ein Gebiet zu finden, das genügend bestimmt ist, um eine genaue Untersuchung zu ermöglichen und weit genug, um bezeichnend zu sein.

Ein solches Gebiet ist das der verkappten Religionen. Hier treffen sich tatsächlich die Strömungen und Wirbel, alles, was unsere Zeit stärker erregt und bewegt. Der Spielraum der verkappten Religionen ist unendlich weit und doch haben sie im einzelnen wie insgesamt ein ganz bestimmtes Wesen. Endlich stehen auf diesem Gebiet nicht nur Scharen von toleranten, rasch erwärmten, aber auch schnell abgekühlten Interessenten. Die verkappten Religionen verfügen, fast allein in unserer Zeit — und schon das sichert ihnen Bedeutung — über Gemeinden von heißen Fanatikern, die erfüllt und streitbar für ihr Weltbild kämpfen.

Was bezeichnet die verkappten Religionen? — Mysterien, Sekten, Aberglauben, Vereinsmeierei, Mangel an Lebensart?

Ja, auch das. Aber ein ästhetisches Abgestoßensein wird ihnen nicht gerecht. Ihr Feld ist viel weiter. Es geht von der Abstinenz bis zur Zahlenmystik. Aber es geht auch von der Astrologie bis zum Zionismus, oder von den Antibünden (mit dem Antisemitismus an der Spitze) bis zur Yoga oder von der Amor Fati bis zur Wünschelrute, oder vom Atlantis bis zum Vegetarianismus. Dieses Hexenalphabet besetzt jeden Buchstaben doppelt und dreifach.

Ein paar, längst nicht alle Gebiete: Esperanto, Sexualreform, rhythmische Gymnastik, Übermenschen, Faust-Exegese, Gesundbeten, Kommunismus, Psycho-Analyse, Shakespeare ist Bacon, Weltfriedensbewegung, Brechung der Zinsknechtschaft, Antialkoholismus, Theosophie, Heimatkunst, Bibelforschung, Expressionismus, Jugendbewegung, Genie ist Wahnsinn, Fakirzauber, Haß gegen Freimaurer und Jesuiten, endlich das weite Gebiet des Okkultismus, das wiederum seine eigenen siebenfachen Hexenalphabete hat: das sind nur einige von den Bewegungen, die hier verkappte Religionen heißen.

Man fühlt, daß alle diese Gebiete irgendwie und irgendwo zusammengehören und aneinander grenzen. Aber wo liegt der Zusammenhang?

Als ich die Liste einem Freunde vorlegte, sagte er verständnisvoll, ich wolle also die Katakomben des Denkens und Gefühls untersuchen. Das trifft jedoch nur auf einige verkappte Religionen zu und selbst dort nur äußerlich. Geheime Religionen, Geheimwissenschaften, wirkliche Katakomben des Fühlens und Denkens hat es immer gegeben. Ihr Stolz waren eben die Katakomben; sie fühlten sich wohl darin und ihre Verborgenheit, ihr Geheimtun gab ihnen in den eigenen Augen besondere Bedeutung. Gewiß ist das auch noch heute der Fall. Gewiß sitzt auch noch jetzt manche verkappte Religion in ihrer Katakombe, ganz erfüllt von ihrem sektiererischen Stolz und von der Tatsache, daß zu ihrer unterirdischen Behausung nur wenige Zugang und Eintritt haben. Aber damit begnügt sie sich nicht mehr. Ganz im Gegenteil: sie erhebt nicht nur den Anspruch, weiser und besser zu sein, als alle Welt und gegen alle Welt

Recht zu haben — was Mysterien immer getan haben —, sondern sie schickt sich heute allen Ernstes und mit aller Kraft dazu an, die Oberwelt zu erobern. So weit verkappte Religionen aus Katakomben stammen, drängen sie jetzt stürmisch — ans Tageslicht? Nein, zum Platz an der Sonne.

Aber nicht alle geben sich geheimnisvoll. Nicht alle sind Sekten. Nicht alle stammen aus Katakomben. Viele haben von allem Anfang an in vollem Lichte gearbeitet. Ein Teil, wie etwa die Psycho-Analyse, hat Brief und Siegel wissenschaftlicher Anerkennung seit längerem gefunden. Ein anderer, wie die Lehre von der Heldenanbetung, vom Übermenschen, von der Amor Fati, besitzt Weltbedeutung. Ja, verkappte Religionen, wie Kommunismus und Faszismus, haben das Antlitz von Völkern und Ländern gewandelt. Und selbst eine viel engere Bewegung, wie der Antialkoholismus fängt schon an, dasselbe zu tun und ist dabei, die Welt zu erobern. Mit Mysterien, Sekten, Katakomben des Denkens oder welchen Ausdruck man wählen will, sind also immer nur einzelne der verkappten Religionen getroffen und selbst nicht in demjenigen Zug, der heute für sie am bezeichnendsten ist, dem Willen zur Welteroberung.

Daß alle diese verschiedenen, sich zum Teil schroff und feindselig gegenüberstehenden Willensrichtungen verbunden sind, bleibt trotzdem deutlich zu spüren. Nur wo liegt die Verbundenheit? Wer Abstinent ist, wird kaum Antisemit sein; wer Pazifist ist, wird den Anbeter des Übermenschen bekämpfen; wer für Esperanto schwärmt, wird den lächerlich finden, der für Runen schwärmt; wer für Heimatkunst ist, ist wahrscheinlich gegen Okkultismus.

Sicher allerdings — und damit fühlen wir nur stärker, daß alle diese Gebiete nur Felder eines einzigen Landes sind — sicher ist das längst nicht. Der Kommunist mag den Faszisten verachten und heftig bekämpfen; trotzdem sind Kommunismus und Faszismus so sehr vom gleichen Stamme, daß — wir erleben es jeden Tag — ihre Anhänger mit erstaunlicher Leichtigkeit die Plätze wechseln. Aber das mag von der vielberufenen Berührung der Gegensätze herkommen.

Es gibt jedoch noch andere und schwierigere Fälle. In bestimmten verkappten Religionen finden sich — aus Gründen, die noch zu untersuchen sein werden — der Haß gegen die Freimaurer mit dem Haß gegen die Jesuiten ganz untrennbar zusammen. Diese Ehe wird nicht im geringsten dadurch gestört, daß Jesuiten und Freimaurer unter sich Gegensätze sind. Nach der Regel: Die Freunde meiner Freunde meine Freunde, die Feinde meiner Feinde meine Feinde, eine Regel, die auch im Geistigen, ja nur im Geistigen gilt, sollte man annehmen, daß, wer die Jesuiten haßt, die Freimaurer schätzen müßte und umgekehrt. Aber der Gegensatz macht nicht die geringsten Schwierigkeiten. Es kommt offenbar in den verkappten Religionen, wie in den Religionen, auf ganz andere Dinge an, als auf Logik.

Die Gegensätze zwischen den Gebieten, die zunächst so willkürlich zusammengewürfelt anmuten, sind nicht so bestimmt, wie sie im ersten Augenblick aussehen. Aber was berechtigt dazu, sie unter dem Namen verkappte Religionen zusammenzufassen?

Ihnen allen, der Abstinenz wie der Astrologie, der Yoga wie dem Vegetarianismus, dem Esperanto wie der rhythmischen Gymnastik, dem Kultus des Übermenschen wie der Psycho-Analyse, dem Antialkoholismus wie der Brechung der Zinsknechtschaft, der Jugendbewegung wie dem Antisemitismus: ihnen allen wohnt eine Überzeugung inne, die mit der Überzeugung jeder Religion verwandt und doch ihr gerade entgegengesetzt ist.

Religion sagt: Der letzte Sinn deines Daseins liegt j e n s e i t s deines Lebens, liegt ü b e r deinem Leben; ganz gleichgültig, wie sich die einzelne Religion auch immer Himmel und Jenseits ausmalen oder ob sie überhaupt auf solche Ausmalung als irreligiös und utilitarisch verzichten mag.

Verkappte Religion hingegen sagt: H i n t e r deinem gewöhnlichen Leben und h i n t e r der gewöhnlichen Welt liegt etwas bisher Verborgenes, etwas zwar seit langem Geahntes, aber für uns nie Verwirklichtes, eine noch nie realisierte Möglichkeit, der wir beikommen können und jetzt beikommen wollen und beizukommen gerade im Begriff sind. Der Anhänger der verkappten Religion glaubt an etwas hinter der Welt. Man kann ihn kurzweg den Hinterweltler nennen. Der Fromme glaubt an ein unvorstellbares Reich jenseits der Wolken, der Hinterweltler an eine neue Wirklichkeit hinter der Tapete. Während dem Frommen Diesseits und Jenseits streng getrennte Reiche sind, ist der Hinterweltler bis in den Kern seiner Seele davon durchdrungen, daß die gewöhnliche Welt und die Hinterwelt in den lebhaftesten wirklichen Beziehungen stehen und daß eines Tages dasjenige, was heute noch Hinterwelt ist, die Welt besiegt und durchdrungen haben wird. An diesem Siege zu arbeiten, die Hinterwelt zur Welt zu machen, ist der Inhalt seines Glaubens.

Hier scheiden sich ganz scharf Religion und verkappte Religion. Religion sagt uns, daß wir alle noch nicht vollkommen sind, weil wir sündige und schwache Menschen sind. Verkappte Religion sagt, daß die Majorität von uns noch nicht vollkommen ist, weil wir in unserer Erkenntnis zurückgeblieben sind und uns sträuben, die hinter der gewöhnlichen Welt liegende Wahrheit zu erkennen und anzuerkennen.

Damit sind auch zwei Einwände erledigt, an die schon vorher bei Erwähnung der Katakomben hingestreift worden war: daß nämlich viele der aufgezählten Gebiete doch ganz weltläufig und „praktisch" seien und mit Religion offenbar nichts zu tun hätten. Wolle man andrerseits die Liebe, die Kraft, den Eifer, die Ausschließlichkeit, mit der ein Mensch sich einer Sache widmet, schon als verkappte Religion ansehen, dann könne man von Fall zu Fall auch Schachspielen, Rosenzucht, Musik, weibliche Handarbeiten und manches andere als verkappte Religion ansehen. Und die verbreitetsten verkappten Religionen seien dann wahrscheinlich Fußball und Geldverdienen.

Diese Einwände verfehlen ihr Ziel. Nicht nur einige verkappte Religionen, wie Abstinenz und Psycho-Analyse sind praktisch. Sie sind alle praktisch. Sie stammen alle von dieser Welt. Darin gerade unterscheiden sie sich von den Religionen.

Auf der anderen Seite ist die Ausschließlichkeit und Intensität der Hingabe nicht entscheidend für die verkappten Religionen; wenn sie sich auch meist im Verein damit findet. Jemand mag nur an seinen freien Sonntagnachmittagen das Faustgeheimnis oder das Shakespearegeheimnis zu ergründen suchen; dennoch ist er ein Hinterweltler, weil er einen verborgenen Sinn, eine neue Wirklichkeit zu erlangen hofft. Auf der anderen Seite mag der große Schachspieler all seine Zeit, sein ganzes Denken und was er an Herz hat, dem Schachspiel opfern; mag im Schachbrett das Sinnbild der kampferfüllten Welt, im Schachkönig den wirklichen König, in den Bauern wirkliche Bauern sehen: er behauptet doch höchstens, Schach sei der Spiegel der Welt. Er wird nie behaupten, daß das Schach und die von ihm entdeckten neuen Gesetze und Geheimnisse des Brettes ihm einen neuen Sinn der ganzen Welt erschließen.

Umgekehrt ist natürlich nicht jeder Esperantist, nicht jeder Psycho-Analytiker, nicht jeder Antialkoholiker ein Hinterweltler. Wenn jemand Esperanto als ein prachtvolles Hilfsmittel der Handelskorrespondenz ansieht, so hat er vielleicht Recht damit, jedenfalls läßt sich darüber streiten. Erst wenn sich nicht mehr mit ihm streiten läßt, erst wenn hinter dem Esperanto die Hoffnung auf eine neue Welt sich ergibt, betritt er das Gebiet der verkappten Religionen. Wenn ein Trupp Wandervögel, Kniee nackt und Laute um den Hals, durch die Lande zieht, so sind verschiedene Ansichten darüber möglich, ob diese Übung vom gesundheitlichen Standpunkt nützlich und erhebend oder vom ästhetischen und politischen mit Mängeln behaftet ist. Die verkappte Religion fängt erst an, wo der Streit aufhört: in dem Augenblick nämlich, wo der Trupp Wandervögel behauptet, er sei nicht auf Grund seiner gesunden Beine und Lungen, sondern auf Grund seiner Überzeugung von der Wichtigkeit des Jungseins etwas Besonderes und Welterlösendes. Erst die Hoffnung auf die Hinterwelt, die Bemühung, mit ihr die alte Welt zu erobern und zu durchdringen, macht das Wesen der verkappten Religion aus.

III

Aus einem Punkte zu kurieren

Alle verkappten Religionen sind Monomanie. In tausend Formen, die immer wieder wechseln, stellen sie einen Gedanken in die Mitte und suchen von ihm aus und durch ihn den Menschen zu formen. In der Mitte dieses zum Teil ganz ungeheuren Gedankengebäudes der verkappten Religionen steht immer eine Richtigkeit, meist selbst eine Wahrheit. Sie wird dadurch in ihrer „Wirkung" gestärkt, und um ihre Wirkung gebracht, daß sie alle anderen Gedanken einschluckt.

Für jeden entflammten Anhänger jeder Religion gibt es nichts mehr, das mit seinem Glauben nicht irgendwie in Zusammenhang stünde. Das rundet ihm sein Weltbild und gerade der Umstand, daß sein Glaube alles umfaßt, alles belebt, daß nichts mehr ihm gleichgültig ist, diese Wirkung seiner Religion beglückt ihn. Der wahrhaft religiös Ergriffene sieht die ganze Welt neu; sieht sie, als ob sie für ihn gemacht wäre.

Auch der Hinterweltler sieht die ganze Welt neu. Aber ihm dienen alle Dinge nur zur Bestätigung seiner Monomanie.

Dem Religiösen wird die Welt größer. Er findet noch im Entlegensten eine neue Seite seines Glaubens, die ihm bisher nicht aufgegangen war und in diesem neuen Licht leuchtet ihm auch das Fremdeste in strahlendem Glanz auf.

Dem Hinterweltler schrumpft die Welt ein. Er findet in allem und jedem Ding nur noch die Bestätigung seiner eigenen Meinung. Das Ding selbst ergreift ihn nicht mehr. Er kann nicht mehr ergriffen werden; soweit ihn die Dinge noch angehen, ist es als Schlüssel der Hinterwelt.

Man kann das beinahe experimentell nachweisen. Man spreche einmal mit einem Menschen, dem etwa der Antisemitismus zur verkappten Religion geworden ist, über das Salzfaß auf dem Eßtisch und sein besessener, nach Bestätigungen hungernder Geist wird nach zwei Sätzen bei der Äußerung angekommen sein, daß etwa schon die alten Juden beim Salzhandel aus Phönizien betrogen hätten oder daß der Prozentsatz jüdischer

2*

Angestellter in den staatlichen Salinen natürlich viel zu hoch sei. Er ist positiv unfähig geworden, das Salzfaß zu sehen. Er erblickt es nicht mehr in seiner Nüchternheit oder in seiner Schönheit, als Salzbehälter oder als Behälter von Streit und Tränen, als Gradmesser der ehelichen Liebe, als Anzeiger der Reinlichkeit im Haushalt oder als Mittel, Flecken aus dem Tischtuch zu entfernen. Er sieht darin nur noch etwas, was ein anderer auch bei regster Phantasie und Findergabe in dem Salzfaß nicht finden kann: den Juden. Auch der Fromme (falls er nicht, was häufig vorkommt, seine Religion zur verkappten Religion macht) sieht vielleicht das Salzfaß nicht als Salzfaß. Sieht vielleicht in ihm den heiligen Gral, oder es geht ihm die Bedeutung des Wortes vom Salz des Lebens auf, die er bisher nicht ahnte. Er sieht das Salzfaß neu. Für den Hinterweltler aber ist es einfach verschwunden, nicht da, weggezaubert. Auch alle Religionen und Philosophien haben einen Gedanken in der Mitte, ganz wie die verkappten Religionen; aber es kommt darauf an, was dieser Gedanke mit der Welt anfängt.

Es bleibt ein Einwand. Verkappte Religionen haben sich auf allen Gebieten praktischer und geistiger Tätigkeit angesiedelt; sind ihre Monomanien vielleicht nur besonders hervortretende Formen der Spezialisierung?

Nein. Denn, wie wir schon sahen, haben diese Monomanien sehr häufig Neigung, selbst dann miteinander Verbindungen einzugehen, wenn jede von ihnen logisch der anderen entgegengesetzt ist; es wurde oben schon das Beispiel von den Antifreimaurern erwähnt, die fast gesetzmäßig zugleich Antijesuiten sind. Eben daß sie nicht spezialisieren, eben daß sie nicht auf ihrem Gebiete beharren können, macht ja aus Bewegungen, in denen immer ein Gran Wahrheit ist, erst die verkappten Religionen, von denen jede die ganze Welt nicht nur erobern, sondern auch verschlucken will.

Spezialisierung ist diesem Verschluckenwollen fast auf dieselbe Art entgegengesetzt, wie die Religion der verkappten Religion entgegengesetzt ist. Spezialisierung bedeutet, daß sich ein Arzt mit dem menschlichen Auge beschäftigt und keine Seitensprünge zum Hirn macht; daß sich ein Sinolog mit der fünften Dynastie abgibt, ohne Seitensprünge zu Herrn Sun-yatsen zu machen; daß ein Ingenieur Turbinen baut und sich nicht einfallen läßt, plötzlich Flugzeuge konstruieren zu wollen. Aber gerade durch ihre Spezialisierung kann ihnen Größeres aufgehen. Der Augenarzt sieht vielleicht den Menschen nur von einer Seite: als sehendes Wesen; wenn er ein richtiger Spezialist ist, hat er sogar Lust, einen Beinbruch durch eine Augenoperation zu erledigen; aber er wird nie so besessen sein, theoretisch zu bestreiten, daß der Mensch auch hören und riechen könne; gerade die genauere Kenntnis seines Spezialgebietes ist es, die ihn davor bewahrt, alles zu verschlucken und monoman zu werden. Der Sinolog hält gewiß die Kenntnis der fünften Dynastie für die wichtigste; aber er ist nicht geneigt, dem das Daseinsrecht zu bestreiten, der über die vierte und sechste arbeitet (eher tut er es schon bei dem, der den verfehlten Ehrgeiz hat, gleichfalls sich an die fünfte zu wagen). Der Turbinenbauer sieht natürlich die Zukunft der ganzen Welt in den Wasserkräften; aber er erklärt deshalb doch Flugzeuge nicht für Irrtum und Blendwerk. Und wenn der Spezialist zufällig ein Genie ist, so wird er in der fünften Dynastie, in der Turbine, im Auge die ganze Weltgeschichte und alles Menschenwesen wiederfinden. Sein Spezialgebiet wird das ganze Menschenleben und den gesamten Kosmos ausstrahlen. Das Spezialgebiet des Hinterweltlers tut gerade das Gegenteil. Es schluckt den ganzen Kosmos mitsamt allen Konkurrenzmonomanien ein.

Auch ein anderer Zug ist den Spezialisten wie den Hinterweltlern gemeinsam und kommt doch bei beiden aus entgegengesetzten Quellen: der Stolz, das Bewußtsein der Überlegenheit über alle anderen. Während aber beim Spezialisten dieses Überlegenheitsgefühl auf sein Sondergebiet begrenzt ist, hält sich der Hinterweltler, wenn er sich nicht für den besseren Menschen hält, doch wenigstens für den weitaus Überlegenen. Er dünkt sich nicht etwa klüger oder fähiger, sondern, ohne sich auf eine bestimmte Eigenschaft zu beschränken, glattweg überlegen. Die Gebiete, auf denen er dieses Überlegenheitsgefühl trotz aller Befähigung, Entferntestes zusammenzuholen und zu verschlucken, nicht aufrecht erhalten kann, weil es einen Gegenbeweis in Tatsachen gibt, gegen die selbst er nicht taub bleiben kann, vergißt er. Denn der erstaunlichen Befähigung zum Brückenschlagen entspricht eine vielleicht noch erstaunlichere Fähigkeit des Vergessens in dem Augenblick, wo ihm irgend etwas nicht Wegzuleugnendes nicht in die Monomanie paßt. Es gibt Hinterweltler, die z. B. die körperliche Kraft anbeten, etwa in Gestalt der Rasse. Passiert einem von ihnen das Unglück, bei einem Zusammenstoß mit jemandem, dem körperliche Kraft nicht Rasse- sondern nur Muskelsache ist, den Kürzeren zu ziehen, so wird er je nach Anlage entweder behaupten, es sei sein Wille gewesen und dafür tausend Gründe finden; oder er wird sagen, der andere habe ihn hinterrücks überwältigt. Es wäre aber falsch, zu meinen, daß er lügt. Seine Monomanie blendet ihn so, daß er selbst nach dem zweiten Erzählen (wahrscheinlich wird er beides, den Willen und das Beinstellen zugleich erzählen) unbedingt glaubt, was er sagt.

Der demütige Stolz des echten Frommen erhebt sich auf der klaren Einsicht, daß er in Gott ein Nichts und Gott in ihm alles ist, auf dem Grunde des Seins. Das Überlegenheitsgefühl und der Stolz des Spezialisten erheben sich auf dem Grund von Leistungen. Des Hinterweltlers Überlegenheit erhebt sich auf dem Grund einer Meinung, von der mit einer für den Nichtbefangenen unverständlichen Leichtigkeit Teile geändert, vergessen, neue Teile angezogen werden können, während ihm doch durchaus das Gefühl bewahrt bleibt, eine einheitliche und immer dieselbe Anschauung zu haben. Der Magen der Monomanie ist weit und besitzt eine außerordentlich kräftige Verdauung.

Und doch sagten wir soeben mehrmals, seine Meinung sei sehr bestimmt. Genauer ist zu sagen, daß seine Ablehnung sehr bestimmt ist. Das erlaubt ihm, alle Türen zur Hinterwelt zu öffnen. Erst das macht seinen Schlüssel zum verstellbaren Dietrich, der immer derselbe bleibt und ihm doch alle Pforten aufschließt. Weitaus die meisten, und was bezeichnend ist, die äußerlich wirksamsten der verkappten Religionen sind Antibünde, was bei den meisten ja schon im Namen angegeben ist, bei anderen aber erst in der Beweisführung ihrer Idee hervortritt. So behauptet etwa der Vegetarismus viel weniger, daß Pflanzenkost eine blühende Gesundheit schaffe, als daß Fleischessen die Gesundheit untergrabe. Für die gleichmäßige Arbeits- und Güte erteilung bringt der Kommunist gewöhnlich viel weniger Liebe und Begeisterung auf als für die Abneigung gegen den Kapitalisten. Und umgekehrt begeistern sich die Anbeter des Übermenschen viel weniger am Übermenschen, als sie sich am profanum vulgus ekeln. Kaum ein Pazifist hat noch je die Herrlichkeiten des ewigen Friedenszustandes mit Schwung auszumalen gewagt; aber auf die Ausmalung der Schrecken des Krieges, die schon, realistisch gesehen, groß genug sind, ist Phantasie in verschwenderischer Fülle verwandt worden. Daß sich auch eine Bewegung, die heute nur noch zum kleineren Teil hierher gehört, wie die Frauenbewegung, ihre Gesetze vom Gegenpol vorschreiben läßt und bescheidentlich ihr Ziel als „Gleichberechtigung mit dem Mann" formuliert, sei nur nebenbei erwähnt. Fesselnder ist vielleicht, daß das Gebiet, das man auf den unwissenschaftlichen Namen „Wissenschaftlicher Okkultismus" getauft hat, in der Beweisführung viel weniger Energie an die okkulten Tatsachen setzt als an die Erschütterung der Gegenmeinung, der Naturwissenschaft.

IV
Elephantiasis philosophica

Aber hier ist es Zeit, zu einem Gedanken zurückzukehren, der am Anfang des Buches ausgesprochen wurde, und die Sache ganz von außen, ganz ungeistig zu betrachten. Könnte nicht die Monomanie, wenn sie schon mit dem Spezialistentum nur äußerlich gemeinsame Züge hat, trotzdem aus der Art des heutigen geistigen Betriebes und seines Apparates kommen?

Die Tatsache, daß in Gedanken oder vielmehr in Strömungen dauernd nicht etwa nur das Angebot die Nachfrage übersteigt, sondern daß viel mehr Gedanken an die Öffentlichkeit kommen, als die Aufnahmefähigen selbst bei bestem Willen verarbeiten können, zwingt dazu, jeden Gedanken nicht zu prägen, was sehr nützlich wäre, sondern ihn überscharf zu profilieren. Sein Gesicht ist meistens ein Dutzendgesicht; aber sein Profil muß, wenn er sich durchsetzen will, überscharf, unvergeßlich sein. Unterläßt der Urheber diese Profilierung, so bleibt der Gedanke entweder unbeachtet oder sie muß von irgend jemand nachgeholt werden, sei es durch seinen Verleger, seine Anhänger oder seine Kritiker. Diese eine Tatsache liegt dem Geschrei zugrunde, daß unser ganzes geistiges Leben heute auf Reklame gebaut sei; und sie ist unvermeidlich, solange viel mehr geistige Ware zum Markt geführt wird, als selbst bei guter Aufnahmewilligkeit verarbeitet werden kann. Reklame und Selbstreklame ist gemacht worden, schon bevor an Universitäten, Theater, Verlage, Zeitungen und ähnliche Nachteile der Zivilisation zu denken war. Je größer Schöpfer waren, um so weniger haben sie sie gescheut und bei dem Größten, bei Christus, war sie so selbstverständlich, daß sie nicht auffällt. Aber erst die Mechanik des geistigen Lebens zwingt dazu, nicht die Person und ihren Wert zu verkünden, nicht Reklame zu machen, sondern so scharf zu profilieren, daß der Gedanke von all seinen unendlich vielen Brüdern von vornherein sich mehr abhebt, als es von Haus aus in seinem Wesen steckt. Hier liegt die tragische, weil unvermeidliche Schuld unseres geistigen Betriebes. Sie wird schwerer noch dadurch, daß mit der Macht eines Gedankens von jeher seine Innigkeit und einfache Wahrheit litt. Der Apparat des geistigen Lebens hat das noch sichtbarer gemacht. Die frühere Stufenleiter — die etwa aus Religiosität, Sekte, Kirche, Bekenntnis bestand —, wurde in Jahrhunderten zurückgelegt. Die heutige Leiter: verkappte Religion, ein unverständliches Buch, wissenschaftliche Bücher, populäre Bücher, Zeitungsartikel, Witzblätter, Büros für okkultes Wissen, — diese moderne Leiter saust der Gedanke in rasender Eile herunter.

Dennoch wäre es falsch, die Monomanie der verkappten Religionen nur aus dem Bedürfnis nach überscharfer Profilierung zu erklären. Die Profilierung übertreibt innerlich und äußerlich einen Zug der Sache. Wenn etwa die Naturheilkunde behaupten würde, Sonnenbäder seien auch gut gegen Zahnschmerzen, so wäre das vielleicht falsch, sicherlich übertrieben. Aber die verkappte Religion auf dem Gebiete der Hygiene begnügt sich durchaus nicht mit solcher Übertreibung. Sie spielt die Sache auf ein ganz anderes Gebiet hinüber. Sie behauptet, daß erst mit dem Gebrauch der Sonnenbäder die Menschheit wirklich zu leben beginne. Solange der Antisemit nur behauptet, daß der Jude sich bis zu ritualen Morden versteige, übertreibt er nur seine eigene Behauptung. Aber er tut etwas ganz anderes. Er behauptet, daß mit der Lösung der Judenfrage ein neues Zeitalter, das arische Zeitalter, anbricht.

Alle verkappten Religionen sind nicht nur Monomanie, sie wollen zu gleicher Zeit auch allesumfassende Gedanken sein. Über jeder von ihnen wölbt sich ein besonderer Kosmos, wie klein auch der Ausgangspunkt sei. Der Baconianer will nicht nur beweisen, daß Shakespeare in Wahrheit Bacon ist, er will dartun, daß man von aristokratischer Herkunft und von reinem Blute sein müsse, um große Kunstwerke schreiben zu können. Dem Psycho-Analytiker genügt es durchaus nicht, eine Methode gefunden zu haben, um die Teile unseres Wissens, von denen wir vergessen haben, daß wir sie wissen, wieder lebendig und für die Krankheitsbehandlung nutzbar zu machen. Er beginnt alsbald, das Unterbewußtsein als den eigentlich integrierenden und wahrhaftigen Teil des Menschen hinzustellen. Dem Pazifisten genügt es durchaus nicht, Kriege zu verhindern, nein, er will auch einen bisher nie gesehenen, durch und durch friedlichen Menschentypus verwirklichen. Kurz, sie alle wollen nicht nur ihren Teil der Welt, wie klein auch dieser Teil sei, sie wollen mit aller Macht der ganzen Welt und dem All einen neuen Sinn geben. Sie leiden an einem Übel, das man Elephantiasis religiosa oder philosophica nennen könnte.

Es ist durchaus nicht auf die verkappten Religionen beschränkt. Es beginnt etwa damit, daß man an der Stubenfliege eine neue, bisher der Aufmerksamkeit entgangene Eigenschaft entdeckt. Dann sieht man sich im Lichte des Neuentdeckten alle anderen Fliegen an und wirft die bisherige Auffassung über die Familie der Fliegen um. Ist man einmal so weit, dann ist man schon auf dem besten Weg, seine Neuentdeckung auf das gesamte Tierreich zu übertragen, und von dort aus das All zu revolutionieren, ist nach dem Gesetz, nach dem sich Lawinen bilden, nicht mehr schwer. Die Kehrseite dieses Verfahrens ist nur, daß die ursprüngliche neue Entdeckung über die Stubenfliege in dem neuen Weltall verloren geht, daß in der Elephantiasis niemand mehr den ursprünglichen Körper aufzufinden vermag. Unsere Zeit leidet an der Krankheit, auch den bescheidensten Gedanken prompt und freibleibend zur Weltanschauung zu verwässern.

Das ist, in Parenthese, der Grund, weshalb allen Hinter weltlern jede Art von Lachen abgeht. Vom simpelsten Witz bis zum Humor. Denn jedes Lachen, das von Herzen kommt, lacht über die Verbindung von zwei Gegensätzen. Gegensätze aber bedingen Einzelheiten und gerade sie kann der von der Elephantiasis Befallene nicht mehr sehen. Die Verwässerung zur Weltanschauung tötet jeden Humor.

Damit hängt zusammen das Unmenschliche, das Literarisch-Dialektische, das Konstruierte der verkappten Religionen. Selten wird ihr Kampf, auch wenn das Programm gerade das Gegenteil behauptet, wirklich für Menschen und Dinge geführt. Er geht gegen Begriffe und Anschauungen. Fragt man den Kommunisten, was er mit Neuem Staat meine, so wird er selten den Mut haben, zu sagen, daß der reiche Herr Schulze und der Großaktionär Müller totgeschlagen werden oder ihnen ihr Geld abgenommen werden müßte; er weicht dann fast regelmäßig in die Welt der -ismen zurück und begeht an seinen Gedanken schleunigst Inflation.

Vor der Betrachtung der hauptsächlichen einzelnen verkappten Religionen, die unsere Tage aufweisen, bleibt noch die Frage zu lösen, die bei Behandlung dieses Themas gewöhnlich als die Hauptfrage, ja fast als die einzige angesehen wird, die aber — man darf das sagen, ohne auf sich selbst den Vorwurf der künstlichen Verbreiterung zu laden — die Bedeutung der verkappten Religionen doch unterschätzt und zu leicht mit ihnen fertig wird. Es ist Tatsache, daß nirgends so viel Betrug geübt wird, wie im Hinterweltlertum; und was die Sache noch schwieriger macht: es handelt sich verhältnismäßig selten um bewußten Betrug; die verwegensten Mischformen zwischen Glauben und Betrug finden sich und infolge der überraschenden Fähigkeit der Hinterweltler, das Entfernte miteinander zu verbinden, ist die Kontrolle, ob Gutgläubigkeit oder bewußter Betrug, so gut wie ausgeschlossen. Wir können niemand ins Herz sehen und müssen mit dem Vorwurf kaltschnauziger Berechnung vorsichtig sein.

Außerdem verkennt aber dieser Vorwurf, wenn er von vornherein die verkappten Religionen erledigen will, ihr Wesen. Nicht der Betrüger und nicht der Halbbetrüger bilden in ihnen das Problem; sondern gerade der Gläubige, der auch dann nicht von seinem Glauben läßt, wenn sein Heiland sich als Betrüger oder Scharlatan für jeden erwiesen hat, der der verkappten Religion nicht hörig ist. Man wird mit den einzelnen verkappten Religionen nicht fertig, indem man einzelne ihrer Begründer oder bekanntesten Vertreter als Betrüger erweist. Ja, es ist sogar etwas schnellfertig, diesen Betrüger zu verachten. Wenn sich etwa herausstellen sollte, daß Rudolf Steiner sich über seine Mysterien lustig macht, wenn er im Kreise seiner vertrautesten Jünger ein paar Flaschen Wein getrunken hat, so wäre ich persönlich eher geneigt, ihn dafür zu bewundern. Er wäre ein

Betrüger und ein Schädling. Aber er wäre damit auch zum normalen, humorvollen Menschentum zurückgekehrt. Die Schwierigkeit ist ja gerade die, daß Rudolf Steiner nie darauf kommt und nie darauf kommen kann, über alles das, was er als Religionsersatz vorbringt, auch nur im geringsten nachzudenken und darüber zu lachen. Ihn und alle anderen neuen Heilande für Betrüger zu erklären, heißt sich die Sache allzu leicht machen. Aber wenn sich herausstellt, daß er kein Betrüger ist, daß er bis zum tiefsten durchdrungen ist von seinem Glauben: gerade dann erst beginnt die Schwierigkeit, die hier zu lösen ist. Bei der Prüfung der einzelnen verkappten Religionen muß man sich deshalb nicht an den Betrüger und Mitläufer halten; man muß sich, wie in der Religion auch, an die Überzeugten und Gläubigen halten und an das, was in unerschütterlichem Glauben, mit innerster Überzeugung vorgebracht wird. Die Möglichkeit gerissener geschäftlicher Ausnutzung und des Betruges, die in fast allen verkappten Religionen besteht, darf nicht dazu verführen, mit dem Gebiet schnell fertig zu sein. Die Betrüger abgezogen, blieben noch immer die Ehrlichen und die Betrogenen, die ihren Glauben selten aufgeben.

Dennoch sind diese Seiten nicht geschrieben, um irgendeinen Theosophen oder Kommunisten von seinem Glauben abwendig zu machen. Was auch ein fruchtloses Unterfangen wäre. Das Buch dient einmal dem einfachen historischen Zweck, soweit ich weiß, zum ersten Male zusammenfassend ein Gebiet zu zeigen, das sich immer mehr nach vorn und immer höher hinauf drängt. Kann es daneben noch die Strömung für die verkappten Religionen und das (bei Nichthinterweltlern) bestehende Urteil, es ist etwas daran, durch klare, scheidende Gedanken ersetzen, so ist das fast mehr, als zu hoffen ist.

Manche, die die verkappten Religionen ablehnen, glauben (auch der Verfasser hat es früher geglaubt) ein Kriterium gegen sie in dem Umstand zu finden, daß die weitaus meisten ihrer Anhänger für den normalen Menschen, den Nichterleuchteten, im Verkehr immer unmöglicher, endlich ganz unerträglich werden. Sie urteilen nach der Methode: An ihren Früchten — in diesem Fall an der Wirkung auf die Jünger — sollt ihr sie erkennen.

So überzeugend auch dieses Argument aussieht, so fraglich ist es. Gewiß sind Theosophen, Gesundbeter, Antisemiten, Okkultisten im persönlichen Verkehr fast nie angenehme Menschen und sie werden um so unerträglicher, je mehr und je tiefer ihr Glaube von ihnen Besitz ergreift. Aber auch der alte Goethe und der alte Bismarck, die ganz von sich und ihrem Glauben durchdrungen waren, scheinen, so gern man mit ihnen gesprochen hätte, doch für täglichen Verkehr nicht gerade angenehm gewesen zu sein. Der Hinterweltler bezieht sich auf die empfangene Erleuchtung, die ihn zu einem neuen Menschen gemacht habe und, da wir nicht die gleiche Erleuchtung empfangen haben, ist es uns ganz unmöglich, ihn zu widerlegen. Nur das eine können wir tun: Wir können prüfen, was seine Erleuchtung zustande gebracht hat, welche Werte sie gezeitigt hat. Die heutigen Kritiker der verkappten Religionen bestreiten fast immer die Erleuchtung als Unmöglichkeit, Einbildung, Aberglauben und ähnliches. So sicher das in vielen Fällen ist, so wenig können wir es in allen Fällen behaupten. Wir können nur die Ergebnisse ernst nehmen und ihren Wert prüfen.

Lange nicht alle verkappten Religionen können hier zur Sprache kommen. Wie schon ausgeführt, braucht nicht jeder, der einer der hier besprochenen Strömungen anhängt, unbedingt ein verkappter Religiöser und ein Hinterweltler zu sein. Es kommt darauf an, was er von dieser Strömung erwartet und erhofft.

Infolge der Fähigkeit zum Brückenschlagen, die der Hinterweltler so überstark besitzt, ist es schwer, eine Reihenfolge der Besprechung zu finden, die nicht den Eindruck der Willkür hinterläßt. Hier ist die Einteilung nach Intensitätsgraden gewählt, nach der Art, wie und wie weit die einzelnen verkappten Religionen von ihren Anhängern Besitz nehmen. Wir werden also von der einfachen Mystagogie, an der die ganze naive Freude am Rätsellösen vorherrscht, von den Geheimsprachen und Geheimschriften über die verschiedenen Formen des neuen

Menschen endlich zur Überwelt, zum Okkultismus im engeren Sinne und zu den Versuchen einer neuen Religion gelangen und alle diese Bewegungen, so weit es bei ihrer eigentümlichen labilen Natur möglich, aus der Elephantiasis religiosa, aus der philosophischen Inflation zurückführen auf ihre Erscheinung und ihren Kern. Und wir werden bei jeder die einfache Prüfung vorzunehmen haben, welches ihr Wert ist, wenn man sie nicht etwa als Schwindel und Scharlatanerie bestreitet, sondern sie im Gegenteil ernst nimmt und ihren Anspruch gelten läßt.

ERSTER TEIL
HEROISCHE HINTERWELTLER

V
Im Vorhof

Vor über 30 Jahren erschien die deutsche Ausgabe eines dicken Buches, das zum ersten Male den Versuch unternahm, wenigstens einige der verkappten Religionen als zusammengehörig zu erweisen. Es war der Band: Aberglauben und Zauberei von Alfred Lehmann, dem Direktor des psycho-physikalischen Laboratoriums an der Universität in Kopenhagen, ein Werk, das noch heute z. B. in okkultischen Kreisen als das Hauptwerk mit widerlegender Tendenz gilt. Aber eben durch diese Einstellung geriet Lehmann auf einen Weg, der, wie wir bei Betrachtung des Okkultismus noch im einzelnen sehen werden, in einer Sackgasse enden mußte.

Wer die verkappten Religionen unter den Begriff Aberglauben summiert, übersieht einen wichtigen Zug: das Hinterweltlertum ist immer rationalistisch begründet (auch wenn es tausendmal von den Mysterien des Blutes, dem Unerforschten, dem Okkulten redet). Der echte Aberglaube dagegen ist nie rationalistisch begründet. Er ist kein Ersatz für Religion, sondern ein illegitimer Bruder der Religion; er setzt die Religion voraus und er hängt deshalb in der einen oder anderen Gestalt allen Menschen an. Unmöglich, Karten zu legen, ohne an Gott zu glauben und sei es auch unbewußt. Der Aberglaube sucht keine Methode und keine Erklärung. Er vertraut vielmehr glatt auf das Wunder, in dem Gefühl, daß der Verstand unzureichend sei. Wenn ich glaube, daß ein gefundenes Hufeisen mir Glück bringen wird, so suche ich ebensowenig eine Erklärung für diesen Glauben, als für die Existenz Gottes. Ich vertraue einfach. Der Unterschied zur Religion liegt mehr in der Veräußerlichung, als im Geiste oder sittlichen Verhalten. Wenn ich Karten lege, suche ich nicht irgendwelche neuen Gesetze und Lösungen der Welt; sondern ich vertraue — ganz religiös — daß Gott oder eine überirdische Macht die Karten wird so fallen lassen, daß sie nicht lügen. Ich versuche Gott; ich flehe zum Himmel um ein Zeichen; ich versündige mich; aber eben in dieser Versündigung erkenne ich — ganz religiös — das Unerforschliche an. Ich erkenne an, daß ich nichts weiß.

So kommt es, daß gerade die großen Menschen abergläubisch sind. Vor einer stürmischen Landtagssitzung in der Konfliktzeit schlägt Bismarck, der Realpolitiker, der Immoralist, der Germane, in dem wirklich, nicht nur auf dem Papier, altes unchristliches Reckentum die herrschende Macht geblieben ist: schlägt Bismarck die Bibel auf und findet die Losung: „Den Weg, den du gehst, werde ich mit dir gehen" und geht darauf nicht nur froh, sondern geradezu vergnügt in den Kampf. Er wußte, daß man so klug sein kann, wie die Klugen dieser Welt und doch immer vorwärts tappt, wie das Kind ins Dunkle.

Der Hinterweltler, der Verkapptreligiöse, stammt aus dem gerade entgegengesetzten Bezirk. Sein Anfang ist der Besserwisser und die bescheidenste verkappte Religion, die am wenigsten beständige, aber vielleicht auch die am schwersten auszurottende, ist der Geheimtip, der sich auf allen Lebensgebieten findet. Wir haben ihn im Kriege und zwar bei allen Kriegführenden erlebt. Da hatte Hindenburg schon im Frieden die ostpreußischen Sümpfe genau ausgemessen, in die er einstmals die Russen treiben wollte; da bekannten sich die Franzosen zu dem Glauben, die Deutschen hätten schon in Friedenszeiten im Kalk der Champagne geheime Schützengräben angelegt. Besserwisser oder vielmehr Schlimmerwisser erstanden an allen Ecken und Enden. Sie fanden sich im Felde, in der Heimat, im Unterstand, in der Etappe, auf dem Auswärtigen Amte und im Generalstab. Manchmal lag, wie in den größeren verkappten Religionen immer, ein Gramm Wahrheit auf dem Grunde des Geschwätzes. Aber nicht darauf kam es an. Verlockend war vor allem das Gefühl, es besser zu wissen, als die misera plebs, ein Eingeweihter zu sein. Man bekam mehr Selbstachtung, mochte auch die Geheimlosung morgen schon widerlegt sein. Denn übermorgen tauchte bestimmt eine schönere auf; Seifenblasen in allen Farben, meist aber in schwarz, waren ja billig.

Waren? Sie sind es noch heute. In Paris fabuliert man und vielleicht nicht nur aus politischer Berechnung, von Zeit zu

Zeit über den deutschen militärischen Geheimbund „Friedrich Barbarossa“ mit drei Millionen Mitgliedern. Wir Deutschen, die wir wissen, daß das ein Märchen ist, fabulieren statt dessen nicht nur in Romanen, sondern an manchem Biertisch und im ernsten Männergespräch von dem geheimnisvollen Mittel, das die zu erwartenden französischen Flugzeuge aus der Luft zum Absturz bringen könne und von der Düngemittelerfindung, die unsere Ernten vervielfachen werde — Dinge, die nicht etwa beispielshalber von mir ungefähr erfunden sind, sondern die ich mit eigenen Ohren nicht als Hoffnung (als welche z. B. die Vervielfachung der Ernten bei Leuten auftaucht, die jeder Scharlatanerie so abgeneigt sind, wie etwa Hans Heinrich Ehrler), sondern ganz in der Art des Geheimtips als eine felsenfeste Tatsache, als schon ganz fertige Rettung, gehört habe. Hier diktiert natürlich das politische Augenblicksbedürfnis manches; wir werden diesen Zug noch öfter antreffen; aber wie vorhin bei Gelegenheit der Betrugsmöglichkeiten ausgeführt: das Bezeichnende daran ist nicht so sehr, daß die Parole kaltblütig erfunden, sondern daß sie warmherzig geglaubt wird. Beseitigt werden kann sie nur, wie jede verkappte Religion, durch eine andere oder, wie wir hoffen wollen, durch echte Religion; nie aber durch Logik. Denn fragt man nun weiter, warum denn der geniale Erfinder nicht mit diesem Mittel herausrückt und uns rettet, so erhält man die Antwort: Ja, einer solchen Regierung wie heute stelle natürlich der Erfinder das Mittel nicht zur Verfügung. Wobei es ganz gleichgültig ist, um welche Regierung es sich handelt; denn der Besserwisser wird gegen jeden Besserwisser sein. Das Eigenartige und Bezeichnende ist, daß er seinen Erfinder nicht trotz des Nichtherausrückens, sondern gerade wegen des Nichtherausrückens für einen patriotischen Mann erachtet. Er ist für Logik unzugänglich geworden; er hat den Übertritt zur verkappten Religion vollzogen, ihre ersten Weihen empfangen.

Das Bedürfnis nach Geheimtun begleitet uns ja von frühester Jugend und nimmt nur später die mildere Form der Exklusivität an. Schüler haben ihre Geheimsprachen, Liebende ihre

3*

Geheimschriften; ein Klub hat sein besonderes Slang und bei allen dreien wird das Geheimnis als süßes oder wertvolles empfunden — auch wenn es durchaus nicht nötig wäre, das Geheimnis zu wahren. Die Sache ist auch mehr als Mummenschanz, nicht mit den Vereinen Schlaraffia und Allotria zu verwechseln. Sie ist viel gewöhnlicher; das heißt viel tiefer verankert. Jeder Beruf, ja jede Passion entwickelt ihren eigenen Wortschatz. Es ist durchaus nicht gesagt, daß diese Fachwörter des Jägers, des Kartenspielers, des Buchdruckers, des Zimmermanns irgendwie bezeichnender sind, als die gewöhnlichen Ausdrücke — obgleich auch das häufig vorkommt —, ihr Urwesen ruht vielmehr darin, daß sie nicht jeder versteht, daß sie den nicht dazu Gehörigen, den Nichteingeweihten ein Buch mit sieben Siegeln bleiben. Und daß sie letzten Endes (hier liegt ihr Zusammenhang mit den verkappten Religionen) ein Mittel sind, um sich gegen die Menschheit überlegen zu fühlen. Jeder Lehrling jedes Berufes fühlt sich gehoben, sobald er einmal die Fachsprache beherrscht. Das Merkwürdige bleibt aber, daß diese Erscheinung nicht etwa mit der Gewöhnung verschwindet, sondern sich womöglich noch verstärkt. Hier entsteht sozusagen der Ritus einer verkappten Religion, ohne die Religion selbst.

Aber die Erscheinung bleibt nicht auf Worte allein beschränkt. Der Drang nach Sonderwissen greift auf den Inhalt über. Ich habe vor einigen Jahren schaudernd erlebt, daß ein Dichter von gesundem und klarem Urteil bei einem Gespräch über den Faust mir plötzlich klarmachen wollte, daß Marlowes Faust eine viel stärkere Dichtung sei, als Goethes Faust; und daß er diese Meinung mit ganz überraschenden und durchweg richtigen Argumenten verfocht. Alles Einzelne stimmte unzweifelhaft und war gar nicht zu widerlegen; nur hatte er völlig das Gefühl für das Gesamte, für den Abstand zwischen Marlowes akademischem Zauberstück und Goethes Welttragödie verloren. Der Grund war weniger, daß er von Marlowes recht trockener Arbeit hochentzückt war, als daß er die Meinung über Goethes Faust nicht gelten lassen wollte, weil sie eben die allgemeine Ansicht darstellt. Ähnliches haben wir gerade auf literarischem Gebiete noch öfter erlebt. Zwischen den beiden Brüderpaaren, die in der modernen deutschen Literatur Ruf erworben haben, hat aus ganz demselben Grunde, dem Drang nach Besserwissen, das Urteil geschwankt. Als Gerhart Hauptmann sich anschickte, sich aus einem berühmten Dichter in eine Art Nationalbesitz zu verwandeln, als er unter viel Aufhebens seinen 50. Geburtstag beging, trat die Reaktion ein: Man fand, daß nicht so viel an ihm sei. Das hätte nun zu einer kritischen Auseinandersetzung, zu einer neuen Beleuchtung seines Werkes und Wertes führen können. Aber die „Eingeweihten" kürzten damals das Verfahren ab. Sie wiesen weniger auf Gerhart Hauptmanns unzweifelhafte Schwächen hin. Sie tuschelten vielmehr einfach, daß in Wahrheit sein Bruder, Carl Hauptmann, der bei weitem Wertvollere und eben deshalb bis jetzt Unbeachtete sei. Während es sonst immer schwer ist, der Sohn oder der Bruder eines berühmten Mannes zu sein, verschaffte hier das Besserwissen, der Drang nach exklusiver, geheimer Kenntnis dem als Gesamterscheinung herzlich wenig bedeutenden Carl Hauptmann vorübergehend in engeren Kreisen einen beträchtlichen Ruf, ja sogar einen Erfolg. Natürlich konnte er nicht von langer Dauer sein; denn das Geheimnis blieb nicht lange Geheimnis und verlor seinen Reiz. Ganz ähnlich hat es sich auch mit den beiden Brüdern Mann verhalten, nur daß hier der Anticharakter des Denkens der Eingeweihten womöglich noch klarer hervortrat; denn eine Zeitlang galt man als urteilslos und geistig zurückgeblieben, wenn man den zuerst berühmt gewordenen Thomas nicht für unausstehlich und nichtmitzählend hielt. Als Heinrich Mann dann eine Zeitlang einen stürmischen Erfolg hatte, renkte sich allerdings das Urteil bald wieder ein; und während die raschen Bücher Heinrichs das Schicksal aller Films teilen, schnell abgespielt zu sein, sind die Buddenbrooks, trotzdem man heute ihre Soigniertheit und Konstruiertheit deutlich und peinlich empfindet, doch geblieben, was sie waren: viel weniger ein klassisches Werk moderner Sprachkunst, als ein unvergeßliches Stück Welt.

Manchmal kommt das Besserwissertum aus Not. Wir sagten oben, daß es ein Irrtum sei, die verkappten Religionen an die Seite von Kokain, Film und Trot zu rücken. Aber die stürmische Verteidigung der Homosexualität, die wir in den letzten Jahren erleben, ist eine verkappte Religion. Auch sie entspringt dem Besserwissen: man möchte gerade im allgemein Menschlichsten, im Verhältnis von Mann und Weib, sich scheiden, Sezession bilden. Beredt trägt Oskar Wilde, der es wissen mußte, in einem Gespräch mit Frank Harris alle Argumente dieser verkappten Religion vor: Vom Schönheitsstandpunkt sei ein Knabe nicht mit einem Mädchen zu vergleichen. Jeder Bildhauer müsse die dicken Hüften und die schwer hängenden Brüste mildern und leichter formen, klein, fest und rund machen. Das Urteil: weibliche Schönheit müsse in Wahrheit heißen: männlicher Geschlechtstrieb. Auch sei ein Jüngling nicht eifersüchtig, sei nur Freund, wolle nichts. Habe nicht, wie eine Frau, Neid und Haß gegen des Mannes Arbeit. Frauen seien Katzen; Jünglinge Männer. Die Leidenschaft einer Frau sei erniedrigend, verlocke unablässig, brauche des Mannes Begierde zur Befriedigung ihrer Eitelkeit noch mehr als zu irgend etwas anderem. Was die gewöhnliche Welt ein Laster nenne, sei kein Laster; nach seinen Begriffen sei es etwas ebenso Gutes, wie es in Sokrates', Cäsars, Alexanders, Michelangelos und Shakespeares Augen (die deutschen Verteidiger fügen hinzu: in den Augen Friedrichs des Großen) war. Erst durch das Mönchtum sei es zur Sünde gestempelt worden; in den romanischen Ländern, wo man der Natur näher stehe, sei es noch immer geduldet; erst die puritanischen Heuchler, die Deutschen und Engländer, hätten es zu einem Verbrechen gemacht. Sie verdammten jedoch nur die Sünden, zu denen sie keine Neigung verspürten und hießen das Sittlichkeit. Ein Verbrechen sei Homosexualität sicher nicht, denn sie schädige niemand. Und wenn sie eine Krankheit sei, so schienen nur die Höchstorganisierten von ihr befallen zu sein. Der menschliche Verstand sei nicht in der Lage, ein Argument ausfindig zu machen, das eine Bestrafung rechtfertige. Nur die Ungebildeten hätten ein Vorurteil dagegen.

Wildes Freund Harris erwidert, daß der Bildhauer auch am Knabenkörper modeln, die Rippen abrunden, die spitzen Kniescheiben, die breiten Knöchel mildern müsse. Der Jüngling gebe nichts; wenn er nicht eifersüchtig sei, so sei er dafür auch nicht bereit, zu opfern. Wenn er weniger inneren Beschlag auf den Mann lege, so sei er dafür auch nur der sexuellen Freundschaft, nicht der Innigkeit fähig.

Das Vorurteil, das alle Völker, das tausend Menschengenerationen gegen die Homosexualität hegten, das ihnen in Fleisch und Blut übergegangen und zum Lebensinhalt geworden sei — ein solches Vorurteil, von den Mitgliedern verschiedenster Rassen aufrecht erhalten, zähle mehr, als eine Menge Vernunftgründe; es sei die fleischgewordene Vernunft, durch uralte Erfahrungen bestätigt. Auch den Kannibalismus könne man nicht mit Vernunftgründen abtun; Menschenfleisch sei zarter, nahrhafter und schmackhafter, als jede andere Fleischsorte. Der Grund gegen den Kannibalismus sei nicht irgendein Verstandesgrund, nicht der Gedanke, daß Menschen nicht gemästet und totgeschlagen werden dürften, sondern ganz einfach der gefühlsmäßige Ekel. Der Männerverkehr sei eine „Spielart" aus der dunklen Vergangenheit, aus dem Abgrund der Zeiten, nicht der Zukunft und nicht dem Licht, sondern der Vergangenheit angehörig. Sokrates sei stolz darauf gewesen, sich der Knabenliebe nie ergeben zu haben. Das Christentum, das die Keuschheit gezüchtet habe, habe damit das sinnliche Verlangen gesteigert und dadurch erst die Frau zur ebenbürtigen Gefährtin des Mannes erhoben. Unsere heutige Leidenschaft sei gegenüber der Knabenliebe der Griechen ungeheuer vertieft.

Wilde fährt dazwischen: Einfältiges Vorurteil; duldsamer werde die Welt und schämen würden sich die Menschen, daß sie ihn, den Vorkämpfer von etwas, das eines Tages allgemein als die höhere Form anerkannt sein werde, durch Zuchthaus gefoltert hätten.

Und nun kommt die Wendung des Gesprächs, um deretwillen es hier ausführlicher wiedergegeben ist; der Punkt, der Wilde schlägt, auch äußerlich, bis zum Verstummen.

Wenn du wirklich geglaubt hättest, sagt ihm Harris, daß die Menschheit auf deiner Bahn vorwärts geht, dann wärst du entzückt gewesen, Galiläis Rolle zu spielen. Anstatt im Zuchthaus ein Buch gegen Lord Alfred Douglas zu schreiben, hättest du ein Buch geschrieben, das dein Tun rechtfertigte. Du hättest laut gerufen: Ich bin kein Märtyrer, kein Verbrecher, ich stehe über euch. Und wenn du deshalb strenger bestraft worden wärst: du hättest dich darüber gefreut: denn das hätte deine Rechtfertigung beschleunigt. Harris fügt hinzu, er halte die englische Prüderie für Heuchelei und er sehe es für möglich an, daß er selbst eines Tages wegen eines „unzüchtigen" Buches vor Gericht komme. Dann aber werde er nicht wegerklären und wegdeuteln, was die anderen für Unzüchtigkeit halten, sondern es hier noch unterstreichen, und darauf hinweisen, daß alle urteilsfähigen Leute in England und anderen Ländern auf seiner Seite stünden. Und er würde selbst im heutigen England mit einer aufrechten und von seinem guten Recht überzeugten Haltung nicht allein bleiben.

Nicht ein Wort weiß der sonst so beredte Wilde gegen diese Argumentation zu sagen. Sie zeigt auf Wildes Seite schon fast alle Kennzeichen der verkappten Religion; auf Harris' Seite sehr viel von dem, was nicht etwa nur gegen die Männerliebe, sondern gegen jede verkappte Religion anzuführen ist. Auf Wildes Seite das Besserwissen; die an sich richtigen Verstandesargumente; die Umdeutung der Weltgeschichte im Sinne seiner besonderen Monomanie; die dann doch nicht einmal ein paar durchschnittlichen englischen Richtern standzuhalten vermag, denen er zweifellos geistig weit überlegen war; insgesamt: die Gabe, sich wegen eines einzigen Punktes, den man halten muß, rücksichtslos selbst zu belügen. Auf der Seite von Harris den Hinweis auf die „fleischgewordene Vernunft", auf die Verwechslung von Vergangenheit und Zukunft und endlich vor allem auf eine Brüchigkeit, die sich selbst nicht standhält, auf die furchtbare Verschiedenheit zwischen dem, was die verkappte Religion zu leisten behauptet und was sie wirklich leistet.

Dennoch nimmt insofern die Verteidigung der Homosexualität

unter den verkappten Religionen eine Sonderstellung ein, als sie nicht aus irgendeinem unklaren geistigen Bedürfnis kommt, sondern, wenigstens wo sie eingeboren ist, aus einer ganz offenbaren Not. Not wird Tugend. Es handelt sich hier auf einer höheren und wichtigeren Ebene um denselben Vorgang, der (vor der Krinoline) die Polsterung des Frauenrockes modern machte: Eine Herzogin von Frankreich wollte ihre Schwangerschaft verdecken. Aber der Unterschied zeigt sich eben darin, daß der Homosexuelle zu ähnlichem Zwecke die Betrachtung des ganzen Weltalls, von der Moral und Schönheit bis zum Geschichtsablauf revolutionieren muß. Die Elephantiasis tritt ein.

Dem Bedürfnis, sich ins Geheimnis zurückzuziehen, exklusiv zu werden, Sezession zu bilden, das tief in die Menschennatur gepflanzt ist, steht ein konträres gegenüber: die Sucht, Geheimnisse zu entschleiern oder entschleiert zu sehen. Vom Film, von den politischen Enthüllungen und anderen aktuellen Dingen dieser Sparte wollen wir schweigen. Aber jede Zeitschrift hat ihre Rätselecke; jede Zeitung bringt ihre Kriminalromane.

Mit dem Kriminalroman ist alles Hinterweltlertum verwandt und wir werden auf diese Verwandtschaft öfter zurückkommen. An die Sherlock-Holmes-Novellen aber grenzen ein paar besondere verkappte Religionen an. Ihr Inhalt sind Indizien, ihre heutigen Namen Handschriftdeutung, Handlesekunst, Charakterologie, in früheren Zeiten tritt der Schädel an die Stelle der Hand.

Von außen sehen alle diese Indizien vollkommen einwandfrei aus. Niemand bestreitet, daß sich unsere Eigenarten in der Hand und am Schädel ausprägen. Bei der Handschrift ist das so sehr der Fall, daß sie bereits anfängt, für die Bemessung der Lebensaussicht bei Versicherungen eine Rolle zu spielen. Der Versicherungs-Sachverständige Bruno Kurth hat in der „Umschau" über Forschungen in dieser Beziehung berichtet. Er ließ sich die Namenszüge der Versicherten von 10 000 Policen vorlegen, ohne zu wissen, wann die Betreffenden gestorben waren. Er versuchte aus ganz bestimmten und verhältnismäßig auffallenden Merkmalen der Schrift ihre natürliche Lebensdauer zu berechnen. Das Endergebnis war, daß er 75 % richtig berechnet hatte und daß bei den übrigen 25 % die größte Differenz zwischen seiner Angabe und dem tatsächlichen Todesalter sechs Jahre betrug. Ganz klar ist der Bericht nicht. Was ist mit den Verunglückten? (Denn selbstverständlich behauptet der Sachverständige nicht, daß man etwa auf spiritistischem Weg auch einen Tod durch Unglücksfall aus der Schrift voraussehen könne.)

Das Merkwürdige und für dieses ganze Feld Bezeichnende ist nun, daß ohne jede Worterklärung auch der Laie aus den verschiedenen Handschriftproben, wenn er sie unbefangen ansieht, auf die Lebensdauer schließen kann. Es erscheint ohne jede graphologische Untersuchung und Begründung durchaus einleuchtend, daß ein Mann, der so regelmäßig, mit so wenig Brimborium und doch nicht gezwungen schmucklos seine Schriftzüge hinsetzt wie Kant, Aussicht auf eine lange Lebensdauer hat. Den ganz unbefangenen Laien sprechen diese Schriftzüge als ein Sinnbild von Ruhe, Sauberkeit, Vermeidung jedes überflüssigen Aufwandes ohne erzwungene Starrheit an. Aus den darübergesetzten Schriftzügen des jung verstorbenen Märchendichters Hauff spricht das Gegenteil zum Unbefangenen; der Mann nutzt sich rasch ab. Das einfache Anschauen der Schriftzüge ist einleuchtender, als die ganze Beweisführung Kurths, auch wer von Kant und Hauff gar nichts weiß, würde unbedingt, ohne daß er sich über die Gründe im mindesten klar zu werden braucht, Kant die längere Lebensdauer (das heißt die geringere Abnützung) zusprechen.

Tatsächlich üben wir und durchaus nicht nur in den Eindrücken, die wir von der Handschrift erhalten, an jedem Tag, der uns mit Menschen zusammenführt, die Kunst aus, aus seiner äußeren Erscheinung auf sein Inneres zu schließen. Das geschieht ganz unbewußt; ein guter Teil unseres Zusammenlebens mit Menschen beruht darauf.

Aber, wird man einwenden, dieses gefühlsmäßige Schließen, daß es unserem Freunde Müller nicht besonders gut gehen kann, weil er sich schlecht hält, führt zu gar nichts Bestimmtem. Die Handlesekunst, und das eben angeführte graphologische Experiment hingegen haben ganz bestimmte Resultate.

Es fragt sich, ob das richtig ist. Wenn wir, uns auf den Gesamteindruck des Menschen verlassend, zu keinen bestimmten Ergebnissen kommen, dann wahrscheinlich, weil der betreffende Mensch in seinem Inneren und in seinem Äußeren nicht bestimmt ist; die meisten Menschen haben die meiste Zeit lang keine Besonderheiten. Aber Kurth rechnet doch das Todesjahr in drei Vierteln der Fälle richtig, für den Rest mit kleiner Abweichung. Stimmt; doch wer sagt uns, ob nicht ungefähr dieselbe Prozentzahl herauskommt, wenn man die Policen auf Grund von Schlüssen aus der Mortalitätsstatistik überarbeitet hätte. Wenn mein Physiklehrer nicht gelogen hat, oder mich die Erinnerung nicht täuscht, dann war es ja noch vor 15 Jahren in der wissenschaftlichen Wetterkunde so, daß sie ungefähr 50—60 % Treffer hatte; während man 75 % Treffer erhält, wenn man einfach und ungescheut für morgen die Witterung von heute ansagt.

Trotzdem könnten, gerade wenn man eben gezogene Schranken sich vor Augen hält, Schlüsse aus der Hand, aus der Schrift, aus dem Schädel vielleicht ganz ähnlich wertvoll werden, wie es die Wetterkunde geworden ist; wenn nicht Graphologie, Chiromantie, Phrenologie inzwischen zur verkappten Religion entartet wären.

Das geschieht durch zweierlei. Einmal durch Monomanie, durch Überwertung eines einzigen Zuges. Die Hand allein, der Schädel allein, soll dem zünftigen Deuter alles über den Menschen sagen. Ja, die Monomanie neigt noch weiterhin zur Verengung, und in einigen Jahren könnten wir vielleicht neben den Chiromanten eine Schule von Gläubigen erleben, die nur die Art, wie ein Mann beim Rauchen seine Zigarre hält, als aufschlußreich für sein Wesen gelten läßt. Die Anfänge sind schon da; die Zeitungen bringen schon kleine Feuilletonnotizen darüber, wobei es gut ist sich zu erinnern, daß auch die verkappten Religionen, die heute in den Leitartikel aufgerückt sind, sich anfangs mit kleinen, halb spöttischen unterhaltlichen Notizen begnügen mußten.

Viel stärker aber spricht sich der Wandel zur verkappten Religion in einem zweiten Zug aus. Hand, Schrift, Schädel sollen nicht nur über die gewöhnliche, auch aus dem Gesamteindruck abzulesende Art des Menschen etwas berichten. Nein, gerade das sollen sie offenbaren, was er verbergen will oder selbst nicht weiß. Es wird hier nicht, wie wir es alle täglich tun, ein Eindruck festgestellt und ins Bewußtsein erhoben; es werden Einzelheiten gedeutet. Das Geheime, das Geheimste soll heraus, der Mensch soll enträtselt werden. Das ist die Erwartung, von der man ausgeht, wenn man sich diesen Gebieten zuwendet: nicht das Gewöhnliche, sondern etwas Besonderes, Verborgenes zu erfahren. Hier kommt das Hinterweltlertum ins Spiel.

Die Indizien des Sherlock Holmes sind demgegenüber nur von dieser Welt. Er bringt es bis zum Gedankenlesen; aber nur bis zum Lesen solcher Gedanken, die der andere so klar und kräftig gedacht hat, daß sie sogar in seinem Gesicht, in seinen Bewegungen Ausdruck finden. Er deutet nicht, er beobachtet; er bringt nichts heraus, was dem anderen selbst ein Geheimnis wäre. Nur die Art, wie er es herausbringt, mutet geheimnisvoll an; aber auch das nur so lange, als er den einfachen Zusammenhang nicht erklärt. Er ist auch viel „breiter"; der ganze Mensch und seine Umgebung sind Feld für seine Beobachtungen und deshalb muten seine sehr simpel zustande gekommenen Resultate wunderbarer an als die der Deuter.

Diese Letzteren sind klug genug, das zu sehen und in einzelnen Fällen auch tapfer genug, es offen einzugestehen. Eine moderne Chiromantin, Frau Naval, meint am Schluß ihres Buches ganz aufrichtig, daß nun auf der letzten Seite der Leser wohl gar nichts mehr wisse, jedenfalls weniger als in der Mitte des Buches, geschweige denn am Anfang. Sie redet ihm jedoch zu, den Mut nicht zu verlieren, mit der Zeit werde er die Hand schon lesen lernen. Das heißt, sie reduziert ihre Regeln auf Intuition, auf den Instinkt, den jeder von uns nur halb bewußt, aber deshalb nicht weniger klar hat, wenn er eine fremde Hand ansieht oder auch nur zum erstenmal einen Händedruck von einem Menschen empfängt.

Schon vorher hat sie aufschlußreich die Übereinstimmung zwischen ärztlicher Diagnose und Handlesekunst nachgewiesen. Der Arzt deutet rosige Hände auf gute Blutzirkulation und damit freudigen lebendigen Charakter. Die Deutung der Handleserin lautet im gleichen Falle: guter Charakter, gesund, lebhaft, offen. Aus roten Händen diagnostiziert der Arzt auf Hyperämie; daraus resultierend: zorniges Temperament, Genießer. Die Deutung der Handleserin ist: genußsüchtig, laut, zornig, fröhlich. Über blaue Hände sagt der Arzt: Herzkrankheiten, Schwermut, Schwerlebigkeit, Melancholie, Mißgunst; die Handleserin: melancholisches Temperament, grüblerisch, still. Man braucht die Parallele nicht fortzusetzen. Denn jeder von uns wird ohne weiteres dieselben Schlüsse ziehen wie Chiromantin und Arzt. Ja, der unbefangene Mensch wird zu viel sichereren Schlüssen kommen. Denn er sieht, wann rote oder blaue Hände auch vom Erfrieren, von der Arbeit im kalten Wasser oder ähnlichem herrühren. Er ist der Chiromantin über, dadurch, daß er den ganzen äußeren Menschen beobachten kann; und wenn der Arzt seinerseits dem Laien überlegen ist, dann darum, weil er seine Diagnose Herzkrankheit oder Hyperämie durchaus nicht nur auf rote oder blaue Hände stützt, sondern auf viel sicherere, eindeutige Anzeichen.

Noch deutlicher tritt die Überlegenheit des gewöhnlichen Menschen über den Deuter zutage, wenn der letztere versucht, die Monomanie zu umgehen und alle Beobachtungsflächen am Menschen zu einem System der Charakterologie zusammenzufassen. Es kommen dann unbestreitbar richtige Resultate zustande, die von einer grauenhaften Banalität sind. Volles rundes Kinn mit Grübchen bedeutet Güte; hohe breite Brust bedeutet Mut und Stärke; graue Augen bedeuten Lebhaftigkeit, Festigkeit, Härte; die ewig Lächelnden sind gefährlich; lange Nägel reden von Intelligenz ohne Tatkraft. Alles das wissen wir, ohne es uns zum Bewußtsein zu bringen mit treffender Sicherheit, sobald wir einen Menschen ansehen. Wir wissen sogar mehr, weil wir ihn insgesamt, als Lebewesen, nicht als Summe betrachten.

Das Verfahren ist also folgendes: man stellt zu den Regeln Schlüssel auf, die uns das Geheimnis jedes Menschen durch seinen äußeren Anblick erschließen sollen; die Regeln sind meist vollkommen einwandfrei, aber völlig banal; und am Schluß läuft, ebenfalls ganz richtig alles darauf hinaus, daß die Intuition die einzelnen Beobachtungen zusammenfassen muß, um zu einem Eindruck und Urteil zu gelangen.

Der Chiromanten- oder Graphologenschüler ist also so klug als wie zuvor.

O nein! Denn inzwischen hat er in der Monomanie und in der Deutung, die ihn hoffen ließen, hinter das Geheimnis des Menschen zu kommen, den Übertritt zur verkappten Religion vollzogen. Er ist nun nicht mehr so klug wie jeder von uns, der auf den Anblick eines Menschen mit einem Eindruck reagiert, und, bei genügendem Interesse, sich diesen Eindruck zu festigen, ihn in ein Urteil zu wandeln versucht; er ist viel enger geworden. Denn er achtet nur noch auf einen Punkt und da er weiß, was dieser Punkt nach den Regeln bedeutet, so verliert er nicht nur die Unbefangenheit, sondern auch die Fähigkeit zur wirklich scharfen Analyse, die ja durch die Formel vorweggenommen ist.

Das Ergebnis wird sich noch oft wiederholen: die verkappte Religion macht, was, unbefangen gesehen, sinn- und wertvoll hätte sein können, sinnlos. Der Handschriftdeuter (natürlich nicht zu verwechseln mit dem wissenschaftlichen Schriftsachverständigen, der z. B. die Identität zweier Handschriften feststellt), der Handleser, der Phrenologe leisten tatsächlich weniger, als der unbefangene Mensch. Das Aufsichwirkenlassen des ganzen Menschen, das Nichtdeuten, das Nichtserwarten löst das Rätsel (wenn der beobachtete Mensch eines hat) viel gründlicher, als die monomane Deutung des Hinterweltlers. Ganz unliebenswürdig könnte man sagen, der letztere sei nicht nur unter dem Menschen, er sei auch unter dem Hund. Der Instinkt eines Karo oder Nero für oder gegen Menschen kann verläßlicher sein als die Regeln des Entschleierers. Hat der letztere Erfolge, dann erst in dem Augenblick, wo er alle seine Regeln wieder vergißt, sie im Instinkt zusammenfaßt. Aber dann wären ja doch die Regeln vielleicht nützlich? Ja. Für Leute, deren Reaktionsfähigkeit auf Menschen von Haus aus anormal schwach ist.

Daß die Deutung weniger wichtige und weniger sichere Ergebnisse erzielt, als die Unbefangenheit, ist klar, wahrscheinlich sogar den Deutern selbst. Denn dem Hinterweltler ist die mystagogische Operation viel fesselnder, als das Ergebnis. Das ist der Grund, weshalb er von ihr nicht läßt.

Das tritt besonders stark in den Zahlenspekulationen hervor. Ein Philosoph oder Mathematiker kann das ganze Weltall in Zahlen aufgehen lassen, kann alle Harmonien und Disharmonien des Kosmos im Zahlenreich wiederfinden, ohne daß er deshalb aus seiner Spekulation eine verkappte Religion zu machen braucht. Zahlen sind ihm Symbol der Welt, nicht Deutung der Welt. Und das äußere Anzeichen dafür ist, daß er mit unbenannten Zahlen arbeitet. Der echte Zahlenmystagoge dagegen, arbeite er nun an der Kaballa oder wie Max Eyths köstlicher Märchenheld an der Cheopspyramide, benennt letzten Endes immer seine Zahlen. Er will wirkliche Verhältnisse damit erschließen, will hinter etwas kommen. Seine Zahlenspekulationen entspringen nicht mehr nur, wie die alten Zahlenspekulationen, der Lust am Geheimnis oder dem theokratischen Bedürfnis, eine überlegene, dem Gewöhnlichen unzugängliche Stellung zu wahren; sie sollen praktische Ergebnisse haben, die allerdings ein reiner Irrgarten sind und etwa vom fünften Weltalter, dem arisch-germanischen Weltalter bis zum endlichen Sieg Deutschlands im Jahre 1934 gehen. Zahlen sind das geduldigste Material für jede Deutung, deshalb ist vielleicht die Zahlenspekulation reicher und älter, als jede andere verkappte Religion. Sie wechselt ewig die Formen und Bedeutungen, ohne aber das Wesen zu wechseln. Wenn ich in einer Geheimschrift den Buchstaben u habe, dann kann dieser Buchstabe höchstens die 24 anderen Buchstaben des Alphabets bedeuten. Was kann dagegen nicht alles die Zahl 3 bedeuten? Zwischen der Trinität Gottes und der Liebe in 3 Tempi gibt es kein Ding zwischen Himmel und Erde, das sie nicht bedeuten könnte. In den Zahlen läßt sich alles deuten und alles verknüpfen. Deshalb ist es hier unlohnend, auf das Einzelne einzugehen.

Nur eine Sache mag hervorgehoben sein. Soweit ich sehe, schreiben fast sämtliche Zahlenmystiker den ungeraden Zahlen, den nicht teilbaren, eine geheimnisvolle Kraft zu und betrachten sie sozusagen als Urzahlen. Eine Deutung, der ohne weiteres jeder lebensvolle Mensch nahekommen wird, denn auch er empfindet sein Leben als etwas nicht weiter Zurückführbares und als etwas, das nicht ohne Rest aufgeht, das nicht glatt ist. Das Merkwürdige dabei bleibt nur, daß die Zahlenmystagogen, die diese ganz kluge Einsicht haben, auf der anderen Seite doch versuchen, das Geheimnis des Lebens zu errechnen, aus der Zahlenspekulation praktische, ja sogar handfeste Resultate zu errechnen.

Wenigstens auf ein besonderes und in gewissem Maße anerkanntes Werk moderner Zahlenspekulation sei hier kurz eingegangen, auf das, was Wilhelm Fließ als den „Ablauf des Lebens“ bezeichnet und womit er den Grund legen will zu einer exakten Biologie. Seine Grundbehauptung besagt, daß der Mann ebenso bestimmte Lebensperioden hat, wie die Frau; bei der Frau seien es im Regelfalle 28, beim Manne 23 Tage und beide Perioden könnten miteinander abwechseln. Er zieht praktische Folgerungen: auch der Mann sei in seinen „kritischen Tagen“ ebenso unsicher und schwach und solle ebensowenig Wichtiges und Schweres unternehmen, wie die Frau während ihrer Menses.

Man horcht gespannt auf. Dagegen spricht höchstens, daß eine so elementare Sache durch die Jahrtausende unentdeckt geblieben sein sollte; daß selbst Fließ keinen Mythus, keine Sage, kein Märchen, kurz keine überlieferte Ahnung anführen kann, die für das Gesetz spräche. Dafür spricht, daß beide, Mann und Frau, Menschen sind; daß irgendwo, auch im Ablauf ihres äußeren Lebens, eine Verknüpfung, ein Äquivalent zu den weiblichen menses durchaus zu erwarten ist. Man nimmt also das

Buch gespannt in die Hand und folgt, durchaus geneigt, etwas Neues und Grundlegendes zu erfahren, den Ausführungen. Wenn etwa Goethes und Bismarcks Lebenslänge und sogar noch ihr Unterschied auf Produkte aus 23 und 28 zurückgeführt wird, dann wartet man aufmerksam, was nun weiter kommt. Wenn aber noch auf den gleichen Seiten so komplizierte Zahlenbildungen auftauchen, wie $\frac{28^2 + 23 \times 28}{4}$ wenn ferner noch das halbe oder ganze Jahr hinzugenommen wird, wenn dann noch die Differenz aus 28 und 23, die Zahl 5, und die Summe aus beiden, die Zahl 51, besondere Bedeutung erhalten, so wird nur noch der Mathematiker entscheiden können, ob und inwieweit es möglich ist, in jeder beliebigen Zahl diese magischen Zahlen wieder auftauchen zu lassen. Wenn sich aber dann der Verfasser noch die Freiheit nimmt, nach Bedarf je die Zahl 1 zuzusetzen oder abzuziehen und mit den so gewonnenen Summen, Differenzen, Produkten, Quotienten und Potenzen (Wurzeln sind das einzige, was, soweit ich sehe, nicht vorkommt) weiter zu rechnen, dann dürfte nicht nur die Biologie, sondern auch die Exaktheit einigermaßen in die Brüche gegangen sein. Das Werk von Fließ enthält keine verkappte Religion und hat, soviel ich weiß, keine Gemeinde mit besonderem Ritus gebildet; aber es zeigt schlagend, wie hoch hinauf heute die Methoden der Mystagogie gehen, auf welche Probleme sie angewendet werden.

Die Zahlenmystagogie ist, wenn man diesen Ausdruck gebrauchen darf, verkappte Religion an sich; es fällt daher dem, der nicht von Hause aus die seelische Disposition dazu besitzt, besonders schwer, sich in sie hineinzudenken und hineinzufühlen. Ich möchte deshalb auch nicht behaupten, daß durch die Ausführungen auf den vorigen Seiten der Stoff auch nur in den hauptsächlichen Punkten kritisiert ist.

Auf festerem Boden dagegen befinden wir uns wieder bei Betrachtung der Versuche, den großen Dichtwerken der Weltliteratur, etwa dem Hamlet und dem Faust, einen besonderen, verborgenen Sinn, einen Sinn hinter der Welt unterzulegen. Es ist dabei ganz gleichgültig, welches der Schlüssel sein und wie die Wahrheit hinter der geöffneten Türe aussehen soll. Alle diese Versuche verkennen nämlich von Grund aus das Wesen der Kunst. Während sie vermeinen, ihr erst den höchsten Sinn und die höchste Weihe zu geben, drücken sie sie auf die Stufe eines philosophischen Kryptogramms herab.

Gerade die Kunst ist vortrefflich geeignet, um ganz klar den Unterschied zwischen Religion und verkappter Religion, zwischen Überweltlertum und Hinterweltlertum zu erweisen. Stärker als jeder von uns fühlt der Künstler, daß er und sein Werk zwischen zwei Geheimnissen stehen, daß es aus dem Geheimnis kommt und in das Geheimnis mündet. Aber worin besteht der Wert seines Werkes, wenn nicht gerade darin, den Mitfühlenden auf einen Augenblick das Geheimnis zwar nicht zu lösen — das ist auf dieser Erde unmöglich —, aber doch das Mysterium sichtbar, sinnfällig zu machen? Kunst, möchte man sagen, ist die einzige Form der Aufklärung, die die Ehrfurcht nicht vermissen läßt, die nicht vergewaltigt. Selbst wertvolle, neuere Dichter fallen, und durchaus nicht nur aus Mode, auf alle Arten von Mystagogie hinein. Das ist erklärlich, denn sie fühlen sich als Menschen, deren Künstlertum endlich nach so vielen Jahren einer herzlich unbefriedigenden Literatur nicht mehr aus dem Kopf, sondern aus dem Blut aufsteigt — und sie sind es auch. Sie glauben, in der Anerkennung der Intuition, die ja aus dem gemeinen Leben verbannt zu sein scheint — trotzdem sie es glücklicherweise nicht ist — eine Stütze zu finden. Sie bedenken und fühlen dabei nicht, daß verkappte Religion, welcher Art auch immer, viel kunstfeindlicher ist, als Aufklärung und Wissenschaft. Leugnen letztere das Geheimnis aller großen Kunst, indem sie sie von der Erde lösen, ihr Ursprung und Boden entziehen, sie von Haus aus zum Selbstzweck machen (was doch erst auf das vollendete Werk zutrifft), so sehen die verkappten Religionen, wenigstens in diesem Punkt konsequent, in jeder Kunst nur noch das Gefäß für mehr oder minder düsteres Rauschgetränk.

Während es doch gerade der höchste Wert der Kunst ist, für einen Augenblick aus dem Geheimnis hinauszuführen. Das große Werk kommt aus dem Geheimnis und mündet darein; aber das Entscheidende bleibt, daß es den dunklen Strom, den wir Leben heißen, auf eine kurze Strecke weit erhellt. Kunst und Mystagogie sind Feinde. Weil der Künstler Mystiker ist, darf er nicht Mystagog sein wollen.

Nicht hinter den Worten, nein, in den Worten jeder großen Dichtung liegt ihr Geheimnis.

Der du von dem Himmel bist,
Alles Leid und Schmerzen stillest,
Den, der doppelt elend ist,
Doppelt mit Erquickung füllest,
Ach, ich bin des Treibens müde!
Was soll all der Schmerz und Lust?
Süßer Friede,
Komm, ach komm in meine Brust.

Über allen Gipfeln
Ist Ruh,
In allen Wipfeln
Spürest du
Kaum einen Hauch;
Die Vögelein schweigen im Walde.
Warte nur, balde
Ruhest du auch.

Daß diese 16 Zeilen der beiden Gedichte mehr geben, als den dürren Gedanken, der Mensch ist friedlos, aber am Ende kommt doch der Friede, ist jedem klar. Aber der Unterschied besteht durchaus nicht mehr im Ästhetischen. Nicht nur darin, daß Goethe den Gedanken so sagen kann, daß er uns überzeugt. Im Gegenteil, er braucht uns gar nicht zu überzeugen. Es könnte einer ganz entgegengesetzter Ansicht sein. Es kann einer sich fanatisch ans Leben hängen und sich ganz naiv vor dem Sterben fürchten. Es kann einer von der Seligkeit des Daseins erfüllt sein und den Tod als den Übergang ins Nichts hassen. Dennoch leuchtet ihm in diesen kurzen Zeilen etwas auf, das sich jedem Widerstand abweichender Meinung entzieht. Und das nicht an-

4*

ders ausgesprochen werden kann, als es Goethe ausgesprochen hat. Der Deutung ist es aus dem einfachen Grunde unzugänglich, weil es selber schon Deutung ist, aber im Unterschied zu der Mystagogie eine Deutung, die ihre Gewißheit und Bestätigung in sich selbst hat.

Simpler gesprochen: Wenn das Geheimnis, das Goethe hier offenbart, auch in anderen Worten ausgedrückt, dem Begreifen noch näher geführt werden könnte, als es die 16 Zeilen tun, dann wäre, ganz menschlich mit Reuters Frau Pastorn zu reden, Goethe selbst wohl der Nächste dazu gewesen. Der einzige, der es könnte, wäre ein Dichter, noch erfüllter, als Goethe war. Also gerade das Gegenteil vom Hinterweltler.

Trotzdem ist der Letztere entschuldigt, wenn er sich an den zweiten Teil des Faust heranmacht. Daß er das mit einem Schein rechtens kann, ist die denkbar schärfste effektive Kritik am zweiten Teil, viel schärfer als diejenige, die etwa Friedrich Theodor Vischer geübt hat. Obgleich man in diesem Zusammenhang darauf hinweisen muß, daß auch im zweiten Teil das Wort Hineingeheimnissen, das Goethe braucht, nur auf die privaten Einzelheiten seines Lebens und Denkens Bezug hat; so daß der biographisch-philologische Kommentator der einzige ist, der den zweiten Faust tatsächlich „enträtseln“ kann. Der „Deuter“, der Hinterweltler, der aus ihm eine verkappte Religion macht, kann das nicht. Denn es passiert ihm das Unglück, als Deuter viel zu komplizierte Deutung zu suchen. Und darob und über seiner verkappten Religion die wirkliche Religion des Faust zu übersehen, die etwa ganz simpel lautet: Fürchte dich nicht vor dem Leben; arbeite, so wird dir solches alles zufallen; nur der verdient sich Freiheit und das Leben. Dieser Weisheit letzter Schluß, den Goethe sogar in verhältnismäßig trockenen Worten gibt, enthält natürlich nicht das Geheimnis des Werkes. Das ist nicht zu deuten. Goethe war der Nächste dazu und der Vorwurf gegen ihn lautet, daß er es in seinem Alter nicht mehr sinnfällig machen, dem Zugriff hinterweltlerischer Deutung nicht entrücken könnte.

Shakespeare hingegen trifft nicht die gleiche Schuld. Und

doch hat sich an ihm Zeichendeuterei in großem Ausmaß betätigt in der Behauptung, Shakespeare ist Bacon, ist Rutland, ist auf jeden Fall jemand anders, als der William Shakespeare aus Stratford, eines halbbankerotten Handwerkers Sohn, der in seiner Jugend wild liebte, sich kopflos verheiratete, nach London floh, unter die Komödianten lief und es dort durch Schiebungen und Auskauf von Teilhabern zum reichen Mann brachte. Daran ist soviel wahr, daß das, was wir vom Leben des Schauspielers und Direktors Shakespeare wissen, nicht recht zu seinen Dramen stimmt. Die Baconianer haben ganz recht mit der Behauptung, daß dieser Dichter nicht nur die traumwandlerische Sicherheit des Genies, sondern auch die durch keine Begabung zu ersetzende Sicherheit guter Erziehung und beherrschender Stellung hat; daß in ihm nirgends ein Parvenuzug durchbricht (nimmt man etwa Hebbel oder Wagner zum Vergleich: wie auffällig sind da die Züge des Heraufkömmlings). Nicht umsonst ist Shakespeare von Bismarck geliebt worden; vielleicht weniger ob seiner Dämonie, als wegen der politischen und festen Form, in die sie gebändigt ist. Shakespeare war kein übermenschlicher Romantiker; er war Politiker und Gesellschaftsmensch: der einzige Dichter, der Könige königlich dargestellt hat. Er bändigt, ganz wie Bismarck, Dämonie zu einer nicht nur politischen, nein, diplomatischen, ja höfischen Form. Die Einzigartigkeit dieses Dichters beruht darin, daß hier ein Genie sich gegenüber der äußeren und inneren Form vollkommen loyal verhält, vollkommen verbunden bleibt mit seiner Zeit und Wirklichkeit, ohne sich den geringsten Zwang anzutun und sich doch, soweit wir vermuten können, denn der „Sturm" läßt auch andere Schlüsse zu, vollkommen auslebt. Niemand nach ihm hat das in dieser Weise zustande gebracht. Shakespeare zwingt nie, wie die echten Romantiker immer, die Form, wird nie zum Revolutionär. Gerade das aber wäre nach den wenigen von ihm bekannten Lebensdaten zu erwarten gewesen. Hier steht kein Parvenu, auch kein Heraufkömmling ganz großer Art, von dessen Zügen selbst Goethe in Dichtung und Leben nie frei geworden ist. Hier steht ein Dichter, der, Gott ähnlich, an die

Welt keine Wünsche mehr hat und an dem deshalb das Wunder jenes schönen indischen Spruches geschieht: Wer ohne alle Begierde ist, dem enthüllt die Erde ihre Schätze, so verbirgt auch eine Mutter ihren Leib nicht ihren Kindern. Der Londoner Theaterspekulant war nach dem wenigen, was wir von ihm wissen, beinahe etwas wie ein übertriebener Gegenpol zu dieser Art; schwer, ohne weiteres zu glauben, daß er die Stücke gemacht hat.

Soweit sagen die Shakespeare-Mystagogen nicht nur etwas Richtiges, sondern sogar die Wahrheit. Und auch ihre weitere Behauptung stimmt, daß es uns nicht gleichgültig sein kann, wer die Werke geschrieben hat. Gelegentlich versteigen sich selbst Shakespeare-Biographen zu der versteckteren oder offeneren Behauptung, daß es geradezu ein Glück ist, daß wir keine Shakespeare-Philologie nach Art der Goethe-Philologie hätten. Sie mischen dadurch seltsam Wahrheit und Irrtum. Denn wenn der Stratforder Emporkömmling, spenglerisch zu reden, der Reinhardt des angehenden 17. Säkulums, der in seiner ganzen ausgeprägten Art auch eine große Begabung war, nur eben auf ganz entgegengesetzte Weise, wie der Dichter Shakespeare — wenn d i e s e r Ausreißer aus Stratford wirklich d i e s e Werke geschrieben hat, dann besteht allerdings paradoxerweise gerade bei dem größten realistischen Dichter, den wir haben, die Annahme zurecht, daß Kunst und Künstler mit irdischen Verhältnissen gar nichts zu schaffen haben, daß das Genie nicht nur vom Himmel fällt, sondern auch weiterhin über der Erde schwebt, daß sein Leben ihm gar nichts gibt, daß er mit dem ersten Atemzuge fertig ist; jene Familienblattauffassung, welche im Künstler einen traumwandlerischen, leichtsinnigen Hund mit Weinlaub im Haar sieht. Das ist selbst praktisch nicht ganz unwichtig; denn vermöge dieser Auffassung kann sich auch fürderhin jeder Jüngling, der schreiben gelernt hat, kraft der neuesten Bohême-Mode, sie heiße nun lange Locken, Eleganz oder okkultes Priestertum, als Genius fühlen. Die Shakespeare-Mystagogen sagen sicherlich zu viel, wenn sie behaupten, daß Shakespeares Werke heute in falscher Beleuchtung stehen. Denn einem Leser oder Schauspieler, der vor dem lebendigen Eindruck eines Shakespeareschen Stückes noch zu Spekulationen Zeit findet, verschließt sich das Geheimnis des Werkes. Nicht für die Wirkung der Shakespearedramen, die für sich selber einstehen können, aber für unsere Auffassung von Kunst überhaupt ist die Frage nicht unwichtig. Wie bei fast allen verkappten Religionen liegt hier ein Kern Wahrheit.

Der jedoch rasch verschwindet, wenn die Baconianer mit ihren Beweisen anfangen, daß der Jüngling aus Stratford der Sohn eines Gerbers gewesen sei. Ein vortreffliches Argument gegen seine Urheberschaft dieser Dramen. Nur daß sie nichts richtiges damit anzufangen verstehen. Denn sie hängen ihm dazu noch Vorwürfe, wie Dieb, Mörder und Ehebrecher an, die zur dämonischen Seite seines Werkes ganz gut passen und eher seine Autorschaft beweisen würden, als seine Nichtautorschaft.

Da sie zu besessen sind, um aus der Art der Werke selbst Vermutungen auf die Nichtautorschaft wahrscheinlich zu machen, so verfallen sie auf ein System von tausend kleinen Aushilfen. Sie sagen: dieser Dichter muß Rechtskenntnis besessen oder italienisch verstanden haben; folglich kann es nicht der ungebildete Schauspieler gewesen sein. Aber die Gegenseite hat vollkommen recht, wenn sie folgert: dieser Dichter muß italienisch verstanden haben, folglich ist Shakespeare in Italien gewesen. Strecken seines Lebens liegen ja im Dunkel und die Chronologie der Werke beruht größtenteils auf Vermutungen.

So werden denn selbst die Shakespeare-Mystagogen schließlich zu der rechten Erkenntnis gedrängt, daß in dieser Gleichung alle Größen unbekannt und zweifelhaft sind, bis auf die Werke.

Und bei dieser richtigen Erkenntnis, die, richtig angewandt, mindestens eine Diskussion der Frage ermöglichen würde: bei ihr setzt nun der Schluß- und Groteskakt der Shakespeare-Mystagogie ein, nicht Shakespeare, nicht Bacon, nicht Rutland, sondern das, worauf es ihnen ankommt: die Entzifferung der Geheimschriften. Alle Jahre werden ein Dutzend neue Systeme entdeckt, in allen Sprachen und in allen Ländern.

Den einfachen Gedanken, daß man aus einem Material von einigen hunderttausend Versen (die sich durch Hinzuziehung und Vergleichung der verschiedenen Ausgaben noch bequem vervielfachen lassen, ohne noch die Willkürlichkeiten der Schreibweise und die Druckfehler zu rechnen, die buchstäblich erlauben, zwecks Lösung ein X für ein U zu lesen) alles herausdeuten kann, was einem paßt — diesen einfachen Gedanken halten Entdecker und Entdeckerinnen ängstlich von sich fern. Das hat seine Ursache. Die Frage löst sich vollständig von Shakespeare, von Bacon, wird verkappte Religion. Der Entzifferer spinnt sich so in seine Entdeckungen ein, daß er das Ziel ganz aus dem Auge verliert. Er landet zuletzt nicht bei einem mit seltsamen Mitteln durchgeführten Beitrag zur Literaturgeschichte, sondern glatt bei einer Poeschen Novelle, die jedoch den Nachteil hat, viel dickleibiger zu sein und der Glasklarheit des Detektiverfinders völlig zu ermangeln. Was Shakespeare, was Bacon; der Detektiv und seine Künste sind die Hauptsache.

Auf diese Art ist eine leidlich wichtige und fesselnde literarhistorische Frage so diskreditiert worden, daß heute einiger Mut dazu gehört, überhaupt in ihr noch ein Problem zu sehen; während doch auf der anderen Seite der Widerspruch zwischen den spärlichen Lebenstatsachen und der Art der Werke nicht wegzubringen ist.

Aber dieses Kapitel ist vielleicht schon zu lang. Denn alle hier erwähnten Felder haben ja nur als Vorhof zur verkappten Religion Bedeutung. Wer als Chiromant vielleicht ganz vernünftig und liebhaberisch anfängt, wird wahrscheinlich als Spiritist oder Theosoph enden. Mindestens die Tore des okkulten Tempels haben sich vor ihm aufgetan. Und wer an der Frage Shakespeare-Bacon den Rauschreiz der Entzifferung von Geheimschriften kennengelernt hat, der ist eigentlich schon mitten in der magischen Welt und nicht mehr fähig, Dinge zu scheiden, sie dafür aber ganz nach Lust und Willkür und doch immer mit Verstand, ja sogar mit einem ungeheueren Aufwand von Verstand zu verbinden.

VI

Wo ein Wille ist

Die verkappten Religionen — denn es sind mehrere, obgleich unter sich zusammenhängende — die den Willen in irgendeiner Form zum Mittelpunkt machen, reichen von den Wie-werde-ich-energisch-Büchern bis zum Übermenschen, von dem Angestellten, der sein Gehalt verbessern möchte, bis zum Philosophen, der die Frage nach dem Zweck des Menschengeschlechts beantworten will. Die verkappten Religionen des Willens scheinen den stärksten Anspruch zu erheben auf Übereinstimmung und Geltung in der Wirklichkeit. Ja, einer oberflächlichen Betrachtung könnte es scheinen, als machten sie überhaupt die Wirklichkeit zum Objekt der Anbetung.

Sehr viele von ihnen gehen darauf aus, dem Einzelmenschen zu helfen. Nachdem Wie werde ich energisch zur Scherzfrage geworden ist, verkleidet man sie in neue Röcke; spricht von der Willensschule, der Kunst der Konzentration, Überwindung von Hemmungen, Tatmenschentum, der Kunst, die 24 Tagesstunden richtig auszunutzen, der Religion der Arbeit, dem Hohen Liede des Schaffens. Und, darf man nach den Schaufenstern großer und angesehener Buchhandlungen urteilen, so ist heute mit den Leuten, die Tatmenschen werden, ihre 24 Stunden richtig ausnutzen und die Verlegenheit vor ihrem Chef überwinden wollen, ein ganz beträchtlich besseres Geschäft zu machen, vor allem ein häufigeres, als mit denen, die einen neuen Roman lesen möchten.

Man wird einwenden, daß es solche Bücher und solche Menschen immer gegeben habe, daß sie Erzeugnisse unseres Wirtschaftskampfes seien. In der Tat haben immer Menschen mit aller Kraft daran gearbeitet, neue, verwertbare Kenntnisse zu erwerben, ihr Einkommen zu erhöhen, vorwärts zu kommen Nur die Mittel sind grundsätzlich andere geworden. Früher lernte man Schönschreiben, Stenographie im Selbstunterricht, Englisch in Briefen. Das alles hatte mit der verkappten Religion nichts gemein.

Heute lernt man statt dessen Willensschulung; und damit ist allerdings das Gebiet der verkappten Religion betreten.

Gleich am Anfang der Betrachtung stößt man auf den seltsamen Umstand, daß der neuere Weg — ganz im Gegensatz zu der Härte und dem Tatmenschentum, das er zu lehren verspricht — der bequemere ist. Es ist zweifellos eine viel härtere, von vornherein mehr Entschluß und Energie beanspruchende Arbeit, Englisch zu lernen, als ganz allgemein seinen Willen auszubilden. Das erste lohnt alle Mühe mit einer recht zweifelhaften Kenntnis einer einzelnen Sprache; das zweite verspricht ganz verkappte Religion, alle Schätze der Welt, unter denen sich jeder aussuchen kann, was er mag. Er erspart so dem werdenden Tatmenschen die Mühe, wirklich etwas bestimmtes zu tun und dem nach Konzentration Strebenden die Anstrengung, sich auf etwas Festes zu konzentrieren.

Diesem vorläufigen Einwand in bezug auf den Lernenden schließt sich unmittelbar der gegen die Lehrer an. Sie gleichen in einem Punkte den Pädagogen, die sich in Monte Carlo, in Zoppot und an einigen anderen Orten erfolgreich der Verbreitung von Systemen für Roulette und Bakkarat widmen. Betrüger? Man braucht vom Glücksspiel nichts zu verstehen; man kann die Frage unerörtert lassen, ob überhaupt ein gewinnbringendes System möglich ist; ob das besondere System des Spielprofessors erfolgreich ist. Statt alledem wird ein vernünftiger Mensch einfach fragen: ja, wenn das System Riesengewinn macht, weshalb ist dann der Verkäufer des Systems nicht Millionär? Weshalb ist er nur Philantrop ohne die Milliarden? Weshalb gedenkt er anderen diese Wohltat zu?

Ganz dieselbe Frage kann man auch an die Leute richten, die Energiesysteme verkaufen. Weshalb schaffen sie sich leichtsinnigerweise Konkurrenz auf den Hals, da doch die Befolgung ihrer eigenen Lehren ihnen viel mehr bringen müßte als der Verkauf?

Im Gegensatz jedoch zu den verhungerten, armen und abgerissenen Spielprofessoren können die Energieverkäufer darauf hinweisen, daß sie ja ganz leidlich erfolgreiche Leute sind, die beneidenswert viel Geld verdienen — in ihrem Beruf nämlich. Sie können zweifellos darauf hinweisen, daß ihre Energie sie dazu gebracht habe, mit dem Verkauf ihrer Systeme leidliche Geschäfte zu machen.

Fragt man nun aber weiter, warum denn der Energiehändler auf Grund seiner Willensausbildung nicht Stahlkönig geworden ist, was doch zweifellos noch vorteilhafter wäre, so wird er, wenn er ehrlich ist, nur erwidern können: Weil meine Begabung und innere Neigung auf dem Gebiete des Systemverkaufs liegt und nicht auf der Stahlproduktion. Damit sind wir aber schon am Nerv der Sache. Die Ausbildung und unbewußte Anspannung des Willens setzt von vornherein ein Ziel voraus. Der Glaube an den Willen an sich ist ein Irrtum. Ich kann mich nicht mit aller Energie aufs Bücherschreiben werfen. Ich kann mich nur darauf sammeln, dieses Buch mit aller Kraft des Willens durchzuführen und zu beenden. Ja, genau besehen, kann ich nicht einmal das. Ich kann meinen Willen nur darauf anspannen, heute noch dieses Kapitel fertig zu machen, kann der Ermüdung und der Verführung zur Faulheit immer von neuem Trotz bieten, muß aber den Kampf jeden Tag von neuem aufnehmen. Er läßt sich nicht ein und für allemal durch eine Willensschulung erledigen. Mit anderen Worten, er läßt sich nicht umgehen. Er bleibt gebunden an das, was ich von vornherein will, und empfängt seinen Antrieb und seine Zähigkeit erst aus dem Ziel. Fesselt mich dieses Buch oder dieses Kapitel nicht genügend, um mir den Willen zu geben, es fertig zu machen, so wird es wahrscheinlich liegen bleiben.

Wisse, was du willst, und dein Wille wird von allein stark werden. Sei unklar über das, was du willst, und die berechnetste Willensschulung wird dir nichts helfen.

Wir wollen noch einen Augenblick beim Bücherschreiben bleiben. Es ist ein für die Demonstration des Willens hervorragend geeignetes Gebiet. Denn ein Buch zu schreiben erfordert mehr wirkliche Willensanspannung als alles andere. Der Stahlproduzent mag unter der Mannigfaltigkeit seiner Geschäfte beinahe zusammenbrechen, mag nur noch mit der äußersten Energie alles beherrschen können, aber es kommen ihm doch, alle Verschiedenheiten in den äußeren Lebensumständen abgerechnet, es kommen ihm doch die Antriebe von außen. Er ist nie allein auf eigene Initiative gestellt. Seine Arbeit erfolgt auf Verlangen und er muß das Heutige heute tun, wenn er es überhaupt tun will, morgen ist es zu spät; Posterledigung und Betriebsführung wirken auf ihn als Hetzpeitsche.

Dem Manne, der Bücher schreibt, droht im günstigsten Falle eine sanfte Mahnung seines Verlegers. Was er an Energie aufbringt, muß er aus sich, vielmehr aus seinem Buch selbst aufbringen und aus dem Wert, den er sich selbst und seinem Tun gibt. Er kann, wie ich schon früher einmal gesagt habe, vielleicht besser morgen schreiben als heute, und was er übermorgen nicht fertig bringt, gelingt ihm vielleicht in einer Woche. Die natürliche Faulheit des Mannes (bei der Frau ist sie vielleicht weniger groß; deshalb Courths-Mahler) nimmt beim Bücherschreiber ganz unglaubliche Formen an; bringt er doch etwas zustande, dann nur auf Grund wirklicher Energie. Und es läßt sich nicht behaupten, daß diese nicht geschult werden könne. Es läßt sich der Stil schulen, die Fähigkeit zur klaren Anordnung, die Arbeitsweise. Aber, das ist das Bezeichnende, nicht durch Regeln. Es gibt ein Buch „Die Schule des Schreibens“ und es ist ein ganz vorzügliches Buch. Nur hat es einen Nachteil: es lehrt zu viel. Sein Stoff geht vom Aphorismus bis zum fünfaktigen Drama. Zu allen diesen gibt es ganz vorzügliche Anleitungen. Aber der springende Punkt ist, daß ich erst wissen muß, ob ich einen Aphorismus oder ein fünfaktiges Drama schreiben will und schreiben kann, um sie verwenden zu können. Versuche ich alles nacheinander, dann werde ich zu nichts kommen. Der Versuch, den Willen zu schulen, bevor man weiß, was man will, die Methode als Ersatz für mangelnden Inhalt zu benutzen, muß fehlschlagen.

Aber das ist nur die Oberfläche der Dinge und es könnte jemand einwenden: Ja, was ich will, weiß ich ja schon; ich kann es nur nicht durchführen und eben deshalb suche ich ja die Willensschulung (trotzdem man völlig sicher sein kann, daß

9 von 10 Lesern der Energos-Bücher sie deshalb lesen, weil sie nicht wissen, was sie wollen). Aber selbst wenn sie es wissen und wenn sie glauben, es fehle nur an ein bißchen Energie, muß ihnen erwidert werden, daß sie Stellung und Wert der Willenskraft erheblich überschätzen. Es muß ihnen erwidert werden, daß sie nicht genügend klar sind über ihr Ziel oder daß dieses Ziel für sie selbst nicht genügend Wert hat, daß sie sich nicht dafür erwärmen können.

Statt des Willens das innere Entflammtsein für ein Ziel? Ja; aber selbst das überschätzt noch die Stellung des Willens. Das Wichtigste ist ihm nicht erreichbar. Wir werden das später an größeren Verhältnissen sehen; für jetzt genügt es, ganz bei den „Methoden" zu bleiben. Wenn man etwa mit aller Willensanspannung Vokabeln und Grammatik einer fremden Sprache ochst, sei es nach welcher Methode auch immer, so wird der Lohn eine recht zweifelhafte Kenntnis sein. Gerade im Lernen von Sprachen ist das seit langem erkannt und man hat immer und auf immer listigeren Wegen versucht, das Wissen in den Schüler sozusagen einzuschmuggeln, ihn die fremde Sprache lernen zu lassen wie die Muttersprache. Es wäre falsch, diesen Methoden, die gerade in letzter Zeit raffiniert ausgebaut zu werden scheinen, Rücksicht auf die Bequemlichkeit des Schülers vorzuwerfen. Es drückt sich in ihnen vielmehr nur das Wissen aus, daß der Wille in den großen Dingen des Lebens nicht die ihm zugeschriebene primäre Rolle (man kann, was man will) spielt; daß er auch durchaus nicht nur an den Grad der inneren Beteiligung und Wertung gebunden ist; sondern daß uns die großen Dinge zunächst einmal zufallen müssen. Selbstverständlich ist damit der Wille nicht ausgeschaltet. Habe ich Energie, dann werde ich nach einer der psychologischen Sprachmethoden vielleicht sehr rasch und gründlich lernen, und ist mein Wunsch, die fremde Sprache zu beherrschen, wirklich sehr stark, kommt er aus dem Innersten, nicht aus irgendwelchen äußeren Gründen, dann bringt mich vielleicht auch der alte Ploetz mit seinem Ich sehe den Fluß, während ich in Wahrheit nur das Übungsbuch sehe, bis zu einer leidlichen Kenntnis.

Vielleicht bestreitet man nicht die Richtigkeit der Ausführung, aber ihre Dignität (etwas, was vielleicht diesem Buche oft widerfahren wird, aber an einem Stoff liegt, der bei denkbar großer öffentlicher Wichtigkeit doch in einzelnen Teilen einfach mit Achselzucken erledigt zu werden pflegt). Vielleicht sagt man: Du gibst dir zu viel Mühe; jeder vernünftige Mensch weiß ja schließlich, was die Willensschulen wert sind. Aber das wäre falsch. Es wird ja hier eine Willensschulung nicht für unmöglich erklärt oder der Wert eines festen Willens bestritten; er wird ja nur reduziert darauf, daß erst ein Ziel da sein, daß einem erst etwas zugefallen sein muß. Deshalb kann z. B. individuelle Willensberatung sehr wohl Wert haben und deshalb tun auch die Willensbücher in manchen Fällen sicher Gutes, nämlich, wo schon ein Ziel und ein Wille bestehen.

Man wird ferner vielleicht sagen, es seien doch gar zu enge und gar zu brüchige Menschenkreise, die sich auf diese Weisheit verließen. Zugegeben. Aber wie kommt es dann, daß unsere gesamte heutige Literatur nur noch zwei Typen kennt: den genießerischen, schmetterlinghaften Künstler (in dem der Verfasser Selbstbiographisches gibt oder uns vorlügt) und den harten Willensmenschen. Er tritt überall auf; er ist tatsächlich der praeceptor mundi und wer es nicht glauben will, bemühe sich heute Abend ins nächstgelegene Kino oder greife blindlings in einen Haufen Ullsteinbücher. Er wird ihn sicherlich finden, den Mann, den nicht zuerst, aber am erfolgreichsten Bernhard Kellermann im Tunnel gemalt hat, mit Augen hart wie Diamantstahl, schmalen blutleeren Lippen, der binnen 30 Minuten eine ganze Kapitalistenversammlung in die Tasche steckt, ein Millionenheer von Arbeitern müde- und tothetzt, aber schließlich doch siegt. Er kann heute alle Gestalten annehmen; die des Milliardärs oder des Detektivs sind zur Zeit die beliebtesten. Sie entfalten im Klubsessel und vor dem Tischtelephon mit großer Eleganz einen ungemeinen Willen; was sehr einfach ist, wenn man den Klubsessel und das Tischtelephon nebst einigem sonstigen hat. Den wirklich fesselnden Teil, den Teil, in dem die Energie des Helden sozusagen nackt, ohne Fernsprecher und ohne Rindleder hervortreten könnte, nämlich die Art, wie er hinaufkam, bleiben uns die Autoren regelmäßig schuldig. Sie geben, wenn sie viel tun, eine flüchtige Skizze, etwa: die ersten 1000 Mark verdiente er als Zeitungsverkäufer, die erste Million durch Ölquellen; aber wenn die Geschichte eigentlich losgeht, ist ihr Held bereits in glänzender Position und Träger großer Pläne. Sodaß von der Energie des Willensmenschen nur der Name übrig bleibt; denn seine wirklich starke Energieperiode hat er bei Beginn der Geschichte bereits hinter sich.

Aber besitzen wir nicht die Lebenserinnerungen großer Männer? Sehen wir da nicht, wie zielbewußte Energie aus dem Pfennig in der Tasche schließlich die Million und aus dem kleinen Stift den großen Handelsherrn macht? Genau besehen und den Waschzettel des Verlegers weggelassen, sehen wir ziemlich das Gegenteil. (Wenn nämlich der Verfasser ehrlich ist; über die moralinsauren Milliardäre mit ihren Lebenserinnerungen hat Mark Twain das Notwendige gesagt.) Bei den anderen sehen wir, unbefangen betrachtet, meist Mißerfolg sich häufen; wir sehen sie mit großer, aber erfolgloser Willensanspannung hierhin und dorthin tasten. Und was ist das Ende? Spannen sie nun ihre Energie immer höher, sagen sie sich: es genügt offenbar nicht, daß ich zehn Stunden Berufsarbeit tue und acht Stunden Privatarbeit für mein Weiterkommen; ich werde von jetzt an einmal den 22-Stundentag einführen? Man darf überzeugt sein, daß es heute solche Menschen gibt; nur das ist zu bezweifeln, ob sie jemals in die Lage kommen werden, beachtenswerte Lebenserinnerungen zu schreiben. Bei denen, die welche geschrieben haben, geht es meist gerade umgekehrt zu. Ihnen fällt eines Tages etwas ein, eine Kleinigkeit, eine Änderung, etwas, wodurch sie vorwärts kommen könnten — und von diesem Augenblick an beginnt auch ihr Vorwärtskommen. Ja, manchmal ist nicht einmal das nötig. Dickens hatte im Elend aus eigenem Stenographie gelernt, sich mit Energie den Weg höher hinauf gebahnt und hätte mit allem diesem prachtvollen Vorwärtsstreben ein englischer Parlamentsberichterstatter und Journalist bleiben können wie hundert andere. Eines Tages bekommt er einen Zeitungsauftrag, er soll einen Begleittext schreiben zu lustigen Sportbildern eines bekannten Zeichners. Nun, was tut der energische Dickens? Er beißt doch offenbar die Zähne zusammen, entschließt sich, seinen ganzen Willen ins Taschentuch zu nehmen und mit diesem Auftrag ein berühmter Mann zu werden? Er tut gerade das Gegenteil. Er schreibt, von keiner Rücksicht auf künftigen Ruhm, schriftstellerische Würde, Hohepriestertum der Kunst angekränkelt, den Begleittext, als wenn unsereiner zu Bildern von Paul Simmel einen lustigen Text gegen gute Bezahlung verfertigte. Schreibt ihn und es werden ihm unversehens die Pickwickier daraus, die ein Lebenswerk eröffnen, wie es so unbekümmert und übrigens aus ganz ähnlichen Verhältnissen heraus nur noch Balzac geschaffen hat. Seine Energie allein brachte ihn aus der Wichsfabrik auf die Stenographenbank des Unterhauses und, wenn er sich darauf verlassen hätte, energisch weiterzuarbeiten, hätte er wahrscheinlich dort (mit einem Dutzend Siegespreisen in Schnellschrift-Konkurrenzen) geendet.

Vielleicht sagt jemand, nun, auch das ist nicht überraschend, daß zum Willen die Begabung treten muß. Das Wichtige aber ist in entgegengesetzter Richtung zu finden: daß nämlich der Wille, wo er zügellos wird, der Begabung in den Weg tritt. Und das Große an Dickens ist, daß alle bewußte Anspannung, die er nötig hatte, um sich heraufzuarbeiten, seine Unbefangenheit nicht angetastet hat, daß er im Leben der gefühlvollste und reizbarste Mann war, der sich denken ließ, daß Lachen und Weinen, Verzweiflung über jede absprechende Kritik und ein ganz schrankenloser, naiver Optimismus bei ihm so dicht zusammensaßen; kurz, daß er in allem und jedem das gerade Gegenteil des Willensmenschen war, den uns die Bücher aufschwätzen.

Bücher! Aber der Tatenmensch ist ja eben das gerade Gegenteil von Büchern! sagt verächtlich der moderne Mensch. Wir haben oben schon auf den Verbrauch an Initiative beim Bücherschreiber hingewiesen, der zweifellos den des Stahlkönigs bei weitem übersteigt; wir wollen nun das musische Gebiet verlassen und zu dem Helden übergehen, der in der äußeren Welt wirkt.

Dabei stoßen wir nun sofort auf die eigentümliche Tatsache, daß der moderne Tatenmensch, der große Geschäftsmann, der Staatsmann, der Feldherr, der Erfinder: daß sie alle Schreibtischmenschen sind. Was tat Herr Stinnes? Er grub nicht etwa Kohlen. Im Gegenteil: er galt als Tatenmensch, weil er nicht Kohlen grub. Er diktierte, telephonierte, verhandelte, gab Instruktionen; er arbeitete am Schreibtisch. Wollen wir den wirklichen Tatmenschen sehen, so müssen wir uns zu Artisten, Rennfahrern, Sturzfliegern, ja noch viele Stufen weiter hinunter in die Wedekindsche Welt begeben. Aber diese Kreise sind es ja gar nicht, die unsere Bewunderung als Tatmenschen reklamiert.

Immerhin, wenn sie auch am Schreibtisch arbeiten, sie wollen doch im Gegensatz zum musischen Menschen die wirkliche Welt ändern, dort Einfluß üben, nein, reale Befehlsmacht gewinnen über Menschen und Dinge. Sie wollen auf den Staat, auf die Gesellschaft wirken — und, um sich das zu erleichtern, fordern sie, unterstützt von einigen Philosophen, uns auf, sie gefälligst zu bewundern. Früher nannte man es Heldenanbetung und nur wenig konnten Anspruch darauf erheben. In diesem Gefühl aber sind wir demokratischer geworden und beten heute zu jedem Tatmenschen.

Schon die alte ehrliche Heldenanbetung und noch mehr ihre neuere Fortsetzung verfälschte jedoch die Wirklichkeit. Es ist ja völlig wahr und es geschieht mit Recht, daß Helden verehrt werden. Aber wann? Sobald sie sich als Helden bewiesen haben. Das will sagen, nachdem ihres Heldentums schwerster Teil, das Erkanntwerden des Unerkannten, weit hinter ihnen liegt. Während der Zeit, da sie Helden im stärksten Sinn sind, werden sie gehaßt und verfolgt; sie wären sonst auch keine. In diesem Haß und dieser Verfolgung liegt keine Undankbarkeit, sondern ein Gesetz. Friedrich der Große wurde zeitlebens lebhafter von seinen Gegnern und den Angehörigen anderer deutscher Staaten, wie dem jungen Goethe, bewundert, als von seinen getreuen Untertanen. Bismarck ging es ähnlich. Als er anfing, hofften seine späteren Bewunderer, ihn zum Wohle des Vaterlandes Wolle spinnen zu sehen und zeitlebens haben die, die mit ihm arbeiteten, kaum recht Zeit gefunden, ihn zu bewundern, weil sie zu sehr unter ihm seufzten. Die Vorstellung, daß, wenn ein Held siegfriedgleich und strahlend vom Himmel stiege, die Menschen bereit wären, ihn auf den Knien zu empfangen — eine Vorstellung, die von dem Schrei nach Heldenverehrung nicht gefordert, aber gefördert wird, — läßt sich nicht aufrecht erhalten.

Aber das ist noch das Harmloseste an der Sache. Schon weniger harmlos ist, daß durch programmatische Heldenverehrung ein ganz falsches Bild des wirklichen Helden zustande kommt und daß die Heldenverehrer ihren Helden im Grabe schänden. Diese Schändung geht nach zwei ganz verschiedenen Richtungen, aber das macht, wo es sich um eine verkappte Religion handelt, nicht die geringsten Schwierigkeiten.

Auf der einen Seite verkleinern die Anbeter ihren Helden ganz gründlich. Bismarcks Kürassierstiefel, Stahlhelm und lange Pfeife werden den Anbetern zu seinem Wesen. Aus dem Menschenverächter Friedrich, der dem heraufkommenden deutschen Geist den Weg sperrt, wird ein unterhaltlicher und anekdotenreicher Mitarbeiter an Schul-Lesebüchern. Wirklich, wenn tote Helden reden könnten, ihre Stoßseufzer wären abwechselnd: Vor meinen Feinden habe ich mich geschützt, aber wer schützt mich vor meinen Freunden? und: Ihr gleicht dem Geist, den ihr begreift, nicht mir. Schon daß wir es wagen, ihnen den Beinamen der Große aufzupappen, ist eine Zudringlichkeit und durch diese Titelverleihung beginnt gewöhnlich der Heldenanbeter seine Anbetung mit einer Art Sakrileg.

Wenn andrerseits der programmatische Heldenanbeter nur ein einziges Mal sich klar werden könnte über die Unterschiede zwischen dem wirklichen Bismarck und dem Lenbach-Bismarck — aber eben das kann er ja nicht; sonst wäre er ein ehrfüchtiger Bewunderer, aber kein plump-vertraulicher Anbeter.

Die selben Leute aber, die den Helden zu ihrem eigenen Maß verkleinern, suchen ihm nach oben eine Elle zuzusetzen, in dem, was sie für das eigentlich Heldenhafte halten, in der Energie, im Willen. Und diese Verfälschung, wenn auch leichter nachzuweisen, ist noch folgenschwerer. Daß sie eine Fälschung ist, braucht man ja nicht lange zu beweisen. Friedrich, der für den schlimmsten Fall Gift bei sich trägt, Bismarck, der sich im dépit monatelang in seine Wälder vergräbt, nichts wissen will und doch alles wissen will, der sich zurückzieht und dann wieder nervös dazwischenfährt, Bismarck, der Weinkrämpfe hat, der einem Besucher freimütig, wenn auch nicht ganz wahrheitsgemäß erklärt, er sei ganz Nerven, fortwährend über Krankheit und Geschäftsüberbürdung stöhnt und der schließlich Stunden hat, wo er seiner Riesenarbeit mit (allerdings nie echter) Gleichgültigkeit gegenübersteht: diese beide beweisen schon deutlich, daß das Ideal des Willenshelden in die Kinderfibel gehört. Vielleicht ist es gut, für ganz Schwerhörige — und wenige Hinterweltler haben gesunde Trommelfelle — zu bemerken, daß mit all diesem der Held nicht herabgesetzt, sondern erhöht ist. Erst daß sie die Überwindung der Feigheit ist, macht den Wert der Tapferkeit und erst, daß er der eigenen menschlichen Schwäche immer wieder in schweren Kämpfen Herr wird, macht den Helden.

Aber da haben wir ja den Willen! Ganz recht, da haben wir ihn. Nur benimmt er sich so ungeschult wie möglich. Nur beißt er nicht die Zähne zusammen, sondern bricht aus. Nur konzentriert er sich nicht, sondern überflutet alles. Nur wirkt er nicht gesund und gesammelt als höchster Ausdruck der Persönlichkeit, sondern beinahe krankhaft. Nur ist er, um es kurz zu sagen, durchaus nicht für den Alltagsgebrauch bestimmt.

Friedrich der Große, der, wenn es keine Hohenzollernlegende ist, von 4 Uhr morgens bis 8 Uhr abends in emsiger Tätigkeit war, mag dem Ideal des Willensmenschen noch einigermaßen entsprechen. Auf die Gefahr hin, als unverbesserlicher Nörgler zu gelten, darf man aber sagen, daß er mit dieser äußeren Tätigkeit, die allerdings durch den Bruch veranlaßt war, der seine Jugend kennzeichnet und der schließlich aus einem Vollmenschen einen großen Zyniker gemacht hat, nicht den un-

5*

wichtigsten Teil seiner Berufung versäumt hat: Potsdam und Weimar zusammenzuführen. Die Folgen seines Willensmenschentums, seines Korporalstocks werden wir noch lange spüren.

In Bismarcks Alltagsleben kann von Willensanspannung nur dann die Rede sein, wenn sie durch die Geschäfte bedingt war. Dann allerdings leistete er Übermenschliches. Aber auch nur dann; nur wenn ihn sein Ziel befeuert. Sonst ist er der erste Reichskanzler für jeden pflichttreuen und pflichtstarken preußischen Beamten das Gegenteil eines Beispiels. Er steht um 10 Uhr auf, arbeitet dann noch lange Zeit nichts und gelangt so dazu, die Dienststunden in die späte Nacht zu verlegen. Er überläßt sich bisweilen völlig seinen Launen und seine Untergebenen kennen an dem Aufzwirbeln seiner Augenbrauen seine Stimmung und die Tage, an denen man ihm mit nichts kommen darf. Von Sich-Zusammennehmen, von bewußter Willensschulung keine Spur.

Aber Napoleon, der kalte, glatte, tatsächlich Übermenschliche, der nur von seinem Ziel, das keines mehr ist, denn sein Wille war grenzenlos und fand nur in seiner Macht Beschränkung, besessen wird? Es ist uns anschaulich beschrieben worden, wie dieser „Übermensch" arbeitete: nämlich bald aufgeregt alles um sich versammelt, dann wieder ganz kurz abspannend sich lässig in einem Sessel räckelnd, ein Buch flüchtig zur Hand nehmend — bis ihm wieder ein Einfall kommt. Dann setzt er wieder alles in Betrieb und das selbe Spiel, Abspannung und Spannung, beginnt von vorne. Merkwürdig ist der Zug, in dem Napoleon wirklich einen ausgezeichneten starken Willen hatte, nämlich in dem, seinen Willen abstellen zu können, wenn er wollte. Er konnte ganz nach Belieben und Bedürfnis 18 Stunden arbeiten, drei Sekretäre totdiktieren, Weltreiche im Aufmarschplan vernichten? Nein, gerade das Entgegengesetzte. Er konnte — — schlafen, wann er nur wollte.

Nur eine falsche historische Vorstellung? Nur der historischen Richtigstellung bedürftig und dieses ganze zum Willenskult verflachte Heldenideal verschwindet? Hoffen wir es. Inzwischen hat es genug Unheil angerichtet. Es hat nichts weniger bewirkt, als dem letzten Krieg seine unheilvolle und sinnlose, weil gänzlich unkriegerische Form zu geben. Angesichts der Wichtigkeit des Stoffes mag es gestattet sein, etwas weiter auszuholen. Wenn irgendwo der Tatenmensch zu finden ist, scheint es im Krieg, im Feldherrn zu sein. Es wird sich lohnen, ihn in diesem letzten Kriege zu betrachten.

VII

Der Nachtarock

Während des Krieges hielt einmal ein berühmter deutscher Philosoph Vorträge, in denen er uns, wie so viele andere, den Sieg versprach. Er bewies ihn auch. Denn wir seien von Fachleuten geführt, die Gegner von den Laien von Beruf, den Parlamentariern. Man solle sich nur einmal den Fachmann Tirpitz, der seine Schiffe bis zur letzten Schraube und bis zum letzten Niet herab kenne, ansehen und als Gegenstück den englischen sogenannten Marineminister, den Allerweltswindhund Churchill. Das könne ja für die Gegner nicht gut gehen. Wir glaubten dem Philosophen und gingen getröstet nach Hause.

Es hat lange gedauert, bevor unser Vertrauen in die Fachleute erschüttert wurde. Es ist heute noch nicht erschüttert, trotzdem, in der Sprache des Philosophen zu bleiben, die Windhunde über die Koryphäen gesiegt haben.

Kriegsgeschichtschreibung und Kriegskritik sind wohl immer „nach dem Erfolg appretiert", mag auch Clausewitz den Kriegskritiker auffordern, in seiner Auseinandersetzung keine zeitliche Gewalt und Größe, Eitelkeit und falsche Scham zu schonen und nichts als die Wahrheit, die ganze Wahrheit zu sagen; mag auch von Bernhardi einen ganzen Katalog der Eigenschaften schreiben, die der Feststellung kriegsgeschichtlicher Wahrheit im Wege stehen: Eitelkeit, Einseitigkeit, Kleinlichkeit, Herrschsucht, Egoismus; das sind so einige von den Widerständen, die er nennt.

Aber davon abgesehen, überschätzen Kriegskritiker (die, wie wir noch deutlicher sehen werden, fast alle der verkappten Religion des Willens anhängen) den Krieg und den Feldherrn überhaupt. So sind sie z. B. zweifellos geneigt zu sagen, daß die Feldherrnkunst, der Wagemut, die Lebenszähigkeit Friedrichs, den Siebenjährigen Krieg trotz aller Niederlagen gewonnen hätten und daraus zu schließen, daß dieser Krieg im Großen und Ganzen mit Feldherrngenie geführt worden sei. Was ein Laie nicht bestreiten soll, nur darf er dazufügen, daß der Krieg zweifellos für den genialen Friedrich II. durch den gänzlich blöden und vermißquemten Peter III. gewonnen worden ist, der gerade in dem richtigen Augenblick für kurze Zeit auf den Thron kam. Ohne diesen Glückszufall würde vielleicht unser Urteil über Friedrich ganz anders lauten.

Alle solche Dinge stören die Kriegskritik empfindlich und nun gar die deutsche! Ist sie nicht einfach Ressentiment, Eifersucht, Neid der Besiegten, der Zukurzgekommenen? Aber da kommt plötzlich und überraschend eine Stimme von der Seite des glänzenden Siegers: das Versagen unserer Feldherrnschaft hat tatsächlich nichts Überraschendes, denn auch auf der Seite der Sieger war die Feldherrnkunst glatter Humbug. Jean Pierrefeu, der Verfasser der französischen Generalstabsberichte, versichert uns nichts Geringeres, trotzdem er, und das macht den Wert des Buches aus, vom Pazifismus weit entfernt, im Gegenteil ganz kriegerisch und national ist. Was ihn wurmt, ist nicht etwa, daß Krieg geführt wird und daß gesiegt worden ist; sondern die Tatsache, daß der Krieg so beleidigend ungeschickt geführt worden ist. (Zu gleicher Zeit hat ein anderer Franzose das ganze Problem auf neun Worte gebracht, als er eine Nachkriegsbroschüre mit dem Titel versah: Sur l'incapacité des militaires à faire la guerre.)

Trotz der Heldenverehrung hatte ja die romantische Feldherrnvorstellung, die den Heerführer überlebensgroß mit dem Säbel, auf dem Rappen an der Spitze seiner tapferen Truppen sah, schon vor dem Krieg abgewirtschaftet. Shaws Helden sind über 30 Jahre alt. Der praktische Schweizer Bluntschli hatte schon vor dem Krieg in der allgemeinen Vorstellung über den romantisch todestapferen Saranoff gesiegt. Wir fanden schon vorher nichts Paradoxes mehr dabei, daß für die Soldaten Essen unter Umständen wichtiger sei als Patronen und daß das schnelle Heranschaffen von Nachschüben (das im wesentlichen eine Kursbucharbeit ist) größere Wichtigkeit hätte als persönlicher Schneid. Ja, wir waren drauf und dran, dem Feldherrn persönliche Tapferkeit nicht als Verdienst, sondern als Torheit anzurechnen. Wir wußten, daß seine Aufgaben ganz anderer Art waren. Es wird deshalb niemand mehr überraschen. wenn Pierrefeu ausführt, daß die großen Heerführer vor allem zur Klasse der praktischen Menschen gehören, die nicht von Bedenken geplagt sind, eine Eigenschaft, die in der Welt ziemlich weit verbreitet sei. Wenn der Feldherr bewirken könne, meint der Generalstabsberichterstatter, daß seine Truppen mit den vollkommensten Waffen ausgerüstet wären, die Gegner aber mit Knüppeln, so würde der Feldherr das gern machen.

Wir erwarteten in der Tat von unseren Feldherrn nichts weiter, als daß sie siegten. Wir stellten uns ihn ganz neuromantisch vor, wie aus dem Energosbuch und dem Ullsteinroman: als einen stahlharten Charakter, der, in schärfste und feinste Spekulationen versenkt, ohne jeden Bombast in einem kartenübersäten, nüchternen Zimmer die Fäden in der Hand haltend, seine Truppenmassen dirigiert, nie den Kopf verliert und noch in der schlimmsten Lage den genial einfachen Ausweg findet, der den Gegner überrascht und zu Tode trifft.

Es war schlimm, daß er nicht so war. In diesem stählernen und unromantischen Wesen scheint der alte miles gloriosus, scheinen Horribilicribifax und Daradiridatumtarides nur ganz leicht begraben zu sein. Daß sich auf deutscher Seite die Feldherrn streiten, wer eigentlich Tannenberg gemacht hat, ist uns ja bekannt. Aber auch drüben waren die stahlharten Denkmaschinen zugleich aufeinander eifersüchtig wie nur Tenöre. Nach dem Zeugnis des Franzosen benimmt sich Gallieni gegen Joffre in den entscheidenden Tagen wie eine Primadonna, die — mit diesem Partner! — unmöglich singen zu können erklärt.

Um das Wunder des Willens, den Feldherrn, steht (natürlich auf gegnerischer Seite) die Kamarilla — und so stark sein Wille auch ist, er, der über die Gegner und die Welt triumphiert, ist selten stark genug, auch nur seine Mitarbeiter zu ducken. Sie blasen ihm ein, was ihnen gut scheint und halten von ihm fern, was ihre eigene Position gefährdet. Pierrefeu spricht geradezu von einer Verschwörung der jüngeren Generalstabsoffiziere nicht gegen, aber um den Generalstabschef Joffre herum; eine Verschwörung selbstverständlich ohne unterirdische Gemächer, Dolche und Eide, aber erfolgreicher. Die Kamarilla entfernte die Generäle reiferen Alters, schob alle Mittler zwischen dem Generalissimus und seinen Mitarbeitern beiseite und veranlaßte ihn dann, nachdem sie ihn unter dem Daumen hatte, nach und nach alle Vollmachten für sich — das heißt für sie, die Mitarbeiter — zu verlangen.

Es gibt nur eines, wovor die milites gloriosi auf beiden Seiten Angst haben: die Volksstimmung. Vor nichts hatte ein Generalstab mehr Angst als vor dem Abkühlen der Volksbegeisterung. Aber die Volksstimmung ist dem großen Feldherrn auch nützlich. Wenn er nämlich nicht siegt, so erspart sie ihm die Demütigung, daß er ungeschickt gewesen wäre. Er sagt dann einfach: ja, ich hätte glänzend gesiegt, wenn eben die Volksstimmung durchgehalten hätte. So erklärt z. B. das russische Generalstabswerk über den japanischen Krieg die russische Niederlage. Da die französischen Feldherrn schließlich Sieger geworden sind, so blieb ihnen die Verwendung dieser Ausrede im Großen erspart. Aber bei einzelnen Operationen wird sie doch auch von ihnen gern verwendet.

Mit einem Wort: wir nahmen an, der moderne Feldherr sei vollkommen gefühllos, nur von seinem Willen, zu siegen besessen und dadurch sehr geschickt. Wir nahmen an, er sei ein wirklicher Führer. Aber, wenn wir das Ganze überschauen, müssen wir sehen, daß dieser Krieg gar nicht von den Feldherren, sondern vom König Zufall geführt wurde. Ergötzlich (soweit im Entsetzen etwas ergötzlich sein kann) bei Pierrefeu nachzulesen, wie der große Sieg an der Marne errungen wurde, der Frankreich wieder Zuversicht gab. Die Darstellung läuft darauf hinaus, daß die französischen Armeen in einem ziemlich zusammenhanglosen Rückzug waren und daß selbst der große Joffre nicht wußte, wo er zum Stehen kommen würde. Dann kam jedoch eine schwere Eifersüchtelei zwischen Joffre und Gallieni. Sie verschleppt die angeordneten beschleunigten Rückzugmanöver, und zu ihrem eigenen Staunen erreichen plötzlich französische Truppen das, was mit aller Feldherrnkunst nicht zu erreichen war, durch reinen Zufall, nämlich eine Stellung in der Flanke und im Rücken deutscher Kräfte. Die Sache geht gut und nun erhält jeder der Beteiligten seine Belohnung: der Kriegsruhm, sagt Pierrefeu, glich einem in Scheiben geschnittenen Kuchen, wovon jeder sein Stück abbekam. Was Joffre vergeblich zu erreichen versucht hatte, schreibt sein schriftstellerischer Helfer, hatte die Befürchtung eines Ministers zuwege gebracht. Die Rivalität zweier ehrgeiziger Generäle hat mehr zur Rettung des Landes beizutragen als der Scharfblick des Genies; und Pierrefeu kann diese Betrachtung mit dem Lob abschließen, den Gegner zu täuschen, sei ein großer Faktor des Sieges. Mangel an Logik sei eine Art zu täuschen, sie verwirre den Feind; ergo hätten die französischen Generäle ihren Sieg mit vollem Recht errungen.

Aber die Feldherrnperiode des Krieges war auf französischer wie auf deutscher Seite nur ganz kurz; auf letzterer nur in den Operationen an der Ostfront etwas länger. Die ununterbrochene Front, die Abrieglung der gesamten Kriegsschauplätze durch Menschenketten macht den Feldherrn zum Oberbuchhalter und Magazinier seiner eigenen Truppen. Pierrefeu gebraucht sehr scharfe Worte: man dürfe billig fragen, ob der lange, blutige Feldzug noch irgendeine Beziehung zur Kriegskunst habe; die Kriegskunst existiere nicht mehr, der militärische Niedergang sei offenbar; beiderseits sei man, nachdem die bekannten zwei oder drei Mittel der großen Strategie, Überflügelung und Durchbrechung des Zentrums, vergeblich probiert worden seien, mit dem Latein ziemlich zu Ende. Zwar sprächen alle militärwissenschaftlichen Werke von rechtem Flügel, Zentrum, linkem Flügel, Vorhut, Hauptarmee, Nachhut, von Strategie und Taktik; aber nur um den Umstand zu verbergen, daß die Kriegskunst in diesem Kriege Bankrott gemacht und daß die ganze Strategie darin gelegen habe, um jeden Preis die ununterbrochene Front zu halten.

Und damit kommt am Schluß doch wieder der miles gloriosus, der Eifersüchtige, Reizbare, dem Willenskult nahe. Ja, theoretisch, als ein von der Literatur gespeister Mensch, steht er von vornherein auf diesem Standpunkt und daraus erklärt sich alles Unheil.

Denn, und das vollendet erst die furchtbare Tragikomödie dieses barbarischen Sicherwürgens, alle Generalstäbe glaubten im Besitze eines Siegrezeptes zu sein und bei allen war es das selbe Rezept. Überall bestand es aus zwei Teilen. Der erste besagte: Man greife unbedingt an; denn der Angreifer ist immer im Vorteil, wer angreift, setzt den Willen des Anderen matt, wer sich angreifen läßt, wird im Willen geschwächt. Der zweite Teil des Rezeptes besagte aus ganz denselben Gründen: Man mache zuerst mit dem starken Gegner Schluß, denn er ist der gefährlichere. Über diesen beiden Axiomen aber lag das Geheimrezept, die verkappte Religion, die, so geheim sie auch war, sich im Besitz aller Heeresleitungen befand. In ihrem Geiste finden sich die Feldherren der verschiedenen Parteien als Brüder im Geiste. Das Geheimrezept heißt überall Willen. Es geht z. B. bei Foch bis zu der kurzen Formel: „Sieg gleich Willen".

So kam es, daß beide Parteien unbedingt angriffen und unbedingt zuerst den stärkeren Gegner angriffen. Das Ergebnis war, daß keine der beiden Parteien auch nur mit ihrem schwächeren Gegner fertig wurde, daß sie beide fortwährend, vier Jahre hindurch, mit Ausnahme der ersten zwei Feldzugsmonate, blutige, aber für den Krieg völlig wirkungslose Angriffe gegeneinander richteten.

Da die ersten zwei Programmpunkte, der unbedingte Angriff und der Angriff auf den Stärkeren, eine der Absicht so widersprechende Wirkung hatten, so wurde nun umso mehr der dritte gepflegt, nämlich der Wille. Die Wirkung dieser Pflege war womöglich noch übler; denn der Wille, der gar kein Ziel mehr hatte, fraß nun alle anderen Eigenschaften, mit denen frühere Feldherrn sich aus der Klemme geholfen hatten und die die wichtigsten Ingredienzien der alten Kriegskunst waren — der Wille fraß schöpferische Phantasie, Stärke des Charakters und einiges andere völlig auf und triumphierte, losgelöst und allein auf weiter Flur. Er höhlte den Menschen aus. Und der Feldherr sah, ganz im Gegensatz zu Friedrich und Napoleon, seine eigentliche Größe darin, daß er nicht nur, wie Cäsar, vier Sekretären, nein, daß er diese vier Sekretäre und noch einige glatt tot diktieren konnte und daß der Tag für ihn 28 Stunden hatte. Was nicht schlecht gewesen wäre. Unglücklicherweise ließ sich aber eine Sache gar nicht durch den Willen erzwingen, nämlich gute Einfälle, geniale Blitze.

Pierrefeu übergießt alle diese Geheimrezepte mit Spott. Das Vertrauen in die Offensive, das Vertrauen in die unbedingte Siegeszuversicht gegen den stärksten Gegner, das Vertrauen in den Willen sei geradezu okkultistisch geworden. Er nennt den Tisch, an dem das Siegesrezept zur Marne ausgeheckt wurde, respektlos einen spiritistischen Tisch.

Wenn er aber alle diese Ansichten auf Bergsons Elan vital zurückführt, so müssen wir ihn mit aller Achtung eines Besseren belehren. Der deutsche Generalstab hat vielleicht keine Seite von Bergson gekannt; auch ohne das huldigte er ganz denselben Anschauungen. Und was brauchen wir auch Herrn Bergson? Haben wir nicht in Spengler einen viel berühmteren Verherrlicher des Tatenmenschen? Schreien wir nicht gerade heute nach dem Mann mit der stählernen Faust?

Aber das heißt vorgreifen. Zum zweitenmal wird im Frühjahr 1918 Frankreich gerettet — wodurch? Durch die blindwütige Energie des deutschen Generalstabes, der Herrn Foch überall zuvorkommt. Denn Foch will in durchaus kollegialem Geist auch angreifen, und es hängt bisweilen an einem Haar, daß es nicht geschieht. Aber der deutsche Generalstab kommt ihm überall zuvor und so verfügt der Franzose, als unser Angriff sich totgelaufen hat, über verhältnismäßig frische und ungeschwächte Kräfte, mit denen er zum Gegenangriff übergehen kann.

Die Situation ist noch heute mehr als paradox; denn unglücklicherweise geht die Übereinstimmung der beiden Erbfeinde noch viel weiter. Da dieser Krieg vom Standpunkt der Kriegskunst eine einzige Blamage war, so fragt sich nun, wie soll es in Zukunft werden? Und da kommen unglücklicherweise der Franzose Pierrefeu und der deutsche Generalstabshauptmann

Mayr ganz zu gleicher Zeit dahinter, daß nach den Erfahrungen dieses Krieg in einem künftigen unbedingt der Wille abzustellen sei. Die Verteidigung sei die stärkere Kampfform. Das beweist der eine aus Clausewitz, der andere aus französischen Autoritäten. Wir werden von beiden Anschauungen noch bei der verkappten Religion des Pazifismus einiges weitere zu sagen haben.

VIII
Der Fakir

Immerhin, die falsche Vorstellung vom Helden kann historisch berichtigt werden und nicht in ihr liegt das Verkappt-religiöse, nicht in ihr liegt der Schaden der Heldenanbetung. Er liegt, ganz kurz gesagt, darin, daß die Heldenanbetung — wie wir es schon bei den Energos-Büchern gesehen haben — im Anbeter den Willen und das Wagen aufs Erfolgreichste lähmt. Heldenanbetung ist der sicherste Weg, keine Helden zu erzeugen, sondern zagende Schwächlinge, die auf den kommenden Mann warten.

Aber noch nicht einmal damit sind wir auf dem Grunde der Dinge. Denn heute besteht ja gar keine Heldenanbetung mehr. Was ehemals so hieß, hat inzwischen den hinterweltlerischen Zug in sich verstärkt. Nicht auf den Helden wird heute gehofft, nein, einfach auf den politischen Messias, der alles zum besten wenden wird und dem man daher blindlings vertrauen muß. Diese verkappte Religion ist noch religiöser als die Religion. Denn nicht der festeste Glaube an Gott und sein gnädiges Walten über mir entbindet mich davon, mein Tagewerk zu tun. Aber die Hoffnung auf den politischen Wundertäter besorgt das tatsächlich.

Es ist schwer, einen Beweis gegen ihn zu führen. Daß er von der Majorität für einen Schädling gehalten, für verrückt erklärt, als ein Abenteurer ohne Fond bezeichnet wird, spricht in den Augen seiner Anhänger eher für ihn und sie haben dabei die historische Erfahrung ganz auf ihrer Seite, denn Bismarck geschah das selbe und, wie wir heute nach genauerer Kenntnis der Einzelheiten aus der Konfliktzeit ruhig zugeben dürfen, nicht mit Unrecht. Er war tatsächlich zwischen 62 und 66 eine Art politischer rastaquere.

Eher läßt sich schon der Beweis gegen unsere politischen Wundertäter umgekehrt führen. Sie haben zu viel Zulauf; sie werden sofort populär. Man kann nicht angeben, wie der nächste große Staatsmann aussehen wird noch was er tun wird. Aber man darf ziemlich sicher sein, daß er, wie alle seine Vorgänger, der bestgehaßte Mann im Lande sein wird. Wenn einmal ein Mann auftaucht, mit dem niemand von uns einverstanden ist und der sich trotzdem durch keinen von uns stören läßt, dann kann es vielleicht an der Zeit sein, aufzumerken, ob nicht tatsächlich ein Held sich entwickelt. Wodurch wird er sich von den politischen Heiligen unterscheiden? Natürlich können wir nicht wissen, was er tut. Es wußte in Bismarcks Anfängen niemand so recht, was er eigentlich tat und worauf er hinaus wollte. Sein Tun wurde durch eine Masse Entstellungen und falscher Gerüchte so überwuchert, daß schließlich auch diejenigen, die seine Arbeit wirklich sahen, vielleicht nicht mehr recht wußten, woran sie mit ihm waren.

Dagegen ist uns Heutigen etwas anderes schwer verständlich. Wenn nämlich der Staatsmann Bismarck in seinen Anfängen unverständlich blieb, so begreifen wir doch schwer, warum auch der Redner unverständlich geblieben ist. Dieser Ton, meinen wir, der von allem Gewöhnlichen abwich, hätte Verdacht auf Größe schon in seinen Anfängen erregen müssen. Wenn heute jemand den Mut hat, einfach und unverblümt zu sagen, was er will oder auch nur, was er bestimmt nicht will, was er kann oder auch nur, was er bestimmt nicht kann, dann wäre vielleicht der Verdacht auf Größe wieder gerechtfertigt. Mit diesem Wertmesser in der Hand trete man einmal an die Zeitungsspalten heran, die die politischen Reden enthalten. Und man wird ohne Schwierigkeit gewahr werden, daß sich die politischen Wundertäter von heute nicht etwa nur nicht zu ihrem Willen zu bekennen wagen. Nein, sie wagen sich nicht einmal zu ihrer eigenen Ratlosigkeit zu bekennen. Ich will hier nicht entscheiden, ob etwa Lenin ein großer Staatsmann war. Aber es ist sicher, daß er einen großen und wirklich staatsmännischen Augenblick gehabt hat: den, als er umwarf, als er sein ganzes Programm zerstörte, als er sagte: So geht es nicht mehr und als er aus einem Programmatiker ein wirklicher Tatmensch, d. h. ein ganz gewöhnlicher Mensch wurde, der seine Schwäche eingestand und wieder gutzumachen suchte.

Und hier haben wir ein Kriterium, das bestimmter ist als die bloße Stilkritik, obgleich sich auch aus dieser von vornherein manches für oder gegen die staatsmännischen Prätendenten schließen läßt.

Was auch der kommende Staatsmann tun und unternehmen mag, eines wird er bestimmt nicht tun, nämlich uns die Erlösung durch ein Rezept versprechen. Er mag ein frommer Mann oder ein Zyniker sein, aber er wird bestimmt kein Hinterweltler sein. Gerade das aber sind unsere politischen Wundertäter allesamt, gleichviel, ob sie uns die Erlösung durch die Brechung der Zinsknechtschaft oder durch Vermehrung der künstlichen Düngung und vierfache Ernten versprechen. Nicht, daß sich der Staatsmann im geringsten scheuen würde, solche Mittel mit Dank anzuwenden; aber er, der ganz auf dem Boden dieser Welt steht, wird genau wissen, daß mit einem solchen Einzelmittel, mit einer verkappten Religion, die jeden wirklichen Gedanken aufschluckt, das Gesamtleben, über das er Herr werden muß, nie zu meistern ist. Im Gegenteil, die Zerstörung der verkappten Religion auf politischem Gebiet und ihrer Hoffnungen, das offene Eingeständnis, daß wir uns auf dieser gewöhnlichen Welt und mit dieser gewöhnlichen Welt behelfen müssen, so gut oder so schlecht es geht, wird wohl zu seinen ersten öffentlichen Wirkungen gehören. Und sie wird keinesfalls verfehlen, ihm unsere lebhafteste Abneigung einzutragen. Möglicherweise wird er tolerant sein gegen politische Gegner (wie ja auch Bismarck die Möglichkeit späterer Versöhnung selten ganz aus den Augen ließ und wo er das tat, sehr zu seinem und unserem Schaden); aber er wird mit ziemlicher Sicherheit intolerant sein gegen die verkappten Religionen in der Politik, gegen die politischen Rezepte und Geheimlehren.

Hier ist allerdings eine Einschränkung zu machen, die den Wert des Kriteriums zu mindern scheint. Wir sagten schon oben, daß der Betrüger nicht die charakteristischste und schädlichste Erscheinung in den verkappten Religionen sei. Wenn ein politischer Messias seiner Hinterweltidee, heiße sie nun Kommunismus oder Schwundgeld, ehrlich ergeben ist, so darf man sicher sein, daß er ein Messias bleiben, nie Staatsmann werden wird. Dagegen scheint es auf den ersten Blick denkbar, daß ein realistischer Staatsmann sich dieser Bewegung bemächtigt, ohne an sie zu glauben, als Betrüger, um sich dadurch Hausmacht zu schaffen. Und in der Tat reden denn auch nicht wenige unserer politischen Wundertäter, wenn man sie auf den unzweifelhaften Widerspruch aufmerksam macht, der zwischen ihrer angeblich ganz realistischen und furchtlos energischen politischen Denkungsart und der Flucht in die Geheimrezepte zweifellos besteht — darauf hinaus, daß dem großen Politiker alles erlaubt sei, daß er alle Mittel zu nutzen wisse. Und sie stellen es schließlich so dar, daß gerade in ihrer Benutzung der politischen verkappten Religionen, die ihnen als populärste Strömungen der Zeit Hausmacht schüfen, schon ein Beweis staatsmännischer Begabung liege.

Wir werden später Gelegenheit haben, dem Verhältnis von Ethik und Staatskunst, von Sollen und Müssen, nachzugehen. Hier genügt es völlig, den politischen Realismus zu bejahen. Denn dann sieht man plötzlich, daß gerade die Hinterweltler für einen Staatsmann eine Gefolgschaft bilden, die er denkbar wenig wünschen kann. Der Demagog, der Beifall mit Politik verwechselt, mag mit ihnen ganz zufrieden sein; der Staatsmann wird sie als Sprungbrett kaum benutzen können. Und zwar aus dem einfachen Grunde, weil sie die Opponenten aus Beruf sind und in dem Augenblick von ihm abfallen, wo er wirklich ernsthaft politisch zu arbeiten beginnt. Denn der Politiker will höchstenfalls die ganze Welt; er möchte in seiner ausartendsten Form über alle fünf Erdteile gebieten. Aber die Hinterweltler wollen ja mehr, wollen das, was auch Napoleon, mit Cäsar potenziert, ihnen nie bieten könnte: ein Reich nicht von dieser Welt, das doch von dieser Welt ist. In dem selben Augenblick, wo er sie zur politischen Arbeit braucht, werden sie von ihm abfallen.

Und hier liegt nun wirklich das, was gegen die Heldenverehrung als verkappte Religion letztens zu sagen ist. Sie schafft nicht nur falsche Heldenvorstellung; sie lähmt nicht nur den Anbeter, selbst ein Held zu werden; sie ist nicht nur allzu billig zufriedengestellt. Sondern sie ist auch höchst unzuverlässig. Sie versagt sich letzten Endes jedem Heldentum, weil es ihre verkappte Religion nicht verwirklichen kann und weil sie dazu gelangt, den Wundertäter über den Helden zu stellen. Daher kommt es, daß der Verbrauch an politischen Wundertätern in den letzten Jahren noch stärker gewesen ist, als der an parlamentarischen Ministern.

Natürlich gehen diese ganzen Strömungen auf eine Quelle zurück: auf die Anschauung, daß die großen Menschen von dieser Welt eben nicht Menschen, sondern Übermenschen seien. Das Wesen des Übermenschen, wie Nietzsche ihn definiert, besteht darin, möglichst viel von sich fernzuhalten, möglichst sich nicht berühren zu lassen. Der Übermensch ist schon durch diesen einen Zug das Gegenteil von Genie und alles, was in den großen Tatenmenschen an den Übermenschen erinnern könnte, ist eher Schwäche, ein Nichtfertigwerden, ein Sich-in-Eisigkeit-verbannen, das sich selbst nicht traut. Während es das Wesen des Genius ist, alles an sich herankommen zu lassen, mit allem fertig zu werden, nichts abzulehnen, großartig und unbefangen zu bleiben.

Wir brauchen hier nicht zu untersuchen, wer länger dauert, der geistige Schöpfer oder der Tatenmensch. Denn die Größten scheinen auch darin allumfassend gewesen zu sein, daß sie es verstanden haben, beides zu sein. Es ist ganz falsch, zu sagen, daß Goethes Gedichte noch dauern werden, wenn die letzte Schöpfung Bismarckischer Staatskunst verschwunden sein wird. Gerechterweise muß man sagen, daß, selbst wenn Bismarcks ganzes Werk verschwunden, ja, selbst wenn ein späteres Geschlecht seine gesamte Staatskunst als schweren Irrtum ansehen sollte, daß dann vielleicht die Liebesbriefe dieses Mannes noch in unvergänglichem Glanze strahlen werden. Umgekehrt haben uns Dutzende von Biographien schon belehrt, daß der Besitz von Goethes Werken vielleicht so wichtig nicht sei, als seine einzigartige Gestalt, sein Schreiben, in dem manches taub ist, nicht so wertvoll wie sein Tun. Der nutzlose Prioritätenstreit zwischen geistigem Schöpfer und Tatenmenschen, der einen guten Teil der Lebensphilosophie ausmacht, bleibt unter der Wirklichkeit und was mehr ist: wenn er dem Tatenmenschen die Überlegenheit zusprechen will, verkleinert er im selben Augenblick sein Idol und bringt es herab auf die Stufe des Besessenen.

Ganz mit Unrecht. Denn wo ein Wille ist, da ist noch lange kein Weg. Erst wo der Tatenmensch einen Weg sieht, wird sein Wille von Wert. Das Parlament der Paulskirche hatte sehr viele ausgezeichnete Männer; sie waren alle einig darüber, daß sie Deutschland einigen wollten und manche von ihnen waren durchaus nicht energieloser, sondern viel energischer als Bismarck. Sie waren bereit, nicht nur 24 Stunden am Tag für die Einigung Deutschlands zu arbeiten, sondern sie marschierten auch dafür in die Kasematten und vors Standgericht. Aber Bismarck, der Spätaufsteher und Bummler, sah einen Weg, den sie nicht sahen, oder vor dessen Betreten sie zurückscheuten. Bismarck sah ihn und betrat ihn.

Was befähigte ihn dazu? Ganz einfach sein Genie, das nicht weiter erklärbar ist. Natürlich. Aber das Wesen dieses Genies ist eben, daß es keinen Zug des Nietzscheschen Übermenschentums in sich gehabt hat — Nietzsche, in diesem Punkte folgerichtig, hat denn auch Bismarck durchaus gering geschätzt — und daß Bismarck nie den Versuch gemacht hat, einer zu werden. Hätte er ihn gemacht, hätte er durch tatsächliche übermenschliche Anstrengungen zum Ziel gelangen wollen, dann wären wahrscheinlich Sandhaufen, Kasematte oder bestenfalls Auswanderung in die Vereinigten Staaten sein Ende gewesen. Er tat gerade das Entgegengesetzte von Willenskult; er las Shakespeare und hatte seine herzlich unbedeutende Frau sehr lieb. Die Hilfen, die aus dieser Pflege der Phantasie und des Gemütes seiner praktischen Politik gekommen sind, sind im einzelnen nicht abzuschätzen. Aber sie bewahrte ihn vor der Gefahr jedes großen Menschen, zum Übermenschen zu werden und seinen Willen in sich wie einen Wolf rasen zu lassen. Allein die Tatsache, daß er sich gegen die Welt nicht, wie ein

Übermensch, sperrte, gab ihm die Möglichkeit, sein Land zu beherrschen. Der Wille versteht sich für den Tatmenschen von selbst wie für jeden großen Menschen; sein Ziel liefert ihm den Willen; was er braucht, ist gerade das Entgegengesetzte: Phantasie und Gemüt, um der Welt wirklich gewachsen zu sein. Der Wille bricht einmal; nur die ganze Persönlichkeit, die aus allen Quellen genährt ist, findet immer noch Aushilfen.

Man wird vielleicht einwenden, daß die Gleichung Übermenschen gleich Willensmenschen zu eng sei, daß der Übermensch noch durch anderes ausgezeichnet werde, etwa durch die unbedingte Liebe zum eigenen Schicksal, durch das unbedingte Wagen und Sich-selbst-vertrauen, komme, was kommen mag: durch die amor fati. Sein Leben auf jede Gefahr leben, das scheint das Auszeichnende des großen Menschen.

Die amor fati, die Liebe zum eigenen Schicksal, wird dann zur verkappten Religion. Sie steht der echten so nahe, daß diese am häufigsten von allen ihren Geschwistern mit der echten verwechselt wird. Dennoch handelt es sich nur um eine Verwechslung. Echte Religion sagt: Drüben wird es unwichtig sein, ob du auf dieser Erde arm oder reich, glücklich oder unglücklich lebst, wenn du nicht gegen Gott und dich selbst lebst. Verkappte Religion sagt: Wie ich leben werde, weiß ich noch nicht. Aber ich werde mein Leben lieben, wie es auch kommt.

Und hier nimmt nun die Heldenanbetung die gefährlichste Form an. Hier wird sie ganz zur verkappten Religion, zur Selbstanbetung. Hier schlägt, wie so oft in den verkappten Religionen, der Willenskult und die Anbetung des Übermenschen, aus denen die amor fati stammt, in ihr eigenes Gegenteil um: in den Verzicht auf jeden Willen.

Wie in allen verkappten Religionen wird hier etwas Bewußtes an Stelle des Unbewußten gesetzt. Alle großen Menschen haben eine mächtige Hand über sich gefühlt. Aber wann? Gerade dann, wenn sie Dingen gegenüberstanden, gegen die jeder Wille machtlos war. Bismarck hat dieses Gefühl einmal so stark gehabt, daß es seiner Umgebung auffiel: nachdem, wider alle Wahrscheinlichkeit, die Kugeln des Attentäters an ihm vorbeigegangen waren. Gesprochen hat er nicht darüber.

Der Mann der amor fati unterscheidet sich in zwei Punkten: er macht dieses Vertrauen auf höhere Fügung zum beherrschenden Lebensgefühl. Er bemüht sich, es alle Tage zu haben. Und er spricht darüber; er baut geradezu darauf sein Leben auf. Mit anderen Worten: er wälzt aus Furcht vor dem Leben von vornherein durch ein System die Verantwortung für sein Leben von sich ab und faßt statt dessen den festen Entschluß — hier liegt die Verwandtschaft mit dem Willenskult — sein Leben und sich für jeden Fall anbetungswürdig zu finden.

Meine Landsleute haben ein Sprichwort: wat kümmt dat gelt, was kommt das gilt. Aber sie sagen es wie Bismarck, einigermaßen resigniert und humorvoll; in dem religiösen Gefühl, daß der Mensch letzten Endes ein ohnmächtiges Wesen ist. Der Mann der amor fati sagt ganz das selbe; aber voll ungeheueren und unbekehrbaren Stolzes. Er, der voll ungeheueren Selbstvertrauens und Hochmuts ist, hat sich doch vorsichtigerweise eine Versicherungspolice für sein Leben ausgestellt. Gröber, aber zutreffender gesagt: er hat eine Methode gefunden, sich selbst rücksichtslos zu belügen, gerade in den Fällen, wo sein Wille, der sein Leben anders führen sollte, versagte.

Natürlich gibt es den bloßen Willensmenschen. Es ist der Yogi, der monatelang hungern, auf einem Nagelbrett schlafen, sich das Gesicht mit Dolchen verzieren und sich lebendig begraben lassen kann. Auch er findet heute Bewunderung und Graf Keyserlings Schule der Weisheit versucht neben anderen Dingen auch eine Schule des Yogitums zu sein. Aber wenn es noch eines Beweises für die Wertlosigkeit des bloßen, losgelösten Willens bedarf, der Yogi liefert ihn, klarer vielleicht als alle bisher betrachteten Beispiele. Natürlich wäre es für jeden von uns wertvoll, wenn er einen so disziplinierten Willen hätte, wenn er so wenig empfindlich wäre. Aber der Yogi erkauft diesen Willen — durch was? Durch Verzicht. Sein Wille triumphiert, triumphiert in ungeheuerstem Maß über sich selbst. Und im selben Augenblick kann er ihn nicht mehr anwenden.

Er stirbt für die Welt ab, muß dafür absterben. Sein Wille hat kein Objekt und kein Ziel mehr.

Wenn noch bezweifelt werden konnte, ob der Übermensch und das Genie Gegensätze sind: daß Genie und Yogi Gegensätze sind, kann nicht bezweifelt werden. Das Genie nimmt die ganze Welt in sich auf; der Yogi sperrt sie ganz aus sich aus. Aber noch tiefer: Der Yogi, der Willenstriumphator, ist der Mann, der einiges kann, was wir nicht können, und dafür das nicht mehr, was wir alle können. Das Genie ist der Mann, der nur das kann, was wir alle auch können, der nur die Mittel verwendet, die wir alle auch verwenden könnten, aber das auch in einem ungeheuren Ausmaß. Der große Dichter hat kaum neue Formen und Gattungen erfunden; Shakespeare hat beinahe alle seine Dramen gestohlen; aber er hat im Gewöhnlichsten ganz Ungewöhnliches gesehen und gegeben. Es sind die kleinen Dichter, die Yogis, die sich darauf einlassen, neue Dinge auszubrüten, die sich hinter die Welt flüchten, weil sie die Welt nicht zu meistern vermögen. Das Genie macht alle Dinge besser und größer. Nur der Yogi läßt sich darauf ein, neue Dinge zu machen, weil sein Wille zu schwach ist, die alten besser zu machen.

IX

Im Barte

Im engsten Zusammenhang mit der verkappten Religion des Willens stehen die der Rassezüchtung. Die einen kommen nicht ohne die anderen vor. Dem Glauben an den Tatmenschen tritt fast überall sein eigener Gegensatz, der Glaube an die Rasse und ihre grundlegende Lebensbedeutung, zur Seite.

Natürlich ist die Tatsache, von der dieser Glaube ausgeht, ganz unbestreitbar: über die Möglichkeiten, die mir bei meiner Geburt mitgegeben worden sind, kann ich nicht hinaus. Jeder Wille in uns hat seine körperlichen und geistigen Grenzen.

Aber das meint der Glaube an die Rasse nicht. Er sucht vielmehr etwas Positives, schafft ein Wunschbild. Der deutsche Rasseforscher will nicht etwa sagen, was ganz richtig wäre, daß wir Deutschen nicht das können, was die Romanen können, weil wir eben Deutsche sind, und daß die Romanen nicht das können, was wir können. Er will gerade umgekehrt zeigen, daß wir auch das können, was die Romanen können, und noch etwas dazu. Praktisch erweist sich beim Einzelnen und in der Ausdehnung auf sein Volk oder seinen Stamm der Glaube an Rasse als verkappte Religion; als das Mittel nämlich, alle Vorzüge und Möglichkeiten sich selber zuzuschieben, nicht auf Grund von Leistungen, sondern auf Grund einer von vornherein vorhandenen Überzeugung, denen wirkliche Leistungen nur als Stütze dienen.

Man braucht nicht von den einzelnen Widersprüchen zu reden, an denen die Rasselehre so unendlich reich ist, kann sich auch den Nachweis schenken, daß alle ihre Grundbegriffe — Stammbezeichnungen und Zuteilungen usw. — je nach dem Spezialglauben des einzelnen Forschers schwanken. Denn selbst in der Katheder-Philosophie schwanken ja die Definitionen erheblich. Die Gefahr einer leichtsinnigen Subsumtion besteht bei allen verkappten Religionen und ist nur eine Folge ihrer Monomanie.

Hingegen kann es vielleicht nützlich sein, der Stellung der

Intuition einige Worte zu widmen. Gerade die Gläubigen der Rasse geben ganz offen zu, daß ihre Ergebnisse vorher feststehen, aus der Intuition entsprungen seien. Das sei, sagen sie, ihre Stärke gegenüber der zerlegenden offiziellen Wissenschaft, die zu keiner Synthesis komme. Es sei geradezu das Kennzeichen des bedeutenden Forschers, daß seine Ergebnisse vorher durch Ahnung und Schau feststünden; alle Ergebnisse, die ein Mensch aussprechen könne, seien durch sein Blut, durch seine Rasse von vornherein gegeben.

Daß man nichts erreichen wird, wenn man nicht von vornherein weiß, worauf man zugeht, leuchtet ein. Selbst in der Mathematik, der abstraktesten Verstandeswissenschaft, noch bietet Fermat, der seine Beweise verlor, ohne daß deshalb die Richtigkeit seiner Sätze angezweifelt werden könnte, einen Hinweis darauf, daß auch dort der Schaffensprozeß mit Ahnung, nicht mit einer ziellos einsetzenden Verstandesoperation beginnt.

Fermat verlor seine Beweise. Aber das Übel bei Chamberlain und noch mehr bei anderen Begründern des Rasseglaubens ist, nicht, daß sie den Beweis verloren, sondern daß sie ihn überhaupt nicht erst gefunden haben. Gerade weil die Intuition das Ursprüngliche ist, ist die Analyse so ungeheuer wertvoll und wichtig. Es ist gar keine Kunst, Felsblöcke zu sehen; jedermann sieht sie; aber wie bewegen wir sie, wenn nicht durch Zerlegung? Was sich Rasseforschung nennt, tritt mit der ganzen Zuchtlosigkeit einer Schundliteratur auf, die sich für Dichtung hält. Sie hat ganz recht damit, daß unsere Geburt, unsere Rasse ein Geheimnis sei. Aber wozu sind wir aus dem Geheimnis auf die Welt gekommen, wenn wir hier in Geheimniskrämerei weiterwursteln können? Eine kurze Spanne Zeit ist uns zugemessen und was ist ihr Sinn, wenn nicht das Streben nach Klarheit?

Immerhin könnte die Haltung, das Blut zu bejahen, den Geist zu verneinen, noch konsequent sein. Merkwürdigerweise aber widerspricht die Methode vollkommen der Absicht. Aus Sehnsucht nach dem Blut, dem Unerklärlichen, gelangt der Rasseforscher, soweit er ein Hinterweltler ist, zu einem System der Zeichendeutung, das an Rationalismus kaum übertroffen werden kann. Nichts, aber auch gar nichts, bleibt von einer verstandesmäßigen Deutung verschont und aus der Neigung zum Großen und Allgemeinen gelangt der Rasseforscher zu einer Kleinlichkeit, die schwerlich von irgend jemand anders aufgebracht wird. An Stelle des einen großen Geheimnisses, das jeder von uns als solches anerkennt, treten je nach dem Spezialrausch des einzelnen Forschers unendlich viele kleine Rätsel, an denen er seinen Witz übt.

Dieser Einwand gilt nur der äußeren Methode. Ganz derselbe Widerspruch zwischen Absicht und Erreichtem tritt jedoch auf, wenn wir die Sache von innen ansehen.

Um bei der deutschen Rasseforschung zu bleiben (denn während sonst die verkappten Religionen heute ziemlich international sind, ist der Glaube an die Rasse und seine rationalistische Zeichendeuterei leider hauptsächlich eine deutsche Krankheit), so ist es ganz klar, daß die populäre Vorstellung von den „alten Germanen", die durch Wagner neu gefestigt worden ist, mannigfacher Korrekturen bedarf. Die populäre Vorstellung vom alten germanischen Recken gipfelt ungefähr in der des Wagnersängers mit viel Haar im Gesicht, einer funkelnden Brünne und einem ungeheueren Vorrat an ausströmenden heroischen Gefühlen. Tacitus tut noch die Keuschheit hinzu.

Die Quellen außer Tacitus, der mehr einen Sittenspiegel für seine Römer als eine deutsche Völkerkunde im Auge hatte, wissen es anders. Man braucht nur einen flüchtigen Blick in die Spruchweisheit der Edda zu werfen und man wird den Verdacht nicht los, daß die alten Germanen beträchtlich hinter der Darstellung unserer ehemaligen Hoftheater zurückbleiben. Vom Kampf heißt es da nicht etwa nur: Sei tapfer; kehre dem Gegner nie den Rücken; wehre dich bis zum Tode; sondern auch: Kämpfe möglichst so, daß der Gegner die Sonne im Gesicht hat. Von der Liebe heißt es nicht: Sei keusch und züchtig; rede nur lyrisch mit ihr; sondern ganz handfest: erstens sind wir Männer alle Windhunde, aber mit Schwatzen bekommen wir schon herum; wenn das nicht geht, dann lobe ihre

Figur; und wenn du sie zur Lust verlocken willst, dann versprich ihr schöne Geschenke; ganz honett — der einzige Anklang an Tacitus — wird hinzugefügt: gib sie ihr aber auch, denn du kannst einen solchen Genuß nie teuer genug bezahlen. Die ganze Spruchweisheit ist durchzogen mit Warnungen. Und wenn man aus ihr schließen darf, so scheinen ihre Verfasser, statt Wagnersänger, ganz gründlich welterfahrene Skeptiker gewesen zu sein, die gar keine Scheu hatten, „auszusprechen, was ist". Vor allem aber scheidet sie vom Wagnersänger, wie vom Rasseforscher, das, daß sie weit davon entfernt sind, sich selbst für vollkommen zu halten. Sie sind Weltleute, ganz umgänglich. Der Bart fehlt; oder ist doch mindestens nicht nach innen gewachsen.

Hier könnte eine recht dankenswerte Aufgabe der Rasseforschung liegen, eine Aufgabe sogar von praktischer Bedeutung. Denn das Urteil über die Deutschen ist mitbestimmt von dem Urteil über die alten deutschen Recken im Barte. (Insofern ist sogar Wagner, der der deutschen Musik zu einem neuen Siegeszug über die Welt verhalf, für uns einigermaßen von Schaden gewesen.) Die Entbartung der alten Germanen ist wissenschaftlich und ästhetisch, ja vielleicht sogar für unser eigenes Lebensgefühl nicht ganz unwichtig.

Ein Teil der Rasseforschung gibt denn auch vor, diesem Ziel zu dienen, und ein anderer, allerdings sehr schmaler Teil, dient ihr wirklich. Der letztere überwindet die verkappte Religion und wird nüchterne Wissenschaft, wie jede andere, ohne Gefühlsbetonung und deshalb von wirklichem Wert für unser Gefühl gegenüber unserer ältesten Vergangenheit. Weitaus die Mehrzahl der Rassegläubigen aber tut genau das Umgekehrte. Wenn sie wirklich den alten Germanen von seinem Rauschebart befreien, lassen sie ihm dafür die Weltesche Iggdrasil aus dem Nabel hervorwachsen. Hier verschwistert sich die Rasseforschung mit den offen angezeigten Versuchen, wie im Wotanismus und in der Theosophie, Religion durch neue zu ersetzen: Versuchen, die im Schlußabschnitt des Buches untersucht werden sollen.

Bleiben wir vorläufig bei dem Rasseglauben im engeren Sinn, so ist festzustellen, daß er in allem und jedem genau das Gegenteil von dem erreicht, wovon er ausgeht. Er möchte seinem Volke den Stolz auf Blut und Abstammung beibringen und würde, wenn er jemals sich durchsetzen könnte, gerade das Gegenteil erreicht haben. Er ist geradezu grotesk deterministisch und die strengste Gleichheits- und Gebundenheitslehre, die je aufgetaucht ist. Selbst Calvin behauptete doch nur, daß der Mensch zur Seligkeit oder zur Verdammnis prädestiniert sei. Die Rasselehre behauptet, daß er in allem, hier und drüben determiniert sei. Sie kennt keine Erlösung, auch wenn sie noch so eifrig mit dem Erlösungsmotiv spielt, und kein Erbarmen.

Dieses Welt- und Menscehnbild könnte, wie das calvinistische, von starrer Großartigkeit sein, wenn nicht die Gläubigen der Rasse uns fortwährend herzhaft ermunterten, uns unserer Rasse zu freuen und auf sie stolz zu sein. Aber wie kann ich über irgend etwas stolz und in irgend etwas demütig sein, wenn ich nur das Produkt meiner Rasse bin? Wie kann ich von einem Menschen etwas lernen oder ihn etwas lehren, wenn die Rasse über unsere Möglichkeiten bereits entschieden hat?

Ibsens „Gespenster" gelten mit Recht als veraltet; aber sie zeigen deutlich, wo die verkappte Religion der Rasse hingehört: nicht zu einem neuen Idealismus, sondern zu dem alten Naturalismus. Nur daß Ibsen viel klarer war. Denn er erkannte, daß Rasse immer eine Angelegenheit der Familie ist, niemals soweit die Unterscheidung praktisch brauchbar bleibt, eine Angelegenheit größerer Verbände. Man kann, so unzureichend immer die Ableitung sein mag, Oswald Alving als Abkömmling des Kammerherren zur Not begreifen; aber wer behauptet, daß er sich als Arier begreifen könne, der verfügt über beträchtliche konstruktive Fähigkeiten: er belügt entweder sich oder die anderen. Natürlich kann ich mich als Gegensatz zu einem — von mir erst konstruierten! — Juden zur Not verstehen; aber zweifellos kann ich mich weit natürlicher und klarer als Gegensatz zu meinem besten Freunde oder zu meinem Vater verstehen.

Aber, so wird man einwenden, wenn Rasse eine Angelegenheit der Familie und der Persönlichkeit ist, wie können wir uns dann als Deutsche begreifen? Und da kommen wir auf den noch schwereren Einwand gegen den Rasseglauben, seine Ausschließlichkeit. Hier wird die Monomanie tatsächlich Frevel am Leben: weil sie zum Leben in besonders naher Beziehung zu stehen und es besonders gründlich zu deuten behauptet. Der Rasseglaube verachtet tatsächlich alle anderen Beziehungen und Gebundenheiten, die ganze Irrationalität des Daseins (von der er doch ausging und die das Leben doch erst lebenswert macht) zugunsten dieses einen Faktors, der Rasse. Er möchte das Leben weiter, heller, strahlender machen: aber er macht es eng und dunkel.

Ich kann mich, um darauf zurückzukommen, als Deutscher vollkommen begreifen. Daß ich der Rasse nach Deutscher bin, mag dabei Voraussetzung sein. Obgleich sicher viel mehr entscheidend für meine Art ist, daß ich Niederdeutscher bin. (Bezeichnend übrigens, daß man, wenn man von Rasse spricht, mit ich sprechen muß!) Das verhältnismäßig leichte und vollkommene Verstehen meiner Volkszugehörigkeit rührt daher, daß mich außer der Rasse noch Hunderte von anderen Banden an die Heimat knüpfen: Sprache, Brauch, Familie, Freunde, Jugendeindrücke, Kunst, Beruf, das ganze Auf und Ab des täglichen Lebens — aus denen jeder einzelne Bestandteil zu überwinden und zu ersetzen sein mag, die aber in ihrer Gesamtheit ein vollkommen unzerreißbares, weil völlig irrationales Band sind. Der Rassegläubige, auch wenn er alle diese Dinge ausführlich berücksichtigt, verwechselt doch fortwährend die allerelementarste Ursache, die Geburt, mit den allerwunderbarsten Folgen, dem Leben. Er gleicht einem Physiologen, der beim Samen und beim Ei stehen bleibt, vor lauter Bewunderung nicht weiterkommt und hartnäckig spricht: hic homo. Daß nicht Same und Ei, sondern der Mensch, nicht die Rasse, sondern die Geschichte das Wunderbare und Entscheidende ist, will er nicht sehen. Er zieht es vor, die Geschichte zu kastrieren. So gelingt es ihm, durch längeres mystagogisches Training alles aus einem Punkte zu erklären. Er schafft sich ein Weltbild, das trotz aller irren Phantastik im einzelnen an Einförmigkeit vom Monismus nicht überboten wird; und das immer wieder zerstört wird durch den elementaren Widerspruch zwischen der Forderung eines freien, freudigen Stolzes auf der einen und eines kleinlichen Determinismus auf der andern Seite.

Aber es ist unrecht, dem Rasseglauben nur den Vorwurf der Phantastik zu machen. Er hat ja auch eine andere sehr praktische Seite. Neben dem Versuch, die ganze Weltgeschichte aus der Rasse zu erklären, steht ja der andere Versuch, Rassemenschen zu züchten, neben der Historie die Biologie.

Wir brauchen uns bei ihr nicht lange aufzuhalten. Es ist klar, daß sie den Rassemenschen vor lauter Bewunderung auf die Stufe des Schafes hinunterdrückt.

Wir können Tierrassen veredeln. Was heißt das? Wir können an ihnen ganz bestimmte Eigenschaften stärker entwickeln, als sie im gewöhnlichen Exemplar vorhanden sind. Wir können eine Schafrasse ziehen, die mehr und mehr Wolle gibt, und eine andere, die mehr und mehr Fleisch gibt. Wir können es soweit bringen, daß das eine Schaf beinahe nur noch aus Wolle und das andere beinahe nur noch aus Fleisch besteht. Wir können Pferde auf Schnelligkeit züchten oder auf Kraft.

Es spricht gar nichts dagegen, daß diese Kunst nicht auf Menschen zu übertragen wäre; daß nicht ein Kannibalenstamm sich ungemein fette Gefangene großziehen könnte oder daß ein neuer Friedrich Wilhelm I. seine Riesengarde nicht durch Pressung, sondern durch Paarung sich herstellt. In Mecklenburg soll es vorgekommen sein, daß sich die Landesfürsten Schnelläufer zogen.

Ja, wir können voraussichtlich sogar mehr tun. Wie wir durch Kreuzung das Arbeitspferd züchten, das weder besondere Kraft noch besondere Schnelligkeit, sondern beides nur in dem genügenden, soliden Maß besitzt, so könnten wir auch ein solides, gesundes menschliches Arbeitstier ohne viel Bedürfnisse züchten. In allerneuester Zeit wird ja die Sklaverei gerade von den Hinterweltlern der Rasse wieder biologisch begründet und sittlich gerechtfertigt. Daß das Verfahren nicht gerade menschlich ist, daß die Arbeitstiere erst in dem Augenblick zu Menschen und zu Rassemenschen würden, wo sie ihren Züchtern den Kopf vor die Füße legen, darauf werden wir später noch zurückkommen. Vorläufig genügt es, im rein biologischen Bereich zu bleiben.

Und da sehen wir, daß die Rassezüchtung auch beim Menschen alle möglichen und noch mehr unmöglichen Spielarten ergeben könnte; bloß eine nicht, den Menschen, der sich in irgend etwas auszeichnet, das über das engste Körperliche hinausgeht. Es ist schon nicht ganz richtig, daß Friedrich Wilhelm I. seine langen Kerls allein durch Paarung hätte erzielen können. Sie wurden nicht nur gezeugt, sondern auch durch Drill erzogen. Nicht einmal ganz mechanische Fähigkeiten lassen sich nach dem einfachen Rezept der Rasse-Biologie schaffen. Schon bei alten Akrobatenfamilien wird die Erziehung, das Training, ebenso wichtig wie die von den Vorfahren ererbte Anlage und bei alten Aristokratenfamilien ist sogar die Erziehung, das Training, das einzig Wichtige und Auszeichnende: weder mit den körperlichen noch mit den geistigen Kräften ist es am Schluß eines langen, reinen Stammbaumes weit her. Je höher hinauf wir gehen, je mehr wir nicht engbegrenzte Spezialfähigkeiten des Körpers, sondern den Vollmenschen verlangen, desto mehr Faktoren treten hinzu. Schon für den ganz simplen Durchschnittsmenschen genügt es nicht mehr, daß Vater und Mutter von guter Art sind; das ist nur die Voraussetzung: Erziehung, Beispiel der Eltern, Umwelt, machen erst den Menschen.

Aber vielleicht schränken die Rassebiologen ihre Behauptung darauf ein, daß Vater und Mutter eben von guter Art sein müßten, sonst bleibe Beispiel, Erziehung, Umwelt wirkungslos. Nur bleibt es zweifelhaft, was unter diesem „von guter Art" zu verstehen ist. Erkenntnis der guten Art ist posthum. Wenn Eltern eine Nachkommenschaft haben, aus der etwas wird, so werden wir schließen, daß beide von guter Art gewesen sein müssen. Die crux ist nur, daß wir es vorher nicht erkennen können. Ein Pommerscher Landjunker, einer aus dem Dutzend, der sich für nicht viel mehr als für Rotspon und Gäule interessiert, heiratet eine Berliner Beamtentochter, ein nervöses, kühles, spitziges Ding, noch dazu von bürgerlicher Abkunft, für Rassereinheit keine Gewähr bietend, nicht ganz gut passend in die Lebensverhältnisse und den Menschenkreis, in den sie eintritt, von — wie damalige Rassebiologen sicher hätten konstatieren müssen — etwas blassem, verdünnten Blut — und dieser mésalliance, dieser offenbaren, die rassebiologischen Gesetze gar nicht beachtenden amurösen Unüberlegtheit des adeligen Landjunkers verdankt sein Dasein Otto von Bismarck.

Die Rassegläubigen haben ganz recht darin, daß die Stimme des Blutes ungemein wichtig ist. Ihr Unrecht besteht bloß darin, daß sie sie nicht hören wollen. Denn sie spricht aus jedem von uns. Sie ist keine aristokratische, sondern eine demokratische Eigenschaft. Keine Weisheit und Vorsicht, sondern Torheit und Kühnheit. Wir nennen sie Liebe. Und ihr Wesen ist, alle Rezepte gründlich zu verachten, sie ist Welt, nicht Hinterwelt.

Gerade deshalb, wird man mir sagen, können die Rezepte des Blutes gegen die Stimme des Blutes nicht ankommen. Der verdrehte Versuch, aus Liebe zum Blut das Blut zu intellektualisieren, wird immer erfolglos bleiben. Du bemühst dich um einen Gegenbeweis, der bei der Ungleichartigkeit der Kräfte gerade auf diesem Felde nicht nottut. Auch mir liegt wenig daran, Rassephantastik und Rassebiologie aus der Welt zu schaffen. Nur ist gerade an ihnen der eine Zug besonders deutlich zu sehen, der viele verkappten Religionen bezeichnet: daß sie nämlich die Intuition an eine Chiffre binden, das Geheimnis glatt verständlich machen, der wilden, weiten Welt mit einem Rezept zu Leibe gehen möchten — und das alles, indem sie sich auf das Geheimnis, die Intuition, das Blut, die wilde weite Welt berufen. Jede verkappte Religion wirkt ihre eigenen Ausgangssätze ins Gegenteil um.

Außerdem gibt es eine mildere, man möchte sagen gebildet gewordene Form des Rasseglaubens, die von sehr vielen Leuten arglos angenommen wird, welche den Rassegläubigen im engeren Sinn fromm das Kreuz schlagen würden. Die mildere Dosis nennt sich organische Entwicklung. Das Verhältnis beider Anschauungen ist ganz ähnlich wie das zwischen Übermenschen und amor fati. Amor fati und organische Entwicklung wissen den äußeren Schein der verkappten Religion weislich zu meiden.

Die Erkenntnis der organischen Entwicklung ist nicht nur, wie die der guten Art, immer posthum; sie wird sogar glattweg unterschoben. Nirgends ist das biologische Bild gefährlicher als in der Anwendung auf die Geschichte und um je größere Komplexe es sich handelt, um so sinnloser wird es. Im Staatenleben der Völker hieße organisch sich entwickeln wollen so viel wie auf Politik verzichten, denn die Natur schafft absichtslos: organisch ist nur ein anderes Wort für zweckfrei. Mag der Mensch immerhin sich denken, er habe sich organisch aus dem Affen entwickelt, der Affe seinerseits wird kaum, trotzdem das Resultat für ihn doch nicht ganz entmutigend wäre, die Anschauung vertreten, er habe organisch, aus sich heraus, den Menschen entwickelt. Er dürfte vielmehr diesen, der ihm voll Absicht und Tücke mit Pulver oder Käfig zu Leibe geht, als scheußlichen Revolutionär und Anarchisten empfinden.

Ein anderes Beispiel: noch vor einer, geschichtlich gedacht, nichtigen Zeitspanne, empfanden wir bei aller Kritik im einzelnen Bismarcks Werk als durchaus organisch. In der geschichtlichen Entwicklung lange vor Bismarcks Auftreten, ja vor seiner Geburt, meinten wir die Triebe zu spüren, die schließlich den Bismarckschen Staat hervorbringen mußten, wie ein Baum die Frucht, eine Blume ihre Blüte. Das war, nachdem Bismarck sein Werk getan hatte. Er selbst hingegen bestätigt, daß, als das Reich endlich fertig war, niemand damit zufrieden sein wollte, da man es durchaus nicht als organisch und lebendig, sondern als politisch und künstlich empfand. In unserer Generation war vor dem Krieg dieses Gefühl verschwunden; wir hielten das Reich für organisch, bis in einem bestimmten Stadium des Krieges und zwar durchaus nicht nur auf Zureden der Gegner, sondern „organisch", von innen heraus, der Gegensatz zwischen deutscher Weite und preußischer Straffheit, zwischen Weimar und Potsdam als lastend, Bismarcks Werk als unorganisch, längst nicht alle Möglichkeiten umfassend, empfunden wurde. Constantin Frantz und Friedrich Wilhelm Förster schienen damals über Bismarck zu siegen. Dann kam die Revolution und ihre Politik versuchte, straffer zusammenzufassen, als Bismarck es getan oder vermocht hätte — und schon empfanden wir nach dem Gesetz des Widerspruchs Bismarcks Werk von neuem als das organische. Das sind nicht weniger als vier umschlagende Meinungen in etwas über fünfzig Jahren auf einem Gebiet, wo jeder von uns noch lebendig mitempfindet: und sie genügen jedenfalls vollauf, um den Unterschied zwischen Politik, die immer etwas Gewolltes, dadurch Sprunghaftes ist, und organischer Entwicklung, zwischen absichtsvoller Staatskunst und absichtslosem Naturschaffen darzutun. Wenn wir gefragt werden, sei es als einzelne, sei es als Volk: wohin geht euere organische Entwicklung? so werden wir ehrlicherweise dem Frager nur antworten können: Wir wollen das und das. Im übrigen: warte 100 Jahre! Nein, warte 500 Jahre! Nein, warte, bis der letzte von uns gestorben und bis die letzte Wirkung des letzten von uns ausgetilgt ist! Volks- und Menschengeschichte ist kein Fünfakter und nur Neger- und Indianerstämme haben noch die glückliche, weil dramatisch-bewegte Tragik wirklichen Untergangs. Große Völker und Kulturen kommen so billig nicht davon: es ist leicht, unterzugehen, aber schwer, Übergang zu finden.

Auch der Glaube an organische Entwicklung, sei er nun optimistisch oder pessimistisch, führt schließlich dazu, dem Weltlauf ein Rezept, eine Chiffre unterzulegen, das religiöse Eingeständnis, daß wir zwar wollen, aber nicht wissen, durch gemilderte und gebildete verkappte Religion zu umgehen.

X
Der Blondenwinkel

Wer heute von Rasse spricht, meint meistens den Juden. Das Anti ist stärker als das Pro; die Ablehnung des Juden viel deutlicher als die Bewunderung für den Rassemenschen und Helden. Ja, aus der Gegnerschaft gegen den Juden erst erwächst überhaupt das positive Wunschbild, nicht umgekehrt. Hier liegt schon der Grund, weshalb der Antisemitismus, auch der sogenannte gereinigte Antisemitismus, immer unschöpferisch sein wird. Denn der schöpferische Mensch beginnt mit einer großen Bejahung; erst aus ihr geht die Verneinung hervor. Die Antisemiten von Beruf machen es umgekehrt.

Der Antisemitismus hat alle Rassephantastik und Rassebiologie an sich gesogen. Es mußte so kommen; denn der Haß gegen den Juden erfüllt alle Ansprüche, die an eine wirksame verkappte Religion gestellt werden. Er ist sehr einfach, durchaus handfest. Die Versprechungen, die er für diese Welt gibt, sind jedem verständlich und doch öffnet er weit alle Türen in eine glanzvolle Hinterwelt. Er vermag an bestimmten und sichtbaren Menschen alle Instinkte, von den niedersten bis zu den edelsten Wunschgebilden, zu befriedigen.

Dabei können wir den Geschäftsantisemitismus von vornherein ausscheiden. Natürlich ist es unrecht, den gesamten Haß gegen die Juden auf diese Quelle zurückzuführen. Es könnte mit ihm ja gar kein Geschäft gemacht werden, wenn er nicht in weitem Umfange ehrlich wäre, wenn nicht noch die geschäftliche Berechnung durchdrungen wäre von der Überzeugung, ein gutes Werk zu tun und die Welt zu erlösen.

Geheimbündelei, die längst nicht mit allen verkappten Religionen verbunden ist, ist von Antisemitismus untrennbar. Die Antisemiten glauben tatsächlich, ihre Nation zu fördern, indem sie damit anfangen, die Mehrzahl ihres Volkes — durchaus nicht nur die Juden — aus der Volksgemeinschaft oder wenigstens aus der Blüte der Volksgemeinschaft zu verstoßen, als die sie selbst sich fühlen. Wenn sie die gesamte Judenschaft der

Welt als eine einzige dunkle Verschwörerbande ansehen, so projizieren sie damit nur die eigene Neigung auf den Gegner.

Die Anschauungen über Juden und Judenhasser sind heute mannigfach gestuft. Der Antisemitismus hat es erreicht, wenigstens in Deutschland, daß jeder sich mit ihm beschäftigen muß.

Da ist zuerst der bedingungslose und grenzenlos gläubige Antisemit. Es macht ihm nicht die geringsten Schwierigkeiten, den Juden gleichzeitig für einen abstoßenden Demokraten und einen blutsaugerischen Plutokraten zu halten; er tadelt ihn wegen seiner Vorliebe für orientalischen Pomp und haßt ihn wegen seiner Schäbigkeit. Er ist ihm ein Wesen des plattesten Rationalismus und zugleich der mächtigste aller Geheimbündler in Freimaurerlogen und der goldenen Internationale. Er beschuldigt den Juden zugleich des Ritualmordes und des blutleeren Intellektualismus. Der Jude ist nach seiner Schilderung ein geiziges Geldungeheuer, das doch unsere Kunst durch seine snobistisch hohen Preise verdirbt. Er ist ein krasser Egoist und chloroformiert doch Staat und Gesellschaft durch charitative Einrichtungen. Der Antisemit wirft ihm vor, daß er adeln läßt und verachtet ihn, weil er doch den Juden niemals los wird. Sein Weg geht nach Aussage des Rassephilosophen über Leichen und doch ist er internationaler Pazifist; er wird geschmäht, weil er sich an alles anpaßt und verabscheut, weil er die eigene Art so zäh festhält; der eine Antisemit erklärt ihn einfach nach der Formel: Mammon über alles, und der andere klagt ihn an, weil er den ganzen Apparat unseres geistigen Lebens in Beschlag genommen habe. Der eine hält ihn für einen reißenden Tiger und der andere für ein auf zwei Beinen daherwandelndes Stück Hirn. Nur in einem Punkt sind sie einig, darin, daß der Jude die unbedingte Macht errungen habe. Und so kommt es denn zu dem Paradoxon, daß gerade die besessensten Antisemiten die größten Lobredner des Juden sind. Wirklich: der angesehene Jude braucht sich heute keine berufsmäßigen Schmeichler zu halten; die unbedingten Antisemiten besorgen dieses Geschäft besser, als es der bestbezahlte Hofpoet je gekonnt hat. Denn weiter läßt sich die Schmeichelei doch wohl nicht treiben, als

7*

daß man den Juden als Weltherrn anbetet. Wenn jemals etwa in Mitgliedern der jüdischen Großfinanz das Gefühl wirklich entstanden sein sollte, daß 300 Leute jüdischer Abkunft der Welt ihre Gesetze geben, so ist es sicherlich durch die Antisemiten entstanden.

Die allgemeine Anschauung ist aber heute, daß der Antisemitismus gewaltig übertreibt, daß längst nicht alles aus dem antijüdischen Verbrecherroman wahr sei; daß der Ton rüde und gemein sei; daß man sich als anständiger Mensch dem Antisemitismus fernzuhalten habe. Anders herum: daß der Judenhaß schon berechtigt sei; daß einiges aus dem Kriminalfilm wohl seine Richtigkeit habe; daß der Ton, wenn auch unfein, doch erklärlich sei; daß man zwar nicht „ein solcher" Antisemit sei, aber doch ein Antisemit.

Diese Antisemiten kommen dann gewöhnlich darauf hinaus, daß es die Aufgabe des Juden sei, uns in unserer gottergebenen Faulheit anzustacheln, uns zum Wettbewerb aufzureizen.

Sie argumentieren etwa: wenn die Juden uns vergewaltigen, wer trägt die Schuld? Der Jude tut, was er muß. Wir auch? Man sagt, er habe mehr Geld. Und Krupp unterstützt Rudolf Herzog; und Löns „Werwolf" ist von einem jüdischen Kritiker zuerst anerkannt worden; und Hermann Burtes „Wiltfeber" ging es fast genau so; und Börries von Münchhausen beklagte sich, daß er nur in linksstehenden Blättern Unterstützung fände; und Wilhelm Schäfer hat noch kürzlich sich den ernsten Tadel seiner antisemitischen Freunde dadurch zugezogen, daß er die Geistesfeindlichkeit reicher deutscher Familien offen darlegte und die Tatsache feststellte, daß der Jude bei weitem der Aufnahmewilligere sei. Man sagt, der Jude habe mehr Organisationstalent. Und das alte Heer, die alte Flotte, die heutige Industrie? Man verweist auf Berliner Tageblatt und Frankfurter Zeitung. Und Deutsche Zeitung, Deutsche Tageszeitung? Man nennt Reinhardt, Rotter und andere Theatermagnaten. Und die früheren Hoftheater? Man sagt, der Jude sei ohne Ziele und ihm falle es deshalb leichter. Und die bewundernswerte Sicherheit, mit der er seine Ziele durchsetzt?

Wenn, so meinen diese Antisemiten, der Jude wirklich so mächtig und so verderblich sei, wir dagegen die Reinen, die von Natur Überlegenen, diejenigen, denen die Herrschaft von rechts wegen gebührt, so müßten wir es auch beweisen, müßten es eben besser machen als die jetzigen jüdischen Weltherrscher.

Aber einer solchen Argumentation gegenüber, so einleuchtend sie scheint, kann der Antisemit einfach darauf hinweisen, daß er sich eben nicht „verjuden“ wolle. Wenn der Jude heute der Herr der Welt sei, so sei das kein Beweis gegen den Antisemiten. Denn der letztere lege ja keinen Wert auf „Tüchtigkeit“, sondern auf ganz andere Eigenschaften und die edlere Art sei auch immer die verwendbarere.

In der Ablehnung des Bessermachens sind sich sogar die Antisemiten ausnahmsweise mit ihren eigenen Gegnern einig. Ich setze eine Stelle aus Hans W. Fischers „Schädelstätte“ hierher, einem kleinen Buch, das viele dicke Philosophien aufwiegt, und auf dessen Gedanken in späteren Kapiteln noch zurückzugreifen sein wird:

„Der Kaffernselbstschutz der Antisemiten ist ganz und gar überflüssig. Kunst, Bühne, Literatur, Wissenschaft sind nicht verjudet, sondern verkaffert und die Juden, als die besseren Geschäftsleute, sind natürlich geschickter, den geschäftlichen Apparat zu dirigieren. Das meiste, was produziert, erzeugt, gelesen, gekauft wird, ist doch nur Geschäft, Konjunkturerzeugnis. Was aber rein und unbedingt ist, wird, auch bei einwandfreier arischer Herkunft, von den verkafferten Ariern am zähesten abgelehnt. Sie sind es, nicht die Handvoll Juden, an denen die Kleist und Büchner, Nietzsche, Conradi, Sack zugrunde gehen und von denen die Otto Ernste und Presbers leben. Sie sind es, die aus Goethe eine Gipsbüste, aus Schiller ein Nährpräparat für patriotische Säuglinge und aus Nietzsche einen Parteipolitiker in der Westentasche machen, aus den Lebenden aber ein paar mittelmäßige Lieblinge wegen ihrer löblichen treudeutschen Gesinnung eben mit durchfüttern. Sie sind es, die nicht begreifen, daß alle Wahrheit und Größe erbarmungslos ist und sich ebenso gegen den kehrt, der sie kündet und schafft, wie gegen den, der sich ihr naht. Sie sind es, die über jeden der geistigen Freiheit verdächtigen deutschen Juden oder Judengenossen rufen, aber selbst keinen wesentlichen Deutschen lesen; denn sie selbst können über das Brett vor ihrem Kopf hinweg Neues gar nicht sehen. Nicht nur Fontane erfuhr das, sondern auch Löns — Löns! — wurde erst wirklich anerkannt, seitdem ein Jude den „Werwolf" mit dem Respekt begrüßt hatte, der einem großen Werke ziemt. Es ist wahr, daß die Juden den maßgebenden Einfluß an der geistigen Börse haben. Aber die Börse würde auch dann nicht zum Tempel, wenn lauter Arier sie besuchten. Wo das Geld rollt — Tagesruhm ist nur eine andere Form des Geldes — ist stets auch Gestank; und wenn einer hieraus eine Moral ziehen wollte, könnte es doch nicht die sein: „Miete dir einen Stand", sondern nur die andere: „Gehe nicht auf die Börse!"

Noch weitere Gegner des Antisemitismus äußern sich partiell anerkennend. Sie sagen, daß die Bekämpfung des jüdischen Geschäftsmannes zwar auf egoistischen und unedlen Motiven beruhe; daß aber das Judentum anzugreifen sei wegen des alttestamentlichen Geistes, wie er sich etwa in dem Satz: Auge um Auge, Zahn um Zahn äußert. Die Antisemiten lassen natürlich auch die Bekämpfung des Alten Testamentes und den Gegensatz zwischen Altem und Neuem Testament nicht außer Betracht, verwenden sie vielmehr als ein starkes Kampfmittel. Nur haben es die Juden leicht, darauf zu erwidern, daß diese alte Testamentsweisheit mehr gegen sie, als durch sie angewandt werde; in der Gegenwart weniger semitischer, als antisemitischer Besitzstand sei.

Wenn sie dann aber dazu übergehen, ihre „Unschuld" historisch beweisen zu wollen — es fehlt nicht an Versuchen dieser Art und sie haben etwas lebhaft Rührendes und Berührendes, etwas von dem Ton der Trauersänger an den Wassern Babels —, dann steht man vor einer neuen Schwierigkeit. Die Antisemiten behaupten ja, wie alle Hinterweltler und verkappt Religiösen, daß die ganze Weltgeschichte, wie wir sie gewöhnlich sehen, bewußte jüdische Fälschung sei; und um diesen Satz zu widerlegen, wird der Jude oder sein Verteidiger immer gedrängt werden, gleichfalls eine Weltgeschichte zu schreiben, welche nichts anderes sein kann, als eine eigentümliche und persönliche Konzeption. Damit ist man aber dann wieder genau so weit wie am Anfang des Streites. Der Antisemit macht von vornherein sein Material grenzenlos und für jeden Punkt, der widerlegt wird, tauchen zwei neue strittige auf; der Streit kommt nie zu Ende. Selbst wenn jemand sich die Mühe machen wollte, jede einzelne Behauptung aktenmäßig zu widerlegen, blieben noch immer die jüdischen Geheimlehren wie die Kabballa. Ein Rabbiner etwa, der auf dem Gebiet Autorität wäre und durch Veröffentlichung der offiziellen Deutung und Bedeutung den antisemitischen Angriffen den Boden entziehen wollte, hätte von vornherein gegen sich, daß er Jude und Rabbiner ist. Die Judenhasser könnten ihm mit Recht zurufen, daß sich ein Angeklagter verteidigt, daß seine Sachdarstellung nicht die richtige sei. Historische Forschung kann in diesem Falle zur Klärung gar nichts tun, sondern sie macht im Gegenteil alles nur noch verwirrter, fördert noch die Elephantiasis.

Nein, noch mehr: die Juden können in dieser Frage nichts tun. Nicht etwa nur, weil sie die Angegriffenen, Angeklagten sind, deren Aussage von vornherein in ihrer Glaubwürdigkeit gemindert scheint sondern weil das wirkliche Problem des Antisemitismus gar nicht zwischen Juden und Nichtjuden liegt. Es liegt in dem Umstand, daß der Antisemitismus über allen berechtigten und unberechtigten Kampf gegen den Juden hinaus längst eine Selbstbefriedigung geworden ist, eine verkappte Religion. Die Judenfrage ist eine Antisemitenfrage.

Das Verdienst, sie als solche zuerst aufgefaßt und bezeichnet zu haben, gebührt Wilhelm Michel und seiner kleinen Streitschrift zur Judenfrage: Verräter am Deutschtum. Michel untersucht den Kern der Sache: nicht, wie sind die Juden, sondern wie sind die Judenhasser beschaffen? „Man beruft sich, indem man sich als übelriechender ‚Coyote' benimmt, auf deutsches Wesen, deutschen Geist, deutsches Blut. Man behauptet, echtes

Deutschtum zu bewahren, indem man schäbig ist, wie eine Kellerassel, ordinär wie ein Strizzi, schamlos wie ein Leichenfledderer, betrügerisch wie ein Wechselfälscher. Der Antisemitismus ist ... in erster Linie eine Sache zwischen Deutschen und einer Horde von Verrätern aller edlen, geistigen, ritterlichen Überlieferungen des Deutschtums, die wir als etwas Verehrungswürdiges in uns tragen. Er ist unser aller Entehrung Er ist die brennende Schande aller derer, die im Deutschtum ein edles, ausgezeichnetes Werkzeug zur Verwirklichung der Menschheit erblicken ... die frechste Unternehmung gegen das Deutschtum, die jemals ins Werk gesetzt wurde. ... Gegen diesen Ansturm auf das Große und Sonnenhafte in unserem Volkstum uns zur Wehr zu setzen, das gebietet uns die Größe des Übels und die Kostbarkeit des Bedrohten. Wir müssen wohl als Menschen die angegriffenen Juden, als Deutsche aber uns selbst gegen diese zerlumpten Pariahorden verteidigen. ... Uns bestiehlt man, uns beschimpft man, unsere Unterschrift fälscht man, unseren ehrlichen Namen führen Verbrecher, wenn sie auf Raub und Mord ausgehen. ..."

Und Michel vergleicht dann das Deutschtum, wie es sich im Großen und Kleinen geäußert hat, mit dem Deutschtum der Antisemiten.

Bekehren wird er damit keinen Antisemiten. Will es auch gar nicht. Viel wichtiger ist, daß er den Kampf gegen die geistigen Seuchen an dem Punkte einsetzt, an dem wirklich die Erkrankung und Bedrohung des Lebens liegt.

Aber die Antisemiten haben noch einen Einwand. Sie berufen sich nämlich im äußersten Fall auf ganz die gleichen Größen des Deutschtums, auf die sich auch Michel beruft. Jeder Antisemit, sagen sie, sei in der denkbar besten Gesellschaft. Auch Kant, Goethe, Schopenhauer, Wagner, Bismarck (sie setzen hinzu: überhaupt alle großen Leute) seien Antisemiten gewesen.

Daran ist soviel richtig, daß zu bestimmten Zeiten ihres Lebens manche unserer Größten an der abweichenden und nicht als freundlich empfundenen Art des Juden die eigene Art klarer empfunden haben. Was haben sie darauf getan? Ihr Werk ... in dem die Abneigung gegen den Juden nicht einmal einen irgendwie bedeutsamen Nebenzug ausmacht. Den Antisemiten aber gilt schon ihr Judenhaß, ihre verkappte Religion, als genügendes Werk und sie würden Goethes sämtliche Werke gern für das Jahrmarktsfest zu Plundersweilern hergeben.

Daß der Antisemitismus nicht eine politische Bewegung mit Übertreibungen und mit verkehrtem Ziel, sondern tatsächlich eine verkappte Religion ist, geht schon daraus hervor, daß fast jeder seiner Anhänger verschiedene und meist recht unklare Antworten auf die Frage gibt, was denn eigentlich nach antisemitischem Rezept mit den Juden geschehen solle. Bis zu der grimmigen, aber jedenfalls klaren Weisheit des Patriarchen: tut nichts, der Jude wird verbrannt, wagen sich nur wenige vor, sicherlich nicht, weil sie vor der Roheit des Progroms zurückschrecken, sondern weil ihnen im Grunde weniger am Juden als am leicht errungenen Selbstrausch liegt. Die mittelalterlichen und die russischen Progrome kommen ja, mag auch noch so viel Befriedigung der Roheit dabei sein, aus einer ganz anderen Quelle: aus dem Haß der Christen gegen ein Volk, das den Erlöser ans Kreuz schlug. Diese Anschauung ist Hinterwäldlertum, aber nicht Hinterweltlertum. Ihre Umsetzung in ein Progrom ist sicherlich nicht frei von finsteren Motiven, aber sie ist doch gradlinig und sozusagen honett. Ihr liegt noch am Juden; sie sieht in ihm wirklich auf Grund einer bestimmten Tatsache einen Feind. Die heutigen Antisemiten wissen nicht recht, was sie nach Erringung der Macht mit dem Juden anfangen sollen. Selbst die wildesten unter ihnen denken doch nur an Konzentrations-Gefangenenlager für Juden; und wahrscheinlich wären sie in außerordentlicher Verlegenheit, was sie weiterhin mit ihren Gefangenen beginnen sollen. Die feineren Antisemiten sind natürlich gegen jede gewaltsame Maßnahme; und die feinsten, wie Weininger, verlegen den Juden sogar ganz nach innen, ins Innere jedes Menschen, womit dann die Elephantiasis in voller Entwicklung ist. Nichts hemmt dann mehr, alles unter dem Begriff Juden zu subsummieren, scheinbar ganz bestimmt zu bleiben und doch ins Uferlose zu schweifen. Zugleich aber wird bei diesem feinsten Antisemiten (die z. B. Michel von seiner Verurteilung ausnimmt) der Selbstwiderspruch besonders deutlich: sie pochen auf Eigenart und Eigenwuchs und verlangen im selben Atemzug vom Juden, seine Eigenart gefälligst aufzugeben.

Soviel Spielarten auch der heutige Antisemitismus umfaßt, eine ist darunter nicht zu finden: Das Gefühl nämlich, mit dem etwa der Bauer dem jüdischen Viehhändler gegenübertritt und das eine ganz naive und starke Vorsicht gegen den Juden anrät. Die einzige Form des Antisemitismus, die der Antisemit als verkappt Religiöser nicht kennt, ist der instinktive Antisemitismus, der des Blutes und der einfachen Erfahrung. Auch hier gelangt schließlich die verkappte Religion zur Ausmerzung des eigenen Ausgangspunktes, den sie rationalisiert hat.

ZWEITER TEIL
DIE FLUCHT IN DIE ZUKUNFT

XI
Utopia — Leningrad und retour

Wenn wir vom Übermenschen und vom Willenskult zum Sozialismus, Kommunismus, Anarchismus übergehen, so scheinen wir zum äußersten Gegensatz überzugehen; von den verkappten Religionen des Heroismus zum unheroischen Hinterweltlertum. Wir scheinen ferner aus dem Gebiete der Dialektik auf das der politischen Praxis zu geraten.

Aber die verkappten Religionen des Sozialismus berühren sich mit der des Willenskultes ja nicht nur als Gegensätze. Sie sagen gerade in dem, was sie in der politischen Praxis wollen, zum Teil dasselbe aus. Wenn heute die Vorkämpfer reiner Rasse zugleich für „Brechung der Zinsknechtschaft" eintreten, so nehmen sie damit nur die Arbeitsgeldlehre der vormarxistischen Sozialisten wieder auf. Beide sagen übereinstimmend, daß man die auf Gold basierte Währung beseitigen müsse zugunsten einer Währung, die auf der Arbeit aufgebaut sei; ja, einer der neuesten (nationalen) Vertreter des Gedankens will einfach die Akkordkarten der Fabriken, auf denen die Gesamtwochenleistung des Arbeiters und damit sein Lohnverzeichnis steht, zum Geld machen. In jedem Augenblick, sagt er, sei geleistete Arbeit und Lohnsumme einander gleichwertig. Es sei deshalb nichts nötig, als daß die sämtlichen Fabriken eines Landes gleichartige Akkordkarten anschaffen und daß das Land diese Karten an Zahlungsstatt annimmt oder durch seine Kassen dem Überbringer den Lohn der Akkordkarte auszahlen läßt. Dann würde auch jeder Krämer diese Karten als Zahlung annehmen, die ihrerseits jeweils wieder von der ausstellenden Fabrik eingelöst werden müssen. Die Theorie, die hier ein Gegner des Sozialismus neu als Welterlösungsrezept aufstellt, ist unter anderen von Proudhon verfochten worden.

Aber nicht nur in solchen Einzelheiten, auch auf größeren Flächen decken sich Heroenkult und Sozialismus. Das rührt nicht etwa nur daher, daß die politischen Parteien, die sich auf eine dieser gegensätzlichen Anschauungen berufen, in der praktischen Politik gewöhnlich miteinander gehen, weil sie beide lebhafteste Abneigung gegen die Parteien der Mitte fühlen. Nicht nur die gemeinsame Gegnerschaft führt die beiden Feinde zusammen. Zwischen Marx und Spengler etwa besteht ja ein inniger Zusammenhang, der vom Äußerlichsten ziemlich tief nach innen geht. Beide fangen damit an, zu behaupten, daß der Gedanke im Leben ziemlich wertlos sei. „Es ist nicht das Bewußtsein der Menschen, das ihr Sein, sondern ihr Sein, das das Bewußtsein bestimmt." Also sprach Marx. „Logik wie Ethik sind Systeme absoluter und ewiger Wahrheit vor dem Geiste, und beide sind eben damit Unwahrheiten vor der Geschichte. — Das wirkliche Leben, die Geschichte, kennt nur Tatsachen, keine Wahrheiten." Also sprach Spengler. Und dann gehen sie beide, der heilige Karl wie der heilige Oswald, nach Hause und schreiben uns ein paar dicke erfolgreiche Bände über den Unwert von Büchern. Und sie landen dann auch beide, wie zu erwarten war, beim Fatalismus.

Das ist kein Einzelfall. Sozialismus aller Spielarten und Fascismus aller Spielarten sind nicht nur verwandt durch den Blick des Kulturkritikers, dessen Aufgabe es ist, nachträglich Beziehungen darzustellen, ein Geschäft, das ihm an Gegensätzen am leichtesten liegt. Der Fascismus aller Spielarten ist geradezu aus dem Sozialismus hervorgegangen, nicht durch Reaktion, sondern durch halbbewußte Nachahmung. Das eben ist das Bezeichnende an ihm und das Bezeichnende an unserer Zeit. An sich ist ja das Wesen des Fascismus nur eine Rückkehr zu der Art von Politik, wie sie vor dem Krieg allgemein geübt wurde. Aber das eben genügt heute nicht mehr, die ruhige, realpolitische Wiederherstellung der Welt scheint heute nicht ausreichend, mindestens nicht werbend. Und so wird denn auch der Fascismus genau das, was er dem Sozialismus vorwirft. Er wird verkappte Religion, die in der Praxis mit den alten Staatsrezepten weiterarbeitet, aber sich in Polemik und Werbung auf allerlei schnellwechselnde Geheimrezepte stützt, ihnen den äußeren Erfolg der Werbung dankt. Ohne sein großes Gegenstück ist der Fascismus nicht denkbar; auch er ist, wie die meisten verkappten Religionen, eine Antibewegung, nein, er ist sogar nur die Antibewegung einer Antibewegung; und das macht es so schwer, in seinem Programm und seinem Handeln auch nur einen einzigen festen Punkt zu finden; während es ihm doch andrerseits viel zu einfach scheint, sich simpel zur Realpolitik des alten Stils zu bekennen.

Aber inwiefern ist der Sozialismus verkappte Religion? Für den Frühsozialismus scheint das so klar, daß es keines Beweises bedarf. Er stellt, zum Teil mit vollem Bewußtsein, Utopien auf, gibt einen Zukunftsstaat an, auf dessen Verwirklichung er vielleicht nicht einmal selbst hofft. Fortwährend räumt Plato ausdrücklich ein, daß es ganz gleichgültig sei, ob sich der von ihm angegebene Staat verwirklichen lasse oder nicht. „Ob nun dies jetzt irgendwo stattfindet oder je einmal stattfinden wird: daß nämlich Frauen und Kinder gemeinschaftlich sind, Hab und Gut ohne Ausnahme gemeinschaftlich sind und mit allen erdenklichen Mitteln das sogenannte Eigentum allenthalben und vollständig aus dem Leben ausgemerzt ist, dagegen nach Möglichkeit auch das von Natur Eigentümliche irgendwie gemeinschaftlich geworden ist (so daß z. B. sogar Augen, Ohren und Hände gemeinschaftlich zu sehen, zu hören und ihre Arbeit zu verrichten scheinen): das steht dahin." Und erst dann fährt er mit einem kräftigen „so viel aber ist gewiß" fort. „Ob es nun Gott oder Göttersöhne sind, welche einen derartigen Staat begründen: Jedenfalls ist es eine hochbeglückte Niederlassung"

Plato, der Klassiker des Kommunismus, gibt sich nicht kleinlich mit der Wirklichkeit ab, steigt nicht zur verkappten Religion nieder — und bleibt eben dadurch klassisch. Aber noch in den Tiefen seiner spätesten Nachfahren, die ohne Reserve und mit einer kindlichen Freude alle Einzelheiten des Zukunftsstaates ausmalen, spürt man das dichterische Element nicht als störend und im Widerspruch zum politischen Ziel, sondern eher als versöhnend. Man muß schon von besonders trockener Beanlagung sein, um ungerührt zu bleiben, wenn etwa der deutsche Schneider und Schwärmer Wilhelm Weitling seinen Staat malt: einen Zentralrat, der aus wissenschaftlichen Genies bestehen soll, darunter Zentralmeisterkompanien und Meisterkompanien, Gesundheitskommissionen, Werksvorstände. Er beschreibt die Menschen, die den Dreimännerrat bilden sollen: da soll einer Arzt sein und ein gründliches Mittel gegen diese oder jene Krankheit erfunden haben; ein anderer soll eine neue Weltsprache erfinden; ein dritter die Luftschiffahrt; ein vierter Häuser aus einem Stück. Der Schwärmer, der wirkliche Utopist, entwaffnet uns immer; er denkt ja nicht seinen Staat, er dichtet ihn.

Gerade darum aber macht es sich meistens die landläufige Kritik des Sozialismus allzu leicht. Sie sagt etwa: es geht nicht! Aber das ist der Einwand von Menschen, die entweder zu bequem sind oder an sich und der Welt verzweifeln. Mit anderen Worten: kein Einwand, der ernst zu nehmen wäre. Denn wenn wir uns nicht mehr zutrauen, dieser Erde oder unserem Stück davon die Gestalt zu geben, die wir für wünschenswert halten, so haben wir damit eigentlich unsere große irdische Aufgabe aufgegeben. Streiten läßt sich höchstens über den Weg, der zu einer bestimmten Gestaltung des Staates führen soll; gerade in diesem Punkt aber sind die Utopisten meist recht vorsichtig: sie geben nichts darüber an; oder sie helfen sich, ganz wie ihre fascistischen Freunde, aus der Klemme durch das Zauberwort: Diktatur!

Dasselbe Argument in anderer Form bringt der Hinweis auf die menschliche Unzulänglichkeit vor: Ja, wenn alle Menschen Engel wären, ginge es schon, aber so lange sie Menschen sind, ist es unmöglich. Dieses Kriterium ist zweischneidig. Es kann nämlich, anstatt für den bisherigen unsozialistischen Zustand der Dinge zu sprechen, auch für einen noch radikaleren sozialistischen Zustand, für extremen Anarchismus sprechen. So haben es Bakunin und Krapotkin verwandt: die politische Gewalt müsse überhaupt abgeschafft werden. Sie bedeute, in welcher Art sie auch immer geübt werde, auf jeden Fall Unterdrückung: „Das erklärt auch, warum Männer, die zu den Sozialdemokraten, zu den wütendsten Revolutionären gehört hatten, außerordentlich gemäßigte Konservative werden, sobald sie zur Macht gelangt sind. Gewöhnlich schiebt man derartige Schwenkungen auf Verrat. Das ist ein Irrtum; die Hauptschuld trägt vielmehr ein Wechsel der Perspektive und der Stellung. ... Wenn man morgen eine Regierung und einen gesetzgebenden Rat zusammenstellte, die nur aus Arbeitern beständen — jenen Arbeitern, die heute stramme Sozialdemokraten sind —, so würden diese Männer übermorgen entschlossene Aristokraten, kühne oder furchtsame Anbeter des Autoritätsprinzips, Bedrücker und Ausbeuter werden. Ich ziehe daraus den folgenden Schluß: prinzipiell und tatsächlich muß jede politische Gewalt überhaupt vollkommen abgeschafft werden. ..." Die menschliche Unzulänglichkeit wird hier nicht gegen, sondern für eine grundsätzliche und radikale Änderung der Gesellschaftsordnung ins Feld geführt.

Ebenso leicht, aber ebenso unzureichend ist die Kritik des Sozialismus aus dem Widerspruch oder dem vermeintlichen Widerspruch seiner Theorie mit seinem wirklichen Tun. Wenn man etwa dem Bolschewismus seine Todesopfer und seine beispiellosen Grausamkeiten vorwirft, ist der Bolschewist weit davon entfernt, auch nur betroffen zu sein. Im Gegenteil, er fühlt sich erhoben, daß er seine Theorie mit so viel Kraft und Mut durchzusetzen versucht hat. Ebenso bleibt er vollständig gleichgültig bei dem Hinweis, daß er ja eine erdrückendere Staatsmacht geschaffen habe, als sie im kapitalistischen Staat je bestand; ja, geradezu eine Staatsallmacht, die sich doch mit dem Ideal der Beglückung der Massen nicht vertrage. Er wird darauf einfach erwidern, daß sich die Massen, wenigstens die Massen, die er meint, im bolschewistischen Staat tatsächlich freier fühlen als im kapitalistischen; und er wird damit vielleicht gar nicht einmal lügen oder unrecht haben. Und ganz ähnlich steht es mit jedem anderen Versuch dialektischer Kritik: Er muß sein Ziel verfehlen, weil wir mit den verkappten Religionen des Sozialismus das Gebiet der Wirklichkeit betreten haben. Willenskult, Rasse und ähnliches waren, wenn nicht durch dialektische, so doch durch seelische Kritik zu behandeln. Den programmatischen Versuch, einen Staat auf Heroismus, auf Willenskult, auf Reinrassigkeit zu gründen, hat noch niemand gemacht. Alle diese

Dinge sind Utopien, sind in viel höherem Maße Unmöglichkeiten als der Sozialismus. Dieser hat die Utopie hinter sich gelassen — und ist eben damit verkappte Religion geworden.

Das geschah nicht erst in Rußland, dessen Bolschewismus sich ja von den russischen Gegebenheiten nie entfernt hat. Es geschah vielmehr in dem Augenblick, als Marx die sozialistische Utopie zur Wissenschaft erhob. Die Schwärmerei der utopistischen Sozialisten konnte höchstens zu kurzlebigen Sekten führen; erst als verkappte Religion in der marxistisch - wissenschaftlichen Form konnte er wirklich an die Welteroberung gehen. Erst Marx hat tatsächlich aus dem Sozialismus eine verkappte Religion gemacht, gerade dadurch, daß er die verkappte Religion im Sozialismus abschaffen, ihn wissenschaftlich machen wollte.

Von außen gesehen ist ja die Lehre von Marx einfach Volkswirtschaftslehre. Er beschreibt die Vorgänge der nationalen und internationalen Wirtschaft wie alle seine Vorgänger. Aber doch mit einem gründlichen Unterschied. Seine Vorgänger suchten den bestehenden Zustand zu verteidigen oder zu verbessern. Marx erst geht darauf aus, indem er doch den Charakter objektiver Darstellung so ängstlich wie ein junger Doktorand zu wahren sucht, aus diesem bestehenden Zustand einen großen, neuen, nie dagewesenen zu entwickeln. Er zuerst setzt an die Stelle der Utopie, die an allen Seiten der Kritik offen steht, etwas, was als verkappte Religion viel stärker wirkt: die Prophezeiung. Auf die Ausmalung des künftigen Zustandes läßt er sich nicht ein; eben dadurch aber wirkt die Beschreibung des Weges, der nach seiner Ansicht vor uns liegt, um so zwingender. Es gibt kein Entrinnen: notwendig, nicht durch Antriebe von außen her, sondern durch ihr eigenes Wesen wird sich der kapitalistische Staat in eine sozialistische Gesellschaft umformen. (Auch in der Prophetie als Wissenschaft berührt sich Spengler mit Marx.)

Und auf der von Marx geschaffenen wissenschaftlichen Grundlage setzt dann wieder die Utopie, die wärmende Ausmalung des Zukunftsstaates ein. Aber mit wieviel größerer Kraft diesmal! Ihr Unterbau scheint ja vollkommen gesichert: man gehört ja, indem man jetzt, nach Marx, an diese Utopie glaubt, nicht mehr zu einer kleinen Sekte von Weltverbesserern; man stellt sich ja nur in eine notwendige Entwicklung. Die Utopie erst zur Wissenschaft zu machen und doch in dieser Wissenschaft durch die Mittel der Prophetie alle Türen zur Utopie offen lassen, nur daß diesmal das Haus einen weit sichereren Grund hätte: das hieße aus dem Sozialismus verkappte Religion machen.

Umso mehr, da Marx die Keime dieser verkappten Religion nicht etwa unterdrückt, sondern sie durch scharfe Herausarbeitung im Wachstum gefördert hat. Sie ist Elephantiasis und Monomanie in der denkbar wirksamsten Verbindung.

Elephantiasis: denn was bisher nur ein Gebiet des Lebens war, die Wirtschaft, dehnt sich nun über das ganze Menschenleben und seine Geschichte. Weltgeschichte wird Wirtschaftsgeschichte; das Sichtbarste und Greifbarste, das was uns alle angeht, die weitaus meisten von uns nie aus seinem Bann und aus banger Sorge läßt, wird Sinn der Welt.

Monomanie: Denn nicht etwa wir alle sind die Träger dieses Geschehens und seines Sinnes, sondern nur ganz bestimmte Menschen, sozusagen umgekehrte Auserwählte: die Industriearbeiter. Sie waren es auch, die eine verkappte Religion am nötigsten brauchten. Denn der Staat hatte der menschlichen und gesellschaftlichen Lage der Industriearbeiter mit Hühneraugenmitteln beizukommen versucht, die Kirche ihrer seelischen Lage gegenüber beinahe vollkommen versagt. Beide Mächte hatten nicht geführt, sondern sich schleppen lassen. Der günstigste Boden für die verkappte Religion war da.

Worauf beruht es, daß selbst Gegner des Sozialismus ihn ganz anders empfinden wie etwa die Lehre vom Übermenschen? Sicherlich nicht nur darauf, daß der Sozialismus viele Anhänger und praktischen politischen Erfolg hat. Auch nicht darauf, daß seine Geheimbündlerzeiten hinter ihm liegen. Sondern darauf, daß seine Elephantiasis wie seine Monomanie tatsächlich von großen und wichtigen Gebieten ausgeht. Wirtschaft ist nicht

8*

die ganze Welt und Arbeiter nicht die ganze Menschheit. Wohl aber sind es breitere, dauerndere und sichtbarere Ausgangspunkte.

Trotzdem bleiben sie Elephantiasis und Monomanie. Auch sie verfälschen ihre Ausgangspunkte. Der heutige Sozialismus verdankt das Dasein nicht den Wirtschaftskräften, auf die er sich bezieht, sondern — einem Buch, das diese Wirtschaftskräfte aufbläht. Und er, der die Welt neu gestalten möchte, ist vorläufig zu monoman, um auch nur dem Arbeiter wirklich zu helfen.

Was will der Arbeiter? Vielmehr, was fehlt ihm? Er sehnt sich, mehr als nach hohem Lohn und Einfamilienhaus nach einer festen, bestimmten und menschlichen Stellung innerhalb seines Arbeitskreises. Nach einer Stellung, die ihm das Gefühl gibt, Mensch, nicht nur Mittel zu sein. Er sehnt sich, mehr als nach Anteil am äußeren Gewinn des Unternehmens, nach innerem Anteil an der eigenen Arbeit und nach Aussichten und Möglichkeiten, die über seinen Maschinenstand hinausgehen. Was er an seiner Arbeit wirklich als unwürdig und drückend fühlt, ist, daß er zu ihr gar keine Beziehung mehr hat und gar keine Aussichten, über sie jemals innerlich oder äußerlich hinauszukommen. Auch die Möglichkeit besserer Schulbildung, von Hochschulkursen, längerer Freizeit für eigene Beschäftigung und dergleichen steigert seine Unzufriedenheit nur noch. Denn es ist eine Unzufriedenheit mit sich selbst. Mit den angebotenen geistigen Gütern, die eine ganz andere gesellschaftliche und seelische Vorbereitung voraussetzen, kann er kaum etwas anfangen und verfällt um so mehr der Halbbildung, je eifriger er sich um Bildung müht. Das Einzige, was er auf dieser Welt wirklich beherrscht und besitzt, ist seine Arbeit und von ihr müßte jede Arbeiterbewegung ausgehen.

Es heißt das Problem umgehen, wenn man statt dessen versucht, den Arbeiter mit dem Boden zu verbinden und die Industrie hinaus aufs Land zu verlegen, wo jeder Werkangehörige seine eigenen Hufe haben könnte. Das heißt mystagogisch und aufgeklärt an die segnenden Kräfte der Mutter Erde, des friedlichen Bauernlebens glauben. In Wirklichkeit besteht aber diese segnende Kraft darin, daß der Bauer sowohl von Aufklärung als von Mystagogie frei ist. Arbeit auf der Scholle verlangt, wenn sie Freude machen und Erfolg haben soll, alle innere Neigung, Arbeit und Befähigung und duldet keine anderen Götter neben sich. Deshalb würde auch die Verpflanzung von Industriearbeitern aufs Land, von Stadtarbeitern auf die Scholle nur zu Zerrbildern führen.

Nein, man hat als Ausgangspunkt nur die Arbeit und jede Arbeiterbewegung, die sich ernst nimmt, müßte daher zuerst sie reformieren. Sie müßte die industriellen Riesenbetriebe zerlegen in einen Ring kleiner, zusammenarbeitender Einzelbetriebe. Und hier liegt wirklich eine Aufgabe für die viel bewunderte und viel verlästerte Organisation. Sie hätte dafür zu sorgen, daß die Vorteile des Zusammenarbeitens möglichst gewahrt blieben und doch, soweit irgend technisch durchführbar, aus dem Mammutbetrieb eine Reihe kleinerer, sich möglichst als selbständig empfindender Unternehmungen würde.

Denn nur im kleineren Betrieb kann der Arbeiter das persönliche Verhältnis zu Kameraden und zur Führung und nicht zuletzt auch zu seiner Arbeit, und sei sie schon rein mechanisch, von neuem spüren. Nur im kleineren Betrieb kann die besondere Eignung und Fähigkeit des einzelnen Arbeiters zur Geltung kommen und nur dort ist es möglich, daß er sich durch die natürlichen und gegebenen Hilfsmittel seiner Arbeit selbst weiterbringt.

Aber der heutige Sozialismus sieht in seiner Monomanie noch an etwas anderem viel Größerem vorbei Die Technik des Großbetriebes versklavt nicht nur den Arbeiter, nein, in beinahe noch höherem Maße den Unternehmer. Hat der Betrieb eine gewisse Ausdehnung überschritten, so dient er nicht etwa mehr dem Willen, dem Ehrgeiz und Ausdehnungsdrang des Unternehmers, nein, er wird selbständig, was sich ja in der fast regelmäßigen Überführung in die Gesellschaftsform äußert. Der Großbetrieb erstickt nicht nur im Arbeiter, nein, auch im Leiter den Menschen. Trotzdem aber fährt der Sozialismus fort, seinen Anspruch nur im Namen der „verelendeten Arbeiterklasse“ zu erheben; er, der doch die Welt neu ordnen und gestalten möchte, erhebt ihn nicht im Namen der Welt.

XII
Der Selbstmord des Homunkulus

Diese Ausschließlichkeit des Sozialismus dankt nicht nur taktischen Rücksichten auf die Werbung ihr Dasein. Um auf ihre tiefste Ursache zu stoßen, müssen wir uns einer Gruppe von verkappten Religionen zuwenden, die scheinbar mit den Spielarten des Sozialismus nichts zu tun haben, die aber doch die Antwort geben, die der Sozialismus uns vorenthält. Ich meine das Verbot starker Getränke und was damit zusammenhängt.

Wie bei den meisten verkappten Religionen ist der erste gefühlsmäßige Einwand gegen das Verbot von Alkohol ästhetischer Art; selbst, ja gerade bei Leuten, die keinen Deut für Ästhetik geben. Der Einwand geht auf die Mittel, mit denen die Schädlichkeit des Alkohols populär bewiesen werden soll: die Abbildung von Trinkerlebern und Trinkerherzen, die in den Schaufenstern der Mäßigkeitsvereine ausgehängt sind. Er geht ferner auf das eigenartig Schmutzige, das jede öffentliche Bußbank an sich hat: Einst war ich ein elender Säufer; ein Tier in Menschengestalt; jetzt bin ich seit meiner Enthaltsamkeit wieder ein Sohn des Lichtes — wobei uns der Bekehrte als Sohn des Lichtes durchaus nicht sympathischer ist denn als Säufer.

Die Anklage wie die populäre Begründung des Antialkoholismus, wie sie etwa Popert in seinem „Helmut Haringa" gibt, ist, von allem ästhetischen Widerwillen und auch von der Monomanie, die alles Weltübel aus dem Alkohol erklärt, vorläufig abgesehen, zu schwer. Wenn ein Einbruchdieb des Raubmordes beschuldigt wird und es sich herausstellt, daß er den Raubmord gar nicht begangen hat, so wird er wahrscheinlich wegen des wirklich begangenen Einbruchdiebstahls ein verhältnismäßig sehr gutes Gewissen haben, er wird sich eben infolge der Mordanklage beinahe vorkommen wie ein ehrlicher Mann. In diesem Falle ist der normale Alkoholsünder gegenüber den populären Anklagen der Abstinenten. Er fühlt, daß er selbst nicht so schlimm ist, daß seine Leber und sein Herz in Ordnung sind und daß sein täglicher Alkoholkonsum seine Nachkommenschaft nicht verdirbt. Der populäre Antialkoholismus erweist ihm eben durch die Schwere seiner Anklage die Wohltat, daß er nie über die etwaige Schädlichkeit seines Verbrauchs an Spirituosen nachzudenken braucht. Wegen der Schwere der Anklage gelangt er zu glattem Freispruch.

Aber inzwischen ist die Enthaltsamkeit, ganz wie der Sozialismus, aus der Utopie zu einer politischen Wirklichkeit geworden. Die Vereinigten Staaten sind trocken gelegt und wir haben jüngst, nach vielen impressionistischen, ganz verschiedenartigen Berichten in der Unzahl von deutschen Amerikabüchern auch einen genauen und wissenschaftlichen Spezialbericht erhalten. Er rührt her von Dr. Martha Küppersbusch, die in ihrem Buch „Das Alkoholverbot in Amerika" alle Seiten der Frage eingehend untersucht. Das Buch verrät nicht nur nach seinem Inhalt, sondern auch nach seiner Methode die Herkunft aus den Vereinigten Staaten. Es ist ganz Statistik. Statistisch wird die Ratifikation des Gesetzes in den nordamerikanischen Einzelstaaten untersucht; statistisch wird der Alkoholkonsum in den einzelnen Ländern verglichen, gesondert nach Branntwein, Wein und Bier, nach Anstieg und Abfall; völlig statistisch werden die Arbeiterfamilien in Amerika und in Europa einer Untersuchung auf ihren Alkoholkonsum unterworfen, gesondert nach Einwanderern und altansässigen Familien. Dann folgt eine Statistik über die Verarbeitung der einzelnen Landesprodukte auf Alkohol, historisch vertieft, seit dem Herüberkommen der Mayflower und über das allmähliche Entstehen der Mischgetränke, der Coctails, Flips, Toddies und sonstigen Drinks. Diese wird unterbrochen durch eine neue Statistik über den allmählichen Fortschritt der Trockenlegung und über die allmähliche Ausrottung der öffentlichen Trinksitten, denen nur noch die frisch Eingewanderten anhingen. Nach etlichen Ausführungen über Saloons und Politik folgt eine historische Statistik über die Ausbreitung der Trunksucht und ihre Todesopfer, über die Verbreitung von privaten Temperenzgesellschaften und die ersten Versuche staatlicher Prohibition in den Einzelstaaten mit

Karten und Diagrammen, die abgelöst wird durch eine neue Statistik über die Steuerunterschlagungen und sonstigen Vergehen der Alkoholinteressenten; worauf eine statistisch belegte Übersicht über die Erziehung und Aufklärungsarbeit der politischen Prohibitionsparteien sowie der Kirchen und Sekten folgt. Eine neue historisch fundierte Statistik über das Frauenstimmrecht und seinen Einfluß auf die Temperenzbewegung verbindet sich mit einer solchen über den Einfluß der Schulen, Universitäten und der wissenschaftlichen Alkoholforschung; letztere wieder zerlegt in Mortalitätsstatistik (gesondert nach Herzkrankheiten, Lungenentzündung, Schlaganfall, Lähmung, Adernverkalkung, Brightscher Krankheit, Leberzirrhose und Irrsinn); Kriminalstatistik; Sexualstatistik. Diese wird abgelöst durch eine kleine Statistik über die Enthaltsamkeit der Eisenbahnangestellten, Arbeiter, Handelsangestellten und Landarbeiter nach Prozenten, über die Zunahme des investierten Kapitals wie das Steigen der Arbeitslöhne; und über den Anteil der Alkoholfabrikation an Kapital, Lohn, Wert der Produkte und prozentuellen Anteil des Lohnarbeiters am Produkt. Die sich daran schließenden Anklagen gegen die Deutschen als die einzigen überzeugten Alkoholanhänger sind nicht statistisch belegt. Eine bescheidene Statistik bringt darauf die Stimmenzahl bei den entscheidenden Abstimmungen über die Prohibition und über die amerikanischen Präsidenten, die sich für Abstinenz einsetzten. Womit der erste Teil des Buches schließt.

Der zweite setzt nach einer Darlegung der gesetzlichen Prohibitionsbestimmungen und der Widerstände, die sie zu überwinden hatten, ein mit einer unbedeutenden Statistik über die öffentliche Meinung zur Alkoholfrage innerhalb der Universitätskreise. Diese Darlegungen werden unterbrochen von einer lehrreichen Karte über den Stand der Weltprohibition am 1. Januar 1923, an welche sich nach einer Belehrung über die Zeitungslügen zum Alkoholverbot eine ausgedehntere Statistik über den noch bestehenden Alkoholkonsum, gegliedert nach Import und Staatsvorräten, anschließt. Sie endet in einer Statistik der Verhaftung gegen Übertreter, der beschlagnahmten Destillier- und sonstigen Apparate, des weggenommenen Schmuggelalkohols, letzterer geschieden nach Bier, Wein und Whisky. Mit einer statistischen Angabe über die Zahl der Prohibitionsbeamten schließt dieser Teil ab.

Dann folgt der dritte. Er behandelt die Folgen der nationalen Prohibition und ihre Bedeutung für die Volkswirtschaft. Gab es in den vorigen beiden Teilen manchmal Oasen von Seiten ohne Zahlen, so ist dieses im dritten Teil ganz unmöglich. Zu Anfang vergleicht eine Statistik die Herstellung von Stiefeln und Schuhen, von Brot und Backwaren, von Eisenbahnwaggons, von Männerkleidern, Frauenkleidern, Baumwollkleidern, Maschinen und Lokomotiven, Möbeln, Web- und Strickwaren, Eisen- und Stahlwaren, Holz, Büchern und Zeitungen, Tabak, Woll- und Filzwaren einerseits, mit der Herstellung der alkoholischen Getränke andrerseits; wobei sie alles säuberlich nach Arbeiterzahl, Kapital, Produktwert, Fertigwert und Rohwert sondert. Die folgenden Seiten bieten eine Statistik über die noch erlaubten und die zerstörten Unternehmungen, die Nebenbetriebe wie Flaschen-, Kork- und Fässerfabriken. Schlägt man um, so erblickt das Auge Zahlenkolonnen über Weinbereitung, Rosinenbereitung und Tafeltrauben nach bebauter Fläche, Gesamtertrag in Tonnen, Gesamtwert in Dollars und Ertrag pro Morgen. Folgt eine Darstellung über die Umstellung und Anpassung des Alkoholgewerbes nebst Statistik über die neuen Fabrikationsziele der früheren Alkoholfabriken. Sie wird abgelöst durch ein paar Zahlen über die Zunahme des für Rosinengewinnung und für Tafeltraubenzucht benötigten Areals. Ein paar Zahlen über die Schließung der Saloons und das damit bisweilen verbundene Sinken der Ladenmieten werden abgelöst durch eine Statistik über den zunehmenden Kaffee-, Tee-, Fruchteis- und Zuckerkonsum. Ein Kapitel über die Zunahme des Kinobesuches, die Umwandlung von Bars, den vermehrten Besitz an Kleinautos ist spärlicher von Zahlen durchsetzt; wogegen in den Darlegungen über den Aufschwung des Schuhhandels, vor allem des Kinderschuhhandels, der Wäschewaren- und Modengeschäfte, Zimmer- und Küchengeräte, der prompten Barzahlung, der Sparkassen- und Bankguthaben, über die Verminderung der blauen Montage, der Betriebsunfälle, der Leih- und Abzahlungsgeschäfte Statistik wieder reichlicher auftaucht. Auch die Verbesserung der billigen Herbergen und Speisehäuser wird statistisch belegt. Triumphe feiert die Statistik in den Darlegungen über vernachlässigte, obdachlose, verbrechenschuldige Kinder vor und nach der Prohibition, über die Abnahme der Beanspruchung der Wohlfahrtsorganisationen. Sie steigern sich in dem Kapitel über die Kriminalität, das vergleichende Statistik der gesamten Vergehenszahl mit den Trunksuchtsvergehen, Gefängnisstatistik, Trunksuchts-Verhaftungen, in 13 Großstädten und in den Einzelstaaten, gesondert nach Trunksucht, Herumtreiben, verbotenem Waffenbesitz, Mord, Raub, schwerem Diebstahl, Hausfriedensbruch, Landstreicherei, leichtem Diebstahl und ungesetzlichem Alkoholverkauf, nach Vergehen von Männern, Frauen, Minderjährigen und Kindern. Der Hospitalstatistik folgt eine umfassende Mortalitätsstatistik und Krankheitsstatistik, aus der die Statistiken über allgemeine Trunksucht, Methylalkohol, tödliche Unglücksfälle infolge von Alkoholgenuß, Säuglingssterblichkeit, Nephritis, Alkoholpsychosen, Morphiumpsychosen, Tuberkulose, Syphilis, Gonorrhoe, Opiumimport und Durchschnittslebensalter hervorgehoben seien. Eine weitere Statistik rechnet Ehescheidungen, Armut, Irrsinn, Verelendung, Kindervernachlässigung, Morde, schwere Verbrechen und Verbrechen von Jugendlichen ebenso in wirtschaftliche Schädigungen um, wie den Boden, die Gebäude und die Arbeitskräfte, die seit dem Verbot für andere Zwecke freigeworden sind, in wirtschaftliche Werte. Daran schließt sich eine statistische Berechnung über die indirekten Kosten, die der Alkoholismus früher Land und Staaten auferlegte.

Alle diese Statistiken insgesamt ergeben mit einigen Ausnahmen eine bedeutende Förderung des Landes und seiner Bewohner auf allen Gebieten. Und trotzdem wird mit jeder dieser Statistiken die Stimme der Unlust stärker. Sie erinnert zunächst an die alte Weisheit: in der Welt wird viel gelogen, und außerdem gibt es noch eine Statistik. Sie sagt: Und was ist mit dem blühenden Alkoholschmuggel? Was ist mit jenen Zeitungsberichten, die uns täglich von Geheimbrauereien, Gesundheitsschädigungen durch schlechten Alkohol zu berichten wissen?

Dr. Küppersbusch erwidert darauf, daß gerade diese Sensationsmeldungen der beste Beweis für die vortreffliche Wirkung des Alkoholverbotes bilden. Früher habe sich niemand um die Massen von Betrunkenen etwa an Lohnzahlungstagen gekümmert; heute wird aus einem einzelnen Betrunkenen, aus einem einzelnen Schmuggler, aus einer einzelnen Geheimkneipe, aus einer einzelnen Vergiftung durch verfälschten Alkohol gleich ein Sensationsfall. Nur was selten sei, errege Aufsehen.

Aber die Stimme der Unlust will nicht schweigen. Wie verhält es sich denn, fragt sie weiter, mit der „gewissen stummen Niedergeschlagenheit ... vor allem in den niederen Volksschichten", mit der „Ungeduld und Langeweile, ohne die mindeste Aussicht auf Anregung bei den körperlichen Arbeitern der niederen Klassen", von der ein nüchterner Skandinavier, wie Helmer Key in seinem Amerikabuch zu berichten weiß? Wie verhält es sich vor allem mit der störenden Tatsache, daß (nach dem selben Bericht) „für die höheren Gesellschaftsschichten das Alkoholverbot bisher nur wenig Unannehmlichkeiten mit sich gebracht" und „in der Goldschmiedebranche einen neuen Zweig entwickelt hat, nämlich den der Alkoholbehälter, z. B. in Gestalt von Futteralen für Operngläser und Brillen, von Zigarettenetuis usw."? Hat man die Kneipe des Reichen, den Weinkeller, offen gelassen und nur die des Armen, das Wirtshaus, zugemacht?

Hier erhebt sich gegen die Prohibition ein Sturm menschlichen Gefühls, der nicht statistisch zerlegt werden kann. Die Statistik scheint eine andere Form von Zahlenmystik zu werden, die monoman und elephantiasisch zugleich immer nur über eine bestimmte Seite des Menschen, niemals über den ganzen Menschen etwas aussagt. Das Trinklied, über dessen Abschaffung keine Statistik gebracht wird, erhebt sich mit Macht gegen die Zahlen. Es ist ja nicht wahr, daß, wie Dr. Küppersbusch voraussetzt, Alkohol landläufig als ein „Kraft und Energie spendendes Naß" angesehen wurde. Die Menschen erwarten von starken Getränken nicht Kraft und Energie, sondern gerade das Entgegengesetzte: und etwas viel Höheres, Lebenswichtigeres: Freude und Trost, Bezirke, an die keine Statistik heran kann. Und sie sind durchaus nicht damit zufrieden, daß Dr. Küppersbusch als Folge des Alkoholverbotes unter anderem rühmt, daß es zwar Armut noch gebe; daß aber diese Armut sauber und diskret geworden sei. Das mag ja für die Sozialbeamten des Landes, für die Richter, Gefängnisdirektoren und Irrenärzte, mag für die Regierung und Polizei eine große Erleichterung sein. Nur fragt es sich, ob es auch eine für den Armen ist. Ob der sich nicht in seiner diskreten und sauberen Armut noch elender, leerer und inhaltloser vorkommt als in seiner schmutzigen und betrunkenen.

Soweit gelangt, blättert man wieder das Buch durch. Nein, diese Einwände sind doch nicht stichhaltig. Mag die Statistik auch die Sache zu günstig darstellen; mag geschmuggelt werden; mögen die Wohlhabenden im Geheimen nach Lust weitertrinken; mag das Verbot mancher Lebensfreude ein Ende machen; mag an die Stelle des Rausches der ewige Nüchternheitskater treten; mag schließlich das Alkoholverbot ein Mittel sein, um die Leistungen des Lohnarbeiters zu erhöhen, eine vollkommen taugliche, mit möglichst wenig Mängeln behaftete menschliche Arbeitsmaschine zu erzeugen: es bleibt doch bestehen, daß der Gesundheitszustand besser, die Zahl der Verbrechen zurückgegangen, der Zusammenhalt und das Glück sehr vieler Familien wieder hergestellt ist. Und war denn aller Alkoholgenuß wirkliche Lebensfreude? Trank man immer nur, wenn Männer eine Feierstunde haben, schwatzen und singen wollten? Von Hafis bis auf Goethe und noch etwas weiter enthält der starke Trunk, der Rausch, unendlich viel, was wir nicht verkümmern lassen wollen: Freude, Männerfreundschaft, endlose Debatte oder sinnierendes Schweigen. Aber wenn Dr. Küppersbusch auch Unrecht hätte mit der Erwiderung, daß wir das auch in ganz derselben Weise, ja noch wertvoller ohne das starke Getränk haben könnten (wir können es nicht; denn es liegt eine Luft von Freude und Wärme um den Zechtisch, an der nicht so und so viel Prozent Alkohol, sondern an der Generation nach Generation mitgeschaffen haben) — so könnte sie doch völlig mit Recht entgegnen: Ja, trinkt ihr denn im Geiste von Hafis oder Goethe? Glaubt ihr denn, daß das Wohnungselend, die Säuglingssterblichkeit, das Arbeitshaus im Geiste von Hafis oder Goethe zustande gekommen wären? Das Verbot schafft ja nur eine dumme, sinnlose Trinkunsitte ab, die gerade das Gegenteil von Hafis oder Goethe ist!

Das ist richtig; und dennoch will die Stimme der Unlust nicht schweigen. Aus welcher Region spricht sie?

Dr. Küppersbusch gibt selbst eine Antwort darauf, ohne um die Tragweite dieser Antwort zu wissen.

An 200 Seiten Statistik schließen sich nämlich 15 Seiten, die mit „Persönliche Eindrücke im Lande der Prohibition" überschrieben sind. Auch der Nachtrag bringt auf dem letzten halben Dutzend Seiten wieder Statistik; aber die ersten zwei enthalten ein außerordentlich lehrreiches Erlebnis.

„Die Mehrzahl unserer Mitreisenden", schreibt Dr. Küppersbusch, „bilden heimkehrende Amerikaner; der Dampfer ist englisch; die Bar ist offen, bei Tisch können alkoholische Getränke serviert werden. ‚Nun werden die Amerikaner das auszunutzen wissen', meint ein bierfreundlicher Europäer, der auch das trockene Land zum Ziel hat. Sagt man nicht, daß die Amerikaner ihren Ferienaufenthalt nach Kuba oder übers Meer verlegen, um wieder einmal nach Herzenslust trinken zu können!

„Wir beobachten! Hier und da sieht man kleine Gruppen von Deutschamerikanern, die sich an englischem Bier gütlich tun und dem Münchner Hofbräuhaus nachseufzen; dort eine Gesellschaft ostpreußischer Auswanderer, die sich mit einer Erfrischung in konzentrierter Form aufmuntern. Die See ist stürmisch; die Bar und ihre Stärkungsmittel bilden für manche einen Anziehungspunkt. Den leichtesten Überblick über die ‚feinsten' Gewohnheiten der Amerikaner bieten die gesellschaftlichen Veranstaltungen und die Mahlzeiten. Unsere Blicke schweifen forschend über die Tische. Tee, Kaffee, Mineralwasser; dazwischen — auffallend durch ihre Seltenheit — Wein- und Bierflaschen oder offen servierter Wein. Nach einigen Tagen wird mein mitbeobachtender Tischnachbar, der für die ‚trockene Idee' der Amerikaner nur ein mitleidiges Kopfschütteln hat, unruhig. Sollte an der anerzogenen Nüchternheit der Amerikaner doch etwas Wahres sein? Er verwickelt einen Amerikaner in ein Prohibitionsgespräch. Dieser zuckt die Achseln. ‚Prohibition? Fehlschlag, gänzlicher Fehlschlag!' Und zum Zeichen, daß er mit dem Gesetz nicht sympathisiert, bestellt er eine Flasche Starkbier und schöpft einen tiefen Zug. Er bietet sich freundlich an, uns im Lande umherzuführen, um uns die vielen heimlichen Stätten der Trunksucht zu zeigen; seine lebhafte Schilderung macht uns gespannt auf all das, was unser im trockenen Lande harrt. Während dessen bleibt sein Bier unberührt und wird schal. Mein Nachbar lenkt seine Aufmerksamkeit darauf. ‚Ach', eine bezeichnende Handbewegung —, ‚wir sind nicht mehr daran gewöhnt!' ist die Antwort. ‚Es scheinen doch viele seiner Landsleute nicht daran gewöhnt zu sein', so schließt am Ende der Reise die Beobachtung meines Reisegefährten. Aber — warum dieser Lärm über das Verbot, wenn sich die meisten im Grunde gar nichts aus dem Trinken machen?"

Warum? Hier erst stoßen wir auf den wirklichen Grund unserer Unlust gegenüber diesem wie jedem Verbot. Es ist nicht der Alkoholiker in uns, der sich auflehnt. Es ist der Tyrannenhasser. Gegen den Tyrannen empören wir uns, indem wir Bier bestellen, selbst wenn wir es nicht mögen und es schal werden lassen.

Wir haben aber noch einen weiteren Grund, der, wenn er auch meist unbewußt bleibt, viel bestimmter ist. Heute kommt, wie Dr. Küppersbusch überzeugend nachweist, das an Alkohol ersparte Geld verbesserter Nahrung, schönerer Kleidung und allen möglichen anderen Genüssen zugute. Aber hinter der Antialkoholbewegung steht ja eine große Anzahl von anderen Lebensreformen. Was, wenn eines Tages regierungsseitig entdeckt wird, daß auch Fleischessen die Gesundheit untergräbt und eine

Abart des rohesten Kannibalismus sei, wie ja die Vegetarianer behaupten? Was, wenn regierungsseitig entdeckt wird, daß die Untertanen, anstatt ihr Geld für Mode und Putz auszugeben, es lieber in Form höherer Steuern für das Gemeinwohl ausgeben sollen? Was, wenn dem Verbot des stimulierenden Alkohols das Verbot des stimulierenden Tabaks folgt?

Wo ist die Grenze der Tyrannei?

Keiner von uns weiß sie zu ziehen. Viele, die etwa gegen das Verbot von Alkohol und Nikotin schwer demonstrieren würden, hätten gar nichts dagegen einzuwenden, wenn man die Kinos zumachte. Mancher, der ohne den Kannibalismus des Tierfleischessens nicht würde leben wollen, wäre ganz froh, wenn er nach Erneuerung der puritanischen Kleidungsgesetze und Einführung staatlicher Normalkleidung der Sorge um das Toilettenbudget seiner Frau überhoben wäre.

Jede einzelne Anforderung ist hier verhältnismäßig unwichtig. Ja, wir könnten auf Alkohol verzichten, wenn es der Mehrzahl wirklich zugute kommt, oder wir brauchten nicht mehr zu rauchen, wenn sich die Majorität damit die Lungen verdirbt. Aber daß eine Lebensreform mit tödlicher Sicherheit die andere nach sich zieht, daß auf den Alkoholismus der Vegetarismus, auf diesen „weniger Nahrung durch gutes Kauen"; auf dieses Mazdazman; auf dieses „Enthaltsamkeit von Nahrung und Trinken durch richtige Atemtechnik und Eurhythmie" folgt; — daß die Reformkleidung zur Uniformkleidung und die Gartenstadt schließlich zur besonders geräumigen und komfortablen Kaserne wird: das ist es, wogegen sich jeder von uns wehrt.

Wenn er gegen den Antialkoholismus aufsteht, behauptet er nicht sein Recht auf Suff. Er wehrt sich nur gegen die Zumutung, das zu werden, was man unter viel Reklame den „neuen Menschen" nennt. Er wehrt sich gegen eine verkappte Religion.

Und das mit Recht. Auch Religion fordert ja, daß wir den „neuen Menschen" anziehen. Hingegen fordern die verkappten Religionen der Reform nur, daß wir den alten Menschen ausziehen. Sie sind nur Verzicht. Sie reduzieren schließlich den

Menschen auf den Nullpunkt. An seine Stelle tritt der Homunkulus, der künstliche Mensch, der nicht von Tierfleisch oder Gemüse, der schließlich nur noch von seinem Atem lebt. Religion fordert uns auf, unsere Triebe zu erhöhen; verkappte, sie zu vernichten. Alle Lebensreform enthält die Aufforderung zu einer feineren oder gröberen Art von geistigem Selbstmord.

In dem Rezept auf Verzicht finden sich die beiden Antipoden: der Übermensch und der Lebensreformer.

Sie stehen im Gegensatz zum religiösen Menschen wie zum Genie, die auf nichts verzichten, sondern alles zum Himmel emportragen.

Der „neue Mensch" ist kleiner und enger als der Normalmensch, wie der Übermensch schwächer und weniger machtvoll war als der Vollmensch.

XIII
Palmen in den Händen

Hiergegen könnten sich nun zweierlei Vorwürfe erheben: der eine darauf lautend, daß der Verfasser zweifellos ein Kneipensitzer, Karnivore und Kettenraucher sei; der zweite, daß die ganze Argumentation gefühlsmäßig, poetisch, trinkliedhaft sei. Sie zeige außerdem genau jene Elephantiasis, gegen die der Verfasser selbst sich wende; denn sie nehme von dem einen Beispiel der Trockenlegung ausgehend mit jener hier gleichfalls bekämpften Leichtigkeit der Assoziation Befürchtungen vorweg, die ganz grundlos seien.

Deshalb mag es gut sein, bevor wir eine Charakteristik der „Neuen Welt" versuchen, noch auf einem bestimmten Einzelgebiet stehen zu bleiben: dem Pazifismus.

Wäre er wirklich nur die „Krankheit der geschlagenen Völker": wir müßten heute alle Pazifisten sein. Statt dessen sehen wir eher das Umgekehrte: Den Glauben an den Krieg nicht nur als an ein unvermeidliches Ergebnis jeder irdischen und realen Politik; sondern auch als an ein Heilmittel, als an die höchste und wundervolle Kraftäußerung eines Volkes und seiner Menschen. In dem Moltkeschen Satz: Der ewige Friede ist ein Traum und nicht einmal ein schöner, wird heute der Ton ganz unzweifelhaft auf das Satzende gelegt.

Wie kommt das? Wenn wir die Antwort vorweg nehmen wollen: Dadurch, daß der Pazifismus, mindestens vor dem Kriege, aber zum überwiegenden Teile noch jetzt eine verkappte Religion ist.

Keine seiner bekannten Begründungen hält stand. Daß Frieden infolge der internationalen Verflechtung der Wirtschaft nötig sei, hat ein Krieg von über vier Jahren Dauer ganz gründlich widerlegt. Noch mehr aber die Nachkriegszeit: die Wirtschaft verhütet nicht Kriege, sie ruft sie hervor.

Der humanitäre Pazifismus, der auf das Blutvergießen und die Grausamkeit des Krieges hinweist, wird immer den einfachen Satz gegen sich haben: Das Leben ist der Güter höchstes nicht.

Wenden wir uns ins Utilitarische, sagen wir, wie es einmal bei einer großen Debatte über Christentum und Pazifismus geschehen ist, daß selbst das Urteil eines durchwegs aus Feinden Deutschlands zusammengesetzten internationalen Schiedsgerichtes, wenn wir es vor dem Kriege angerufen hätten, nicht entfernt so ungünstig hätte ausfallen können wie dieser Kriegsschluß: dann steht sofort eine Welt von Gründen gegen den Sprecher auf. Erstens unser ganzes Gefühl. Wir wollen uns aber nicht verkümmern lassen durch Schiedsspruch; wir müßten, selbst wenn uns dieses Kriegsende gewiß wäre, das letzte Mittel versuchen, ehe wir die Demütigung auf uns nehmen; wir wollen uns nicht feige selbst verhandeln. Alles, was wertvoll in uns ist, hätte sich gegen die geduldige Hinnahme selbst eines viel günstigeren Schiedsspruches gewehrt. Zweitens aber steht unsere gesamte politische Erfahrung gegen eine solche Argumentation auf. Wie lange hätte der durch den Schiedsspruch geschaffene Zustand, wenn er von uns hingenommen worden wäre, vorgehalten? Welcher Staat und welches Volk könnten eine feige Unterwerfung auf sich laden ohne die Gefahr immer erneuter und immer tieferer Demütigung? Hier liegt der schwache Punkt einer scheinbar so klaren Friedensargumentation wie etwa der von Norman Angell. Er weist überzeugend nach, daß Kriege selbst den Siegern wenig oder nichts nützen und daß sie die Probleme nicht lösen, zu einer neuen Weltgestaltung nicht führen können. Er läßt unberücksichtigt, daß Kriege eben zur Behauptung des status quo oder zur Vermeidung noch größeren, als des natürlichen Rückgangs eines Volkes nötig sein könnten; und daß deshalb auch in der praktischen Politik jeder Krieg als Verteidigungskrieg ausgegeben wird; daß niemand der Angreifer sein und gewesen sein will.

Auch der Hinweis auf einen Zustand, in dem die Menschheit alles, die Nation nichts mehr bedeutet, verfängt nicht. Eine Menschheit schlechthin, ohne Nationen, wäre ein ameisenhaftes Gewimmel und die Gleichheit aller Wesen, die Menschenantlitz tragen, bleibt eine rechtliche Fiktion. Sie ist Wahrheit, wenn sie besagen will, daß wir einen Kongoneger nicht schlechter behandeln dürfen als einen Farbgenossen, nur weil er ein Kongoneger ist; sie wird offenbarer Unsinn, wenn sie behauptet, der Kongoneger sei ebenso viel wert als wir oder wir ebenso wenig wie er. Das stimmt aus der unendlichen Perspektive Gottes, vor der wir alle klein werden; aber es bleibt entweder Unverschämtheit oder Schwachsinn, sich diese Perspektive anzumaßen.

Aber die Lehre, daß alles gleich sei, was Menschenantlitz trägt, hat ihre Kraft bereits eingebüßt. Man sucht heute den Zusammenhang zwischen Nation und Menschheit in anderer Weise. Jedes Volk, so formuliert die schon einmal angeführte Schrift von Wilhelm Michel einen Gedanken, der heute in vielen Köpfen Nationalismus und Internationalismus zu versöhnen und einander zuzuordnen strebt, sei ein Versuch zur Verwirklichung der Menschheit. Jedes Volk habe Daseinsberechtigung nur insofern, als es diese Verwirklichung der Menschheit vollziehe oder zu ihr beitrage. Jedes Volk müsse aus dem Stoffe seines Volkstums die Bildsäule der Menschheit erbauen, sei es aus dem Marmor des Lateinertums, aus der Bronze des Germanentums, aus dem weichen Ton des Slaventums. Das sei die Zielsetzung des wahren Internationalismus. Um aber zur Bildsäule zu gelangen, müßte jeder Bildhauer seinem Material, müßten die Menschen auch dem Material ihres Volkstums Liebe und Verständnis schenken. Das sei die Zielsetzung des wahren Nationalismus. Und beide müßten bejaht werden. Sie widersprächen sich nicht, sondern bedingten einander. Beid höben sich scharf ab gegen die marktgängigen Abarten des Internationalismus wie des Nationalismus. Gegen den falschen, Völker zu Ameisentrupps herabwürdigenden Internationalismus: Betonung der Tatsache, daß die nach Völkern nicht gegliederte, geographisch und geschichtlich nicht gebundene Menschheit nicht existiere; daß also Kulturwerte nur erstellt werden könnten am Stoff der verschiedenen Nationalcharaktere. Gegen den falschen Internationalismus: durch die Betonung der anderen Tatsache, daß aller Wert eines Volkstums nur aus seinem An-

9*

teil an der Verwirklichung der Menschheit fließe. Schon Kant etwa habe das angedeutet mit seiner Gleichsetzung von Patriotismus und Kosmopolitismus. Die rein negative Abgrenzung, Hinz sein und nicht Kunz, sei völlig verdienstlos und unwertig. Erst aus der Beziehung jedes Volkstums auf die übergeordnete Idee flössen Verdienst und Wert.

So einleuchtend das klingt, so dialektisch bleibt es. Der Vergleich der Arbeit eines Volkes mit der Arbeit eines Bildhauers ist nicht nur zufällig. Er verrät deutlich, wie literarisch die Aufeinanderbezogenheit von Nation und Menschheit bleibt. Wir stehen ja mit allen unseren Sinnen, aller unserer Arbeit innerhalb unseres Volkstums; wir können nur in Gedanken von außen heran. Wir sind ja selbst Bildsäule und Schöpfer in einem. Aber der Bildsäulenvergleich deutet zugleich noch auf etwas anderes. Michel stellt einfach die Schöpfung von Kulturwerten als den Sinn der Nationen hin. Auch ohne daß man nun die Spenglersche Geistesverachtung mitzumachen braucht und so hoch man auch Kulturwerte einschätzen mag, so bleibt doch ein Volk noch etwas Umfassenderes als seine Kulturwelt. Es geht nicht an, Kulturwerte zum Volkszweck zu machen und die Menschheit zum Zweck der Völker. Wenn die Menschheit Zweck der Völker ist, was bezweckt dann die Menschheit? Mit der Teleologie ist hier nicht weiterzukommen. Man muß vielmehr hier Spengler durchaus zustimmen, sagen, daß Völker Lebewesen sind, daß ihr Sinn in ihnen selbst, im ganzen Umfang ihres Lebens, nicht nur in den höchsten Kulturwerten ruht. (Was nicht so viel heißt als die Spenglersche Verachtung der Kulturwerte mitzumachen; gerade Michel hat in seiner vortrefflichen Kritik an Spengler nachdrücklich auf die „widersprüchliche Verknotung von Stoff und Geist" hingewiesen.) Faßt man aber Völker als Lebewesen und Selbstzweck, so gewinnt auch die von Michel so geringschätzig behandelte „rein negative Abgrenzung, Hinz zu sein und nicht Kunz", andere Bedeutung. Sie wird zwar nicht werthaltiger; aber in dem Augenblick, wo wir sie aufgeben, würden wir uns selbst aufgeben. Hier spricht etwas viel Primäreres als der Wille zum Wert; nämlich einfach der

Wille zum Dasein, zum Dasein in unserer eigenen als einmalig empfundenen Gestalt, gleichviel, was auch diese Gestalt enthalten und wert sein mag. Die Behauptung: die Völker haben nur Daseinsberechtigung, insoweit sie eine (wenn auch nur geträumte) Menschheit verwirklichen, erweist sich schließlich als nur wenig tiefer wie die andere Behauptung, daß Völker etwas Künstliches, im Laufe einer Entwicklung durch Aufhebung der Landesgrenzen zu Beseitigendes seien. Faßt man aber Völker als Lebewesen auf, so wird man auch ihren Trieb zu Macht und Ausdehnung nicht übersehen können.

Auch das religiöse Gebot der Feindesliebe kann zur Rechtfertigung der Friedensbewegung nicht mit vollem Erfolg herangezogen werden. Zwar, wenn selbst Pastoren sich darauf berufen, das Wort Christi: Liebet Eure Feinde, sei nur ob seines Stimmungsgehaltes bedeutsam, rangiere nicht in der Rangklasse der zehn Verbote, sondern sei „nur" durch „Stimmungsgehalt" bedeutsam, so wird man ihnen mit Fug und Recht entgegenhalten dürfen, daß es Christi Wille war, daß eben sie als Pastoren eine solche Stimmung in ihrer Gemeinde erzeugen sollen. Aber dieses Argument kann nur gegen Pastoren gerichtet werden. Der politische Immoralist behauptet ja eben, Privatethik und politische Ethik seien zweierlei; in der Staatskunst müßten die Gebote privaten Handelns häufig der Rücksicht aufs Gemeinwohl weichen und es sei offenbares Unrecht, ein Volk, Millionen von Menschen der Demütigung, der Entbehrung, dem Lebensrückgang auszusetzen, nur damit der einzelne leitende Staatsmann ein reines Gewissen behalte.

Selbst rein religiös genommen braucht jedoch das Gebot der Feindesliebe noch nicht unbedingt für Frieden zu sprechen. Es ist eine tiefere Auslegung denkbar, die den Krieg zuläßt, indem sie ihn zugleich überwindet. Das Gebot ist ja so utopistisch nicht, zu befehlen: Habet keine Feinde!, sondern es verlangt das viel Schwerere, seine Feinde zu lieben, das heißt, den Menschen, den gleichwertigen, im Feinde, noch im tödlichen Kampf zu erkennen und zu lieben. Ich weiß, daß alles dieser Deutung des Wortes entgegensteht; am Schlusse des Buches, wenn wir so weit gelangt sind, aus allen unseren Betrachtungen die Summe zu ziehen und ihre Bedeutung zu würdigen, werden uns die drei Worte: Liebet eure Feinde, in hellerem Glanze, frei von praktisch-utilitaristischer Bindung aufstrahlen. Hier genügt es festzustellen, daß der praktische Politiker ihre Bedeutung bestreitet, gleichviel ob er das mit schwerem Herzen oder stolz auf seine Immoralität und sein Übermenschentum tut; und daß auch der Theologe sie nicht mit voller Sicherheit als Kriegsverbot zu erweisen imstande ist.

Fragt man sich nun, warum alle diese Begründungen des Pazifismus weder einzeln noch insgesamt durchschlagen, so wird die tiefste Antwort nur lauten können: Weil der Pazifismus bis heute zum größten Teil eine verkappte Religion ist. Daß er mit der Abschaffung des Krieges das schwerste Übel aus der Welt beseitigt glaubt, ist seine Monomanie; daß er dahinter (in Verbindung mit den in den vorigen Kapiteln besprochenen verkappten Religionen) das Heraufkommen einer neuen, noch nie dagewesenen Welt sieht, ist seine Elephantiasis. Hinter dem Pazifismus steht das Bild einer vollkommen friedfertigen und deshalb glücklicheren Welt. Es ist gerade dieses Bild, gegen das unsere Unlustgefühle sich richten. Auch wenn wir der Übertreibung, daß alles Leben ein Kampf sei, nicht folgen, so wollen wir gerade deshalb umso weniger die Kampfseite des Lebens missen, wollen auf eine solch starke Lebensäußerung nicht verzichten.

Die Folge der Verengung und Erweiterung zur verkappten Religion ist, wie überall, daß sie sich noch heute kaum imstande erweist, ihr Problem, den Krieg, wirklich zu sehen, trotzdem es doch an Anschauungsunterricht nicht gefehlt hat. Erst im Augenblick, wo sie von ihrer Hinterweltlervorstellung einer neuen friedlichen Welt loskäme, erst wenn sie vollmenschlich auch die Kampfseite, nicht nur die kooperative, des Lebens bejahte, wäre sie imstande, dem Krieg wirksame Opposition zu machen. Der wirklich wirksame Streit gegen den Krieg steht erst in den Anfängen — einfach, weil er von Menschen ausgeht, die keine Hinterweltler sind, und die den heutigen

Krieg verneinen, nicht trotzdem, sondern weil sie den Kampf lieben.

Ich kann hier nichts Besseres tun, als das zu wiederholen, was Hans W. Fischer in seinem schon genannten Buche „Die Schädelstätte" klassisch gesagt hat:

„Es sind nicht die wahren Helden, die sich nur mit dem Revolver in der Tasche über die Straße trauen. Zeugten etwa die ungeheueren Vorkriegsrüstungen von einer grimmigen Kampfgier der Völker? Nein, sie waren Zeugnis der Angst; jedes Volk wünschte von vornherein sich des Übergewichtes zu versichern, jedes hätte gern alle Anwartschaft auf blutigen Siegeslorbeer hingegeben um ein unfehlbares Rezept, das feindliche Heer aus sichererer Entfernung restlos von der Erdoberfläche zu vertilgen. Nur, weil es dieses vollkommene Mittel noch nicht besitzt, setzt sich das Volk mit seiner lebendigen Mannschaft ein, keineswegs aber, um seine Kampfeswut auszutoben. Jede Nation weist den Verdacht, Krieg um des Krieges willen zu führen, weit von sich; jede beteuert, ihr Kampf gelte allein der Verteidigung. Und das ist für alle richtig, obwohl die Kaffern es immer nur für das eigene Volk gelten lassen. So wild der Krieg sich gebärdet, er dient immer nur dazu, eine neue, erhöhte und womöglich komfortablere Sicherheit zu erlangen. Um des Ganzen willen wird ein Bruchteil geopfert, das ist ein rein kaufmännisches Verfahren, wennschon man die Buchführung zu fälschen beliebt, indem man den Heldentod statt in das Verlust- ins Reklamekonto schreibt. ... Bei diesem Stande der Entwicklung hat der Krieg tatsächlich die innere Berechtigung bereits verloren; er ist nur noch ein Notbehelf. ... Denn es ist nicht wahr, daß die heutigen Heere aus lauter Helden bestehen, denen das Vollbringen großer Taten Lebensbedürfnis ist; es ist nicht wahr, daß der Mut an sich in unserem Kriege zu Ehren kommt. Wirklich hoch im Preise steht vielmehr, da man ihn vor der Hand noch nicht entbehren kann, allein der soldatische Mut, der eine verkafferte Form des Mutes ist. Man schätzt und züchtet ihn, weil man ihn braucht; es ist für den Effekt völlig gleichgültig, ob er aus der Natur eines Löwen oder eines

Schlächterhundes stammt, wenn er nur auf den Pfiff da ist. Wenn die sittlichen Einwirkungen ihn nicht heranlocken, verschmäht man auch die übelsten Mittel nicht, um ihn herauszukitzeln oder herauszupeitschen: Lüge, Bedrohung, Betäubung, Schnaps und Sperrfeuer. Der ganze Mechanismus ist darauf eingestellt, den Mut als das kleinere Übel in Vergleich zur Feigheit erscheinen zu lassen, sobald es gegen den Feind geht; während umgekehrt gegenüber den Vorgesetzten aus Gründen der Disziplin die Feigheit vorteilhafter ist als der Mut. Aber kann man wirklich den Mann mutig nennen, der zwar dem entgegenstürmenden Feinde das Bajonett in den Leib rennt, vor dem Offizier jedoch, der seine Menschenwürde mit Füßen tritt, kuscht? Mir scheint, er hat in beiden Fällen genau das Gleiche getan: nämlich das sichere Teil erwählt ..." Und gegen den Schluß des Kapitels, noch einmal ganz scharf: „Die heroische Wahrheit wird ewig leben, auch wenn die heroische Lüge begraben ist."

Die Auflehnung gegen den Krieg geschieht hier im Namen des Heldentums, des freien, selbstverantwortlichen Mutes, den Fischer die höchste Tugend nennt. Aber diese Anschauung muß gegen sich noch gelten lassen, daß sie vor lauter Bewunderung des echten Mutes überstrenge, schulmeisterlich wird. Fischer, der den ewigen Frieden nur als das kleinere Übel gelten läßt, macht aus dem Pazifismus keine verkappte Religion. Dafür macht er eine aus dem Amor fati, aus der Liebe zum eigenen Schicksal. „An einem Mut, der die freie Verantwortung des Einzelnen über sein einzelnes, eigenes Leben nicht kennt, — an einem solchen Mut ist nichts gelegen", sagt er und das stimmt gewiß vom Standpunkt des Mutes aus. Aber ist es auch Wahrheit vom Standpunkt des Menschen aus? Es ist Unwahrheit und Unrecht, auch nur mit einem Streifgedanken die zu schelten, die mit allem Glauben und allem Mut in den Krieg gingen, sich, in Fischerscher Sprechweise zu reden, verkaffern ließen und dafür mit dem Leben bezahlten. Sie gingen doch hin als Menschen, mag auch ihr Menschentum nicht stark genug gewesen sein, jeden Zwang zu brechen. Unsere ganze und vernichtende Anklage muß denen gelten, die, selbst verkaffert, sich als Übermenschen fühlten und aus der Verkafferung der Menschen ein Geschäft, aus der heroischen Wahrheit die heroische Lüge, aus der Wehrhaftigkeit eine Industriekonjunktur machten.

Haben sie das getan? Fischer muß gegen sich gelten lassen, daß er Schriftsteller ist; man kann ihn mit dem Prädikat: als Poesie gut abtun. Und außerdem ist natürlich seine Opposition gegen den Krieg nur „die Krankheit der geschlagenen Völker". Aber dieses bequeme Verfahren geht nicht an gegen den gleichfalls schon zitierten Franzosen Pierrefeu, der ein begeisterter Militarist ist und sich gerade deswegen noch viel härter über die feige Sinnlosigkeit des Krieges von heute äußert. „Ich sehe schon", sagt er kaltblütig, „wie eine Regierung einer leistungsfähigen Firma die Herstellung und Durchführung eines Krieges im ganzen überträgt mit einer ganzen Staffel von Vertragsstrafen für jeden Verzug in der Lieferung des Friedens." Niemand hat schärfer als dieser siegreiche Militarist, der den Krieg nicht verneint, sondern geradezu glorifiziert, die völlige Sinnlosigkeit, Lüge und Feigheit des Krieges von heute angeprangert. Bei ihm tritt zum erstenmal ganz klar dem ethischen, humanitären, utilitaristischen, wirtschaftlichen und religiösen Pazifismus, die alle zu einer verkappten Religion zusammenfließen, der sachgemäße Pazifismus gegenüber: der militärische. Er erhebt Protest gegen den heutigen Krieg — gerade im Namen des Krieges und des Kampfes.

Und er ist kein weißer Rabe. Die Kritik Fischers und Pierrefeus bezieht sich auf den letzten Krieg; aber sobald sie an den Gedanken eines zukünftigen Krieges herantreten, bleiben selbst die gewöhnlichen Militärs, trotzdem ihre ganze Existenz darauf beruht, daß sie die Fischersche Scheidung zwischen echtem Mut und soldatischem Mut nie anerkennen dürfen, doch nicht von Zweifeln darüber verschont, ob denn ein Zukunftskrieg noch kriegerisch sein könne.

Ein britischer Fliegeroffizier, Oberst Moore, sagt: „Die Tragödie des Luftkrieges besteht in der Tatsache, daß es praktisch unmöglich ist, sich gegen einen plötzlichen Angriff zu schützen." Einer seiner englischen Kollegen schreibt noch deutlicher: „All dies (der Versuch, die Luftflotte zum Zweck der Landesverteidigung auszunutzen) dient zu gar nichts. Das Kriegsamt kann nur eins tun: sich mit einer ausreichenden Quantität von Pillen versorgen, die ein rasch wirkendes Gift enthalten, und diese bei der Kriegserklärung unter die Bevölkerung verteilen. Nur auf diese Weise kann man sie vor einem qualvollen Tode bewahren, der sie sonst in den giftigen Gaswellen, unter berstenden und brennenden Häusern ereilen wird."

Bezeichnend für die Ausführungen von Maxim Gorki, denen ich diese Anführungen entnehme, ist, daß er, als alter Pazifist alter Schule, uns damit (als verkappter Religiöser) Schreck einjagen will und daß er die Frauen und Mütter anfleht, dem Kriege ein Ende zu machen; daß ihn nichts vor dem Vorwurf schützt, er scheue die „Greuel" des Krieges. Ihm gegenüber haben es die Militaristen leicht. Sie sagen einfach, daß jede Angriffswaffe notwendig auch eine Abwehrwaffe hervorruft und daß im übrigen hinter dem Gutachten der beiden Engländer die ganz offenbare Furcht stehe, in einen neuen Krieg verwickelt zu werden; daß die pessimistischen Ausführungen der Luftsachverständigen nur eine Entschuldigung für die Schwächen der englischen Politik bilden sollen. Aber der gleiche Militarist muß verstummen, sobald wir uns vom Pazifismus als verkappter Religion freimachen, sobald wir als volle Menschen ihr entgegenhalten, daß der künftige Krieg kein Krieg mehr sei, sondern ein hilfloses und feiges Sichabwürgen ohne Ende: eine Vernichtung jeglichen Mutes und jeder Tapferkeit und Spannkraft.

XIV
Der Übermensch hoch 2

Wenn im folgenden auch die Technik als verkappte Religion betrachtet wird, so müssen wir uns dabei auf die härtesten Widerstände gefaßt machen. Man wird vielleicht bereitwillig zugeben, daß Antisemitismus und Abstinenz, daß Okkultismus und Vegetarismus die Gestalt von verkappten Religionen angenommen haben. Aber inwiefern auch die Technik? Was hat sie mit Religion zu tun? Ist sie nicht gerade der Gegensatz zu allem Glauben? Ist sie nicht ganz praktisch, völlig empirisch? Wo steckt da das Geheimnis, wo die Monomanie, wo die Elephantiasis, wo das Hinterweltlertum? Beruht nicht Technik gerade darauf, daß sie alles einzelne ohne jede Bindung bis zum Letzten durcharbeitet? Bewahrt sie nicht schon ihre Arbeitsweise vor der Gefahr, verkappte Religion zu werden?

Es scheint so. Ganz sicher ist auch der einzelne Erfinder, Ingenieur und Techniker alles andere als ein Hinterweltler. Aber die Rolle, die die gesamte Technik in unserem Leben spielt, ist heute in hohem Maße die einer verkappten Religion.

Ein einzelner Zug schon kann das beweisen. Während die heroischen Hinterweltler sämtlich ihr Ideal aus der Vergangenheit nehmen, finden die der „Neuen Welt" es in der Zukunft. Und ihr wichtigster Glaubensartikel ist dabei nicht einmal Sozialismus, Abstinenz, Pazifismus, sondern Technik. Sie erst soll die neue Welt, die Zukunftswelt, ganz vollenden.

Schon bei dem Gedanken an den Zukunftskrieg haben wir das Gebiet der Technik gestreift. Dort erschien Technik als feindselig gegen die neue Welt. Aber das ist nur ein Übergang. Schließlich, so glaubt der unheroische Hinterweltler, wird doch die Technik diejenige Macht sein, welche am meisten zur Vollendung einer friedlichen, reinlichen, ordentlichen neuen Welt vermag und tut.

Jeder bessere Romanschreiber hat heute versucht, uns diese Zukunftswelt zu malen. Fast alle diese Gemälde weisen bemerkenswerte Übereinstimmungen auf. Immer kommt darin ein

Mann vor, dessen Name mit Mac ... anfängt oder mit ... son endet. Er hat ein unglaublich kühles Gesicht, das er während aller Streiks und finanziellen Erschütterungen beibehält; er verfügt über eisernen Willen, unbeugsame Energie, stahlharte Augen, scharfgeschnittenes Gesicht und eine kantige Stirn. Er verfügt aber über noch mehr, er übermenscht den Übermenschen. Denn während dem Übermenschen alten Stils im wesentlichen nur seine zusammengebissenen Zähne zur Verfügung standen, verfügt der Übermensch im Quadrat auch über die wundersamsten technischen Mittel. Er kann elektrische Energie auf kleinen Raum konzentrieren und damit alle seine Feinde vernichten; er kann die Schnee- und Eismassen der Hochgebirge schmelzen und dadurch Hungersteppen in Fruchttäler verwandeln. Er kann mit einem Diamantstahl Tunnels unter dem Ozean bauen und daß er mit 1000 km-Stundengeschwindigkeit fliegen kann, braucht gar nicht erst gesagt zu werden. Die neuesten Exemplare dieser Gattung, die in der heutigen Literatur eine ähnliche konstante Figur ist, wie früher Pierrot, Colombine, Duenna, Vertrauter, tölpischer Hahnrei und munteres Weibchen, haben noch einen Einschlag von okkulten Kräften. Ihre Welt ist von monumentaler Größe. Das Haupthaus ihrer Gesellschaften nimmt einen großen Stadtteil ein; ihre Arbeiterarmeen zählen nach Millionen. Sie haben heute Geschäfte in Berlin und morgen in Peking und gehen übermorgen daran, einen Riesenkanal durch den unwegsamsten Teil der Apenninen zu sprengen. Überflüssig zu erwähnen, daß das Kapital ihrer Gesellschaften immer in Milliarden Pfund Sterling ausgedrückt wird. Wenn ihnen jemand sagen würde, sie hätten einen kleinen Schnupfen, so würden sie mit Wilhelm II. erwidern: Einen großen! An mir ist alles groß!

In ihrer neuen Welt gelten nur noch die Maschinen. Während die Menschen zu Zahlengrößen, zu Arbeitsarmeen, zu Siedlerkolonien zusammenschrumpfen, verwandeln sich die Maschinen in lebende Wesen. Schwarze, rauchende Dämonen sind es (bei Kellermann), die ihre Saurierknochen schwingen; die klobige Bohrmaschine wird zum Polypen, zum gepanzerten

Tintenfisch, der vor urtierischem Zorn, vor Wollust des Zerstörens erzittert. Der Mensch ist nur noch Material, nicht mehr und nicht weniger als die Steinkohle, die unter den Kesseln verfeuert wird.

Aber was haben technische Zukunftsromane mit der Technik zu tun? Sie sind ein Futter für Familienblätter, die der Techniker bestimmt nicht liest. Liest er sie doch, kommt er in Gefahr, sich totzulachen. Trotzdem sind sie wichtig. Man braucht hier gar nicht daran zu erinnern, daß das Leben die Kunst mehr nachahmt, als umgekehrt. Man kann auf etwas viel Bestimmteres hinweisen. Hören wir nicht täglich, wie sehr uns die Technik vergewaltigt, uns unserem Menschtum entfremdet? Ist nicht die Anklage gegen Materialismus und Maschine gerade das, was man überall vernehmen kann?

Die eine Partei, die dem heroischen Hinterweltler nahesteht, antwortet auf diese Anklage mit dem Versuch, die technische Entwicklung zu bremsen und zur Vergangenheit, zur Handarbeit, zum Mittelstand, zur größeren Selbständigkeit des Einzelnen zurückzukehren. Die andere Partei macht aus der Not eine Tugend und ist stolz auf „technische Errungenschaften", denen sie doch selbst nicht recht traut. In sehr gerissener Art hat Bernhard Kellermann im „Tunnel" — und darauf vor allem beruhte der Erfolg des Buches — beide Regungen, die Abneigung und die Bewunderung vereinigt. Sein Mac Allan ist ein Wunder an Energie. In zwei Minuten wird er mit dem reichsten Mann über das Riesenprojekt des Tunnels einig, in einer kleinen halben Stunde wirft er eine große, gründlich mißtrauische Milliardärversammlung um, jahrelang hetzt er ein Millionenheer von Arbeitern müde und tot; Frau und Kind werden ihm bei der Tunnelkatastrophe totgeschlagen, er selbst verklagt, verurteilt, betrogen: macht nichts, er heiratet einfach die reichste Erbin der Welt. Und doch ist er am Ende aus dem Schöpfer des Tunnels zu seinem Sklaven geworden. „Sein Hirn kannte", sagt Kellermann, „keine andere Ideenassoziationen mehr, als Maschinen, Wagentypen, Stationen, Apparate, Zahlen, Kubikmeter und Pferdekräfte." Und doch, trotz dieser Opferung, nein, gerade wegen dieser Opferung des Menschen umgibt die reichen Leute bei Kellermann eine Atmosphäre von Reichtum, Macht, Kühnheit, Genie und Skandal. Der Finanzmann des Tunnels, ein kleiner fettleibiger, asthmatischer jüdischer Betrüger, scharf auf Blondinen, ist doch so tüchtig, daß er am ersten Tag schon Namen und Personalien seines ungeheuren Stabes von Subdirektoren, Prokuristen, Kassierern, Buchhaltern, Clerks, Stenotypistinnen kennt und daß er am dritten Tage eingearbeitet ist, als ob er den Posten seit Jahren bekleidete. Mit dem übermenschlichen Scharfblick geht Kellermann, wie die technischen Romanschreiber überhaupt, freigebig um. Die Leute, die damit beauftragt sind, das „Arbeitermaterial" zu prüfen, sehen zwar Hunderte von Menschen in wenigen Stunden; aber wenn ein Durchgefallener es zum zweitenmal versucht, trifft ihn ein „eiskalter Blick, daß ihm das Rückenmark gefror ..." Der Tunnel spuckt Schutthaufen aus, auf ihnen erhebt sich ein Haufen gradlinig nebeneinander gesetzter Steinsärge, aber trotzdem sind es „Feenstädte".

Diese Mischung von Bewunderung und Abscheu entspricht genau dem, was die meisten Menschen vor der Technik empfinden. Aber damit scheinen wir noch immer bei der Literatur zu halten. Was tut denn die Technik selbst? Nun, sie tut vorläufig in kleineren Maßstäben das, was der technische Romanschreiber ihr in möglichst riesigen vormalt. Sie beschäftigt vorläufig noch keine „Arbeitsarmeen", aber auf die Millionen, die sie tatsächlich beschäftigt, ist sie stolz. Sie ist noch nicht dazu gelangt, ein Kraftwerk zu bauen, das die ganze Welt mit Strom versorgt, aber sie ist rührend stolz auf die Kraftwerke, die einen großen Bundesstaat versorgen, und wenn sie tatsächlich von einem Komplex aus die Welt versorgen könnte, würde sie diese Wirklichkeit genau so triumphierend begrüßen, wie der Romanschreiber seine Idee begrüßt. Der Techniker lacht heute über den technischen Zukunftsroman; aber es ist eher ein bedauerndes Lachen darüber, daß so umfassende Ziele vorläufig noch nicht zu verwirklichen sind, und ein Lachen über den verkehrten Weg, auf dem dieser putzige

Kerl von Schriftsteller ein Programm anpackt, zu dem noch alle Vorarbeiten fehlen. Zeigte ihm jemand diese Vorarbeiten und zeigte ihm jemand den Weg: der Techniker wäre für den Unterseetunnel und für das Schmelzmittel Dynotherm, für die elektrische Kraftkonzentration und für Flugzeuggeschwader mit 1000 km-Stundengeschwindigkeit womöglich noch viel begeisterter als der poetische Panegyriker. Denn er ist heute — und das führt ihn zur verkappten Religion — ganz im Sinne der Romanschreiber um die Schaffung immer größerer und mächtigerer Zentralen bemüht. Er ist tatsächlich besessen von den Größen und Massen, die er in Bewegung setzt. Könnte er den Turm zu Babel noch einmal bauen, um von seiner Höhe aus alle Menschen und Völker mit Licht, Kraft und sonstigen guten Dingen zu versorgen, so würde er das als den höchsten Triumph betrachten, der ihm beschieden sein kann. Sein konstruktives Denken geht auf die kleinste Einzelheit; aber sobald es sich um die praktische Anwendung seiner Neuerung handelt, möchte er sie sehr gerne ins Ungeheuerliche steigern. Er denkt an immer größere Zentralen, in Landesteilen, in Ländern, in Erdteilen, schließlich an eine Zentrale für die ganze Welt.

Und diese verkappte Religion, die tatsächlich eine Welt hinter der Welt, monoman und elephantiasisch zugleich sieht, geht nun an den wichtigsten Teil ihrer Aufgaben nur sozusagen mit der linken Hand heran. Wenn wir uns nämlich fragen: Versklavt und entmenscht die Technik wirklich den Menschen, so müssen wir bekennen, daß das nur infolge der heutigen Technik, infolge des technischen Denkens in Zentralen der Fall ist. Sehr wohl läßt sich ja eine Technik denken und sie wird kommen, die ihre Hauptanstrengungen darauf richtet, gerade umgekehrt dem Einzelnen wieder Freiheit, Menschtum und selbständige Arbeitsmittel zurückzugeben. Warum sollte nicht jeder einzelne von uns mit technischen Kräften, etwa mit der Elektrizität, einmal so gewöhnlich, selbständig und vertraut umgehen lernen, wie unsere Großeltern mit Spinnrad und Säge?

Und hier ist es vielleicht angebracht, noch einen kurzen Blick auf den technischen Roman zurückzuwerfen. Er spielt meist in

Amerika und weist als Hauptpersonen den Erfinder und den Milliardär, die Zentralisten, auf. Aber er spricht seltener davon, daß in Amerika, dem Lande der technischen Sklaverei, auch das Kleinauto, ein Mittel zur Wiederverselbständigung des Menschen, schon heute größere Verbreitung hat als anderswo. Die Methoden, nach denen Ford seine Autos herstellt, sind Taylorismus, Entmenschlichung bis zum Äußersten; das Produkt aber dient der Wiedervermenschlichung. Vielleicht kommt der Tag, wo auch das Produkt nicht mehr zentralisiert hergestellt zu werden braucht, wo das Streben nach einer neuen Welt wieder Streben zur Welt wird.

XV

Yohimbin — Lecithin

Es könnte jemand kommen und sagen: Nun, was Sie bisher vorgebracht haben, mag richtig sein oder mag falsch sein; es geht mich nichts an. Ich habe mit der Zahlenmystik und mit dem Sozialismus so wenig zu tun wie mit Antisemitismus und Abstinenz. Auch vor diesem Unbekümmerten machen jedoch die verkappten Religionen nicht Halt. Sie betreten das allerelementarste Lebensgebiet, das Verhältnis von Mann und Frau. Nein, sie wählen einen einzigen Punkt dieses Verhältnisses. Die Genitalien werden zur verkappten Religion. Etwas Ähnliches sahen wir schon bei der verkappten Religion der Homosexualität, nur daß diese (wo Männerliebe Veranlagung ist) der realen Not entspringt.

Die verkappte Religion des Fleisches kommt zustande durch immer weitere Verengung. Ließen die heroischen Hinterweltler und die Zentralisten von der aus Geist und Stoff bestehenden Welt nur noch dem Stoff sein Recht, so zerlegt die verkappte Religion der Genitalien das Gebiet des Stoffes weiter in Hunger und Liebe. Aber selbst das ist hier noch zu weit. Sie läßt nur noch die Liebe bestehen; nein, nicht einmal die ganze, sie verengert sie auf die körperliche Liebe. Von Coeur und Carreau läßt sie nur das Carreau übrig.

Das geschieht in mancherlei anscheinend kontradiktorisch sich verhaltenden Formen, die aber doch alle eins sind.

So etwa will Wedekind uns beibringen, daß die Geschlechtslust das Höchste im Leben, das einzig Lebenswürdige sei. Eine Lehre, die manches biedere Ehepaar befolgt; die Folge sind ein Dutzend Kinder und dünne Brotschnitten. Wedekind verschweigt die Kinder und die Brotschnitten und sagt dafür, daß die Frau eine Urmacht sei, beglückend und dämonisch. Sie reißt die Männer ins Verderben; auf jeden Akt der Lulu kommt ein kaltblütig abgetaner Toter; darin eben liegt ihre Lebenskraft, die wir bewundern, anbeten, genießen sollen. Kehrt zurück zur Natur, ruft Wedekind wie Rousseau. Nur sieht er die

Natur noch viel enger als der Schweizer. Bei ihm nimmt sie die Gestalt der nackten Frau, nein, die des Frauenschoßes an. Gebt der Wahrheit die Ehre, macht euch los von den verlogenen sexuellen Konventionen, ruft er; und sieht gar nicht, daß diese Konventionen, das Geheimtun, die Verborgenheit des Sexuellen, die mit ihm verknüpfte Scham, aus welchen Regionen sie auch immer stammen mögen, doch in der Wirkung Mittel sind, um gerade das zu erreichen, was er so hoch preist: nämlich das letzte Zusammenkommen der Geschlechter zu würzen. Sähe er das, er würde uns warnen, mit diesem Geheimtun zu weit zu gehen, das Sexuelle zu überwerten, Unheil anzurichten, wie es seine jungen Menschen im „Frühlingserwachen" tun. Statt dessen drückt er uns zunächst auf die Stufe des Tieres herunter, das von seinem Trieb besessen wird. Nein, unter das Tier, bei dem doch die Brunst zeitlich beschränkt ist.

Wenn dieser Schritt vollzogen, tut er den entgegengesetzten. Er entdeckt die verkappte Religion des Geschlechtsverkehrs und schreibt ihr das Gebot: „Das Fleisch hat seinen eigenen Geist". Womit er sich, wie alle Hinterweltler, an seinem freudig bejahten Ziel, dem bedingungslosen Geschlechtsgenuß, schwer versündigt. Er rationalisiert ihn. Die Unbefangenheit und Unbekümmertheit, gerade das unbedacht Triebhafte, geht hoffnungslos verloren. Denn was ist das Zusammentreffen zwischen Mann und Frau? Unter anderem das Aufhören jedes Geistes, jedes Denkens, jeder Sorge, jedes Zieles. Es ist vielleicht nicht das Geringste am Liebesschrei, daß wir in ihm uns und die Welt, Gott und das All vollkommen vergessen, uns von allem befreien, was uns sonst beglückt und bedrückt. Wedekind aber, ein Pastor der verkappten Religion des Fleisches, geht hin und schreibt die zehn unmoralischen Gebote des Liebesgenusses, dessen Größe es gerade ist, daß er kein Gebot braucht. Er vernichtet die Frau, das Objekt seiner Anbetung, nachdem er sie auf die Vagina reduziert hat, sogar noch als Lustgefäß, indem er im Augenblick, wo der Normalmensch nur noch brüllt, sakkadiert hervorstößt: „Das — Fleisch — hat — seinen — eigenen — Geist." Deshalb endet dieser Hohepriester des Fleisches immer in der Tragikomödie; er traut seiner eigenen Philosophie nicht; nicht, weil sie unlogisch ist, sondern weil Zusammenkommen und Philosophie einander ausschließen. Ganz konsequent aus Wedekindschem Geiste gelangt sein Karl Hetman zur überlegten Rassezüchtung und in die Nähe der heroischen Hinterweltler, deren Verfahren irgendein französischer Windhund, ich glaube Prévost, einmal in dem schönen Satz bezeichnet hat, der am Beginn einer idealistisch-keuschen, rassezüchterischen Hochzeitsnacht fällt: Allons, Madame, donnons le jour à un jeune chrétien. Daß selbst eine Askese, die die Frau aus der Welt verdrängt, dem Geschlechtsgenuß nicht halb so feindlich ist, wie dieser Satz, bedarf kaum eines Beweises. Denn selbst die Askese erkennt ja Macht und Verlockung des Sexuellen an, erkennt sie so sehr an, daß sie vor ihnen in die einsamste Zelle und Höhle flieht. Der Wedekindsche Rassezüchterling hingegen benützt das Zusammenkommen nur als Mittel.

Natürlich ist es ganz verkehrt, Wedekind zum Vorwurf zu machen, daß er ein Immoralist sei, der die heranwachsende Jugend verderbe. Im Gegenteil, gerade, daß er ein Moralist ist, ein verkappt Religiöser, muß ihm künstlerisch und menschlich zum Vorwurf gemacht werden. Leute, die durch ihre offene Behandlung des Zusammenkommens Anstoß erregten, hat es immer gegeben und es sind nicht die kleinsten gewesen. Aber Boccaccio, Rabelais, Balzac sind keine Monomanen der Vagina. Sie machen keine verkappte Religion daraus, suchen im Weibesschoß keine neue Welt. Sie sind vielmehr ganz von dieser Welt. Neben dem Bett steht bei ihnen immer noch der Tisch; wenn sie lendenstramm sind, leisten sie dafür auch etwas im Fressen, Saufen, Schwatzen. Das Sexuelle isoliert sich bei ihnen nie, auch wo es das Hauptthema bildet, ganz wie es sich im Leben nicht isoliert. Bei ihren heutigen Nachfahren dagegen, bei den Schnitzler und Lavedan, welche Armut! Es kommt alles nur auf den einen Punkt an und selbst in dem entsteht infolge seiner Isoliertheit, weil ihm jeder Gegensatz fehlt, kein Humor, nicht einmal Witz. Der Baron Mikosch, die Wirtin an der Lahn sind Vollmenschen gegen den Sexualgenießer bei Wede-

10*

kind und Verwandten. Das Hohelied der Potenz, das sie anstimmen möchten, ist ein Versuch, durch verkappte Religion die Impotenz zu überwinden.

Bei Strindberg, Wedekinds Gegenpol, sieht die Frau ganz anders aus und doch empfindet man beide als Zwillinge. Bei Strindberg klaut die Frau fast regel- und zwangsmäßig des Mannes Ideen, seine männlichen Vorrechte; sie verdankt ihm die Rechtschreibung oder die Malerei; wenn sie ein Buch schreibt oder ein Bild malt, ist er es, der ihr die unfreundliche Kritik vom Leibe hält. Sie knausert im Essen, nascht natürlich reichlich von der Nachspeise, tratscht mit den Dienstboten, ist begierig, von ihnen Schlüpfriges zu erfahren, sie spuckt ihren Mann an und ohrfeigt ihn; daß sie ihn betrügt und sich vom Galan bezahlen läßt, ist selbstverständlich; aber das Biest macht ihm auch quälende Zweifel an der Vaterschaft seiner Kinder. Kurz, das Weib ist — und hier berührt sich der Frauenhasser Strindberg fast wörtlich mit dem Männerliebhaber Wilde — „ein Jüngling mit Zitzen auf der Brust, ein unausgereifter Mann, ein Kind, das aufgeschossen und im Wachstum stehen geblieben ist, ein chronisch-anämisches Wesen, das 13mal jedes Jahr regelmäßigen Blutsturz hat!“ Und trotzdem saugt dieses Wesen den Mann aus. Gehen sie auseinander, so spricht er eine Bitte um Verzeihung: „Verzeih mir, daß du mein Herz zerkratzt hast; verzeih mir, daß du mich entehrt hast; verzeih mir, daß ich sieben Jahre lang an den Alltagen für meine Schüler ein Gelächter war; verzeih mir, daß ich dich vom elterlichen Zwang befreit, daß ich dich von Tyrannei der Unwissenheit und des Aberglaubens erlöst, daß ich dich über mein Haus gesetzt, dir Stellung und Freunde geschenkt, dich aus einem Kind zum Weibe gemacht habe!“

Das alles heißt bei Strindberg pathetisch: „Der Kampf der Geschlechter“ und das Geschlecht ist ihm die Welt.

Man braucht sich nicht lange dabei aufzuhalten, daß jeder dieser Vorwürfe dem Mann von der Frau zurückgegeben werden kann; daß Strindberg so ungerecht und haltlos keift, wie das böseste seiner weiblichen Exemplare. Wichtiger ist, daß seine verkappte Religion dahin wirkt, daß er die wirkliche Tragik im Zusammenleben der Geschlechter nie sieht. Der Bajazzo Wedekinds vernichtet die Geschlechtslust, die er anstrebt, durch eine Elephantiasis philosophica; der Schwarzseher Strindberg tut ganz das selbe durch ganz das selbe Mittel mit der Geschlechtstragik. Denn die beruht ja im Gedankendiebstahl, in mangelnder Rechtsschreibung und malerischer Talentlosigkeit, in der Genäschigkeit der Frau ebensowenig wie im Wirtshaussitzen, der Großmannssucht und den Zigarettenetuis der männlichen Bevölkerung. Alle diese Dinge, so schwer sie bisweilen zu ertragen sind, machen keine Tragik, machen eher den Humor des Zusammenlebens aus, sind Würze. Erst weit jenseits von ihnen, erst dort, wo sie im wesenlosen Schein hinter Mann und Weib liegen, beginnt die wirkliche Tragödie. Sie ist kein Kampf der Geschlechter, sondern im Gegenteil das Nichtverschmelzenkönnen der Geschlechter. Ich bleibe ich und du bleibst du noch in der letzten Erfüllung und in der seligsten Hingabe. Die Geschlechtstragödie heißt nicht Haß, sondern Liebe. Sie aber hat der Hinterweltler Strindberg kaum je gespürt.

Was er gestaltet, ist nur die Komödie des Pantoffelhelden, ins Tragische gewandt. Und nicht einmal die ist ehrlich. Er fälscht; fälscht schamloser als die schamloseste Frau. Er hat ihr die Grammatik beigebracht; sie dankt ihm nicht dafür. Kann vorkommen. Aber nun fährt der Weiberhasser Strindberg fort: „Wie sie dann die Korrespondenz des Hauses übernahm, hörte ich auf zu schreiben; und kannst du dir das denken — nun habe ich aus Mangel an Übung im Laufe der Jahre die Grammatik hier und da vergessen." Die Grammatik seiner Muttersprache verwertet der Schwede August Strindberg als bewegliches, übertragbares Eigentum, das der eine nicht mehr hat, wenn es die andere hat. Wenn Frauen lügen, lügen sie wenigstens geschickter als dieser Wimmerbold.

Immerhin kann sich Strindberg darauf berufen, daß er auch Stücke ohne Geschlechterkampf geschrieben hat (allerdings sind die noch schlechter als die mit Geschlechterkampf).

Erst Otto Weininger blieb es vorbehalten, die verkappte Religion der Vagina zu vollenden und das Wesen des Weibes in Bezug aufs Weltganze, zur Menschheit und ihren höchsten Aufgaben, zu prüfen. Als echter Hinterweltler verbindet er mit dem Einzelproblem des Geschlechtsgegensatzes gleich noch diejenigen der logischen Kardinalfragen, der Theorie des Komischen, des Ästhetischen, der Ethik, der Heldenanbetung, der Genialität, der Unsterblichkeit, des Antisemitismus und einige andere. Aber er bleibt dabei, im Gegensatz zu Wedekind und Strindberg, vollkommen konsequent. Hatte Schopenhauer nur gesagt: Laßt euch nicht täuschen; das Weib ist des Mannes Vorstellung; die Sexualanziehung hängt nur dem Naturwillen, die Gattung zu erhalten, ein Mäntelchen um; so sagt Weininger geradezu: Das Weib ist die Schuld des Mannes. Durch diesen Begriff geschützt, behauptet er nicht, wie alle seine Vorgänger, die Minderwertigkeit; er behauptet die Unwertigkeit, die völlige Nichtigkeit der Frau. Und er bringt dafür alle alten Beweise in neuer Auflage und einige neue. Alle diese Beweise, so hirnverbrannt sie auch zunächst anmuten, haben etwas Richtiges. Mindestens ist kein Gegenbeweis zu führen. Wenn etwa Weininger, wie so viele andere vor ihm, die Unwertigkeit der Frau an dem Fehlen großer schaffender Künstlerinnen, Philosophinnen, Religionsstifterinnen aufzeigt, so ist es geschichtlich falsch und gedanklich flach, ihm zu erwidern, daß die genialen Künstlerinnen, Philosophinnen, Religionsstifterinnen schon noch kommen würden, wenn erst die geistige Ausbildung der Frauen häufiger geworden sei. Was ihm zu erwidern ist, ist der ganz hausbackene Satz, daß die Stärke der Frau als Frau offenbar auf diesen Gebieten nicht liegt, sondern auf anderen.

Und hier leistet nun Weininger das Eigentümliche jeder verkappten Religion, indem er von der Monomanie zur Elephantiasis übergeht. Es gelingt nämlich unschwer, alles, was wir gewöhnlich für weiblichen Vorzug und besondere weibliche Anlage halten, wie Hingabe, Mutterliebe, Schönheit, Liebe, Schamhaftigkeit, ja sogar die geistigen Interessen der Frau, deren empirisches Vorkommen er nicht leugnen kann, glatt in

Formen nicht etwa der Erotik, nicht einmal der Sexualität, sondern einfach des Koitus umzudeuten.

Im selben Augenblick, wo wir unseren Widerspruch gegen das Einzelne zurückstellend ganz ruhig zugeben, daß diese Deutung recht haben könnte, erweist sich, wie wenig sie eigentlich besagt. Denn sie kann die seelischen Phänomene, die sie deuten will, und ihre Wirkungen nicht aus der Welt bringen. Sie sagt nichts Neues und Erschütterndes, weil sie zu viel sagen möchte. Hingabe, Mutterliebe, Schönheit, Liebe, Schamhaftigkeit und geistige Interessen der Frau bleiben völlig, was sie sind; nur der Begriff des Koitus wird aufgebläht, bis er zerplatzt.

Der Hauptvorwurf Weiningers lautet aber, daß das Weib kein Verhältnis zum Erlebnis des Ich, zum Satz vom Grunde, zur Philosophie, zur absoluten, unter allen Verhältnissen gültigen, erdgelösten Wahrheit habe.

Man könnte ihm hier einwenden, daß, wenn er ein Verhältnis zu diesen Dingen habe, das ja durchaus nicht sein eigenes Verdienst sei; da er gar nicht die Wahl hatte, als Mann oder Frau auf die Welt zu kommen. Aber hier zeigt sich Weiningers Konsequenz. Er gibt zu, daß auch der Mann und sein Verhältnis zum Satz vom Grunde nebst Anhängseln nur kraft der Erbsünde, kraft des Verkehrs mit dem Weibe auf der Welt seien, und er zieht daraus die Folgerung, daß wir nun endlich mit dem Verkehr von Mann und Weib energisch aufhören müßten. Die Welt wird vernichtet; die Hinterwelt der reinen Idee, in die Weininger verliebt ist, besteht weiter.

Wenn die Frühchristen die selbe Forderung erhoben, taten sie es, weil sie gleichfalls als Hinterweltler begannen. Sie erwarteten, daß das Reich Gottes bald käme, und meinten, es lohne sich nicht mehr, sich mit der Sorge um Frau und Kind zu bepacken. Als dann dieser hinterweltlerische Zug verschwand, verbreiterte sich bezeichnenderweise die christliche Askese. Sie blieb nicht monoman, bezog sich nicht nur auf das Weib; sie versuchte ernsthaft, die ganze Welt nicht mehr einer Hinterwelt zuliebe, sondern der Überwelt zuliebe zu entwerten.

Bei Weininger, trotzdem er zur Stützung seiner Keuschheitsthese auch den heiligen Augustin heranholt, steht nichts von solcher Weltweite und nichts von Religion. Die Ausschaltung des Weibes und damit des Menschengeschlechtes geschieht bei ihm nicht dem Himmel zuliebe, sondern der logischen Philosophie zuliebe, deren Sätze ja bestehen bleiben, gleichviel, ob ein Mensch da ist, sie anzuerkennen.

Der Versuch, Weininger logisch oder biologisch in den Einzelheiten, soviel Anfechtbares dort auch steht, zu widerlegen, muß unfruchtbar bleiben aus dem einfachen Grunde, weil es sich hier um etwas weit Tieferes handelt als um Logik oder Lebenslehre. Weininger gesteht das einmal selbst zu an einem Punkte, der von seiner Monomanie nicht berührt wird. Als es sich darum handelt, Beweise gegen die Newtonsche Farbenlehre herbeizuschaffen, beruft er sich einfach auf das übereinstimmende Zeugnis von Goethe und Schopenhauer und meint, daß die Übereinstimmung zweier Genies vollkommen genüge, Newton mattzusetzen. Nur auch auf sich selbst wendet er den gleichen Schluß nicht an; denn er hätte dabei alle, die er sonst als groß ansieht, gegen sich. Die immanente Vernunft, der transzendente Menschenverstand ganzer Generationen, Dinge, die sonst seiner Denkweise als Beweismittel nahe genug liegen, übersieht er plötzlich, wo sie mit seiner verkappten Religion in Widerspruch geraten. Und noch mehr mußte er natürlich übersehen, daß er selbst erst den Maßstab — das Messen an der absoluten Idee — schafft, mit dem er die Frau zunichte macht. Es ist hier nicht die Rede davon, daß auch die meisten Männer kein Verhältnis etwa zu dem absoluten Satz $a = a$ gewinnen; Weininger gesteht das selbst zu und behauptet für den Mann nur die Möglichkeit dieses Verhältnisses, für die Frau dagegen die glatte Unmöglichkeit. Aber es fällt ihm nicht ein, nachzuprüfen, was denn dieser Satz selbst als Leben wert ist. Hätte er an diesen Nerv auch nur mit einem Gedanken gerührt, rühren können trotz seiner Monomanie, so hätte er sich vielleicht daran erinnert, daß es der Wille der Schöpfung sei, in der Frau ein Gegengewicht gegen das spintisierende und himmelstürmende

Element im Manne zu schaffen. Denn was wäre das Verdienst dieses Spintisierens und Stürmens, wenn es keine Gegengewichte mehr dagegen gäbe? Und vielleicht hätte er dann zugeben müssen, daß die Frau gerade in diesem Punkt dem Manne überlegen ist, indem sie ihm immer wieder ins Bewußtsein ruft, auf wie schwanken Füßen noch das Größte steht was ihm gelingen kann. Sie hat kein Verhältnis zum Satz A = A, das heißt so viel als: sie hat ein Verhältnis zu vielen anderen Dingen, die wir über dem Satz A = A, über dem Absoluten, dem wir nachtrachten, allzu leicht zu übersehen geneigt sind. Weininger ergeht es auf höherer Ebene ganz genau so wie Strindberg; er vernichtet nicht nur anarchistisch die Menschheit; er vernichtet sogar die Idee vom Mann, der wertlos würde, sobald er sich ganz frei in die Luft des Absoluten erheben könnte.

Schon an anderer Stelle habe ich einmal ausgeführt, wie es kommt, daß der Genitalapparat beim modernen Literaten so sehr in den Mittelpunkt rückt. Der Grund — ein Grund, der so einfach ist, daß er schwer erkannt und unerkannt wird — lautet einfach, daß der Literat zu wenig zu tun hat und zu wenig vom Leben kennt, als daß ihm nicht gerade das Menschlichste und Selbstverständlichste zum Problem werden sollte. Es ist der Mangel an Problemen und an Arbeit in der äußeren Welt, der das Sexuelle beim Literaten zum Problem erhebt. Im Sexuellen findet er den Stoff, der nicht bloß abstrakt und der doch ohne Sondererfahrung des Lebens und Berufes, an dem es ihm mangelt, zu behandeln und dabei der allgemeinen Teilnahme sicher ist.

XVI
Die Selbstzähmung der Widerspenstigen

Kein Mensch mit geraden Sinnen und gesunder Sinnlichkeit wird sich durch Strindberg, Weininger und Genossen von Liebe und Ehe, ihren Freuden und ihren Folgen, abhalten lassen? Strindbergs Theorie über den Geschlechterkampf, Weiningers Theorie über sexuelle Abstinenz als Erfüllung und letzten Aufstieg des Menschengeschlechts seien nicht nur unhaltbar, sondern auch vor der einfachen Wirklichkeit ganz unwichtig?

Aber Weininger ist ja auch Frauenrechtler. Zwar glaubt er nicht, daß die Frau jemals wirklich etwas schaffen könne; aber schon, daß die Frau, die geistig zu arbeiten versucht, abgelenkt wird vom Sexuellen, scheint ihm wichtig. Das Weib habe nur soweit einen Wert, als es seine Weiblichkeit abstreife, dem Manne sich nähere.

Und das ist nun genau die Theorie, von der die Frauenbewegung ausging und von der sie sich trotz aller Ableugnungen selbst heute noch nicht hat frei machen können; die sich emanzipierende Frau strebt noch immer Gleichberechtigung mit dem Manne an. Heute vielleicht nicht mehr, indem sie sich Zigarren und einen Stiftenkopf zulegt; sondern indem sie leitende Referentin in irgendeinem Sozialamt wird. Die Mittel sind andere geworden; das Ziel geblieben.

Damit aber ist die ganze Beweisführung Weiningers anerkannt; der Unterschied liegt nur in Grad und Ausdruck. Wenn Weininger sagt: es gibt keine weiblichen Geistesgrößen, so gibt die Frauenrechtlerin ihm ganz recht, indem sie spricht: es gibt n o c h keine weiblichen Geistesgrößen; aber wir werden es schon schaffen. Nicht für das bis zur blindesten Dummheit verliebte Weibchen hat der Mann und haben Männerrechte so viel Bezauberung und Gewalt wie für die emanzipierte Frau älteren Stils. Erst mit Beginn der Frauenbewegung hat der Mann die Frau ganz erobert. Die Widerspenstige, die nie ganz gezähmt werden konnte, zähmt sich plötzlich selbst.

Auch die Frauenbewegung strebt nach einer Hinterwelt, allerdings nach einer Hinterwelt mit ungewöhnlich bescheidenem Ziel. Denn hinter der Tapete steht hier nur — der Mann; der selbe Mann, den die nicht emanzipierte Frau zwar in einigen Dingen als überlegen anerkennt, den sie aber in anderen Dingen wegen seiner Hilflosigkeit und Schwäche bemitleidet und mütterlich schützt. Die letzteren Gefühle hat die emanzipierte Frau energisch gestrichen; erst sie ist dazu gelangt, im Manne nicht einen Gott, sondern glatt ein Idol zu sehen.

Erst weil sie gesunde Verachtung und liebendes Mitleid gegenüber ihrem Idol als Versündigung empfinden würde, gelangt die emanzipierte Frau dazu, von Dingen wie sexuelle Hörigkeit und sexuelle Krise zu sprechen. Sie übersieht dabei nicht nur, daß beide Ausdrücke, soweit sie überhaupt Sinn haben können, reziprok sind, Mann und Frau treffen; sie übersieht in ihrer Anbetung des Mannes auch das andere, daß jede sexuelle Hörigkeit jede sexuelle Krise immer nur zu zweit ausgefochten werden kann. Selbst wenn drei daran beteiligt sein sollten, können sexuelle Krisen und Hörigkeiten immer nur zu je zweit ausgefochten werden, im schlimmsten Fall muß sie eine oder einer allein mit sich ausmachen; niemals haben sie als Geschlechtsverhältnis soziale und politische Bedeutung. Die Schwäche der frauenrechtlerischen Mannesanbeterin liegt darin, daß sie diesen eigenen persönlichen Kampf nicht mehr auszufechten vermag und daß sie irrtümlich annimmt, andere, ihre Mitschwestern, der Staat, die Gesetze würden das für sie besorgen. Sie sucht echt weiblich Hilfe, wo die Unemanzipierte darauf vertraut, daß sie mit ihrer sexuellen Hörigkeit und wirtschaftlichen Abhängigkeit schon allein fertig werden, es dem Manne schon zeigen werde.

Frauenbewegung gilt als fortschrittlich, als demokratisch. Sie möchte, wie die gesamte Demokratie, den Erniedrigten und Beleidigten, in diesem Falle den Frauen, helfen. Merkwürdig ist nur, daß ihre Sachdarstellung und ihre Forderungen gerade auf die Wohlhabenden, nein, auf die Überreichen, zutreffen. Bei diesen, und nur bei diesen, läßt sich aus dem Verhältnis der

Ehe der Tisch und alles, was um ihn steht, streichen — so daß nur das Bett bleibt und sogar das Bett nicht einmal als Stätte zum Ausruhen, zum Kranksein, als allmorgendlich zu überwindender Widerstand gegen das Aufstehen, nicht mehr in seiner allgemeinen, sondern bloß in seiner besondersten Bedeutung. Sie, und nur sie, fordern den Ersatz der Lebensehe durch freie Liebe. Sich verschiedene Frauen oder verschiedene Männer neben- und nacheinander zu halten, dazu gehört Nichtstun, körperliche Pflege und ein wohlversorgtes Bankkonto. Der kleine Arbeiter oder Handwerker, der müde nach Hause kommt, verspürt wenig Lust, sich noch nach anderer Leute Frauen umzusehen; er ist froh, wenn ihm die eigene das Essen nicht hat anbrennen lassen. Den Armen bleibt kaum Zeit und Kraft genug für das eigene Gespons; nur die Wohlhabenden und Unabhängigen langweilen sich genug, um Harems- oder Bordellgelüste zu verspüren. Die Armen betrachten die Ehe nicht als Verengung der weiten Welt. Sie ist ihnen im Gegenteil die Einrichtung, die ihnen gestattet, sich auszuleben, nein, sogar auszutoben.

Noch deutlicher wird der Irrtum, wenn man die von der Frauenbewegung behauptete ökonomische Abhängigkeit der Ehefrau vom Manne betrachtet, die der Fortschritt beseitigen möchte. Wenn ein reicher Lebejüngling ein mittelloses Mädchen heiratet, so wird allerdings die arme Reiche beim ersten tieferen Gegensatz in der Ehe ihre Abhängigkeit sehr übel empfinden; der Reiche kann alles haben; er findet sogar, sollte die ökonomisch Abhängige einen Liebesstreik versuchen, sehr reichlich andere Arbeitswillige. Nur des armen Mannes arme Frau ist, solange die Welt steht, nie Spielzeug und nie abhängig gewesen. Sie war immer nicht nur des Mannes erster Mitarbeiter, sondern der koordinierte Direktor der anderen Abteilung und häufig sogar der Chef der ehelichen Firma. Die Frau im Haushalt ist vom arbeitenden Manne nicht abhängiger als ein Geschäftsinhaber vom anderen.

Eher könnte man sagen, der Mann sei von der Frau abhängig. Denn der Mann steht schlimmstenfalls an der einen

Vordertür des Hauses, durch die das Geld einkommt; die Frau aber hält Wache an den hundert Hintertüren, durch die es hinausgeht, und wehe dem Haus oder dem Manne, wenn dieser Posten nicht gut besetzt ist.

Schon der letzte Satz zitiert wörtlich Chesterton, der in seinem *What's wrong in the world* die Frauenbewegung in allen Einzelheiten untersucht. Er stellt dem spezialistischen, ja monomanen und besessenen Mann die Frau gegenüber als omnipotenten Autokraten in einem kleinen Reich, als die allumfassende Amateurin. Der Mann gibt im höchsten und schlimmsten Fall sein Bestes; die Frau gibt ihr Alles. Er vergleicht sie mit dem Feuer, das auch nicht einem oder zwei Zwecken, zum Wärmen oder zum Leuchten dient, sondern hundert Zielen und hundert Zwecken. „Wie vom Feuer erwarten wir von der Frau, daß sie kochen kann: nicht, daß sie sich im Kochen (wie ein spezialistisch geschulter männlicher Koch) hervortut, aber daß sie kocht; besser kocht als ihr Mann, der die Feuerung durch Botanikvorlesungen oder Steineklopfen verdient. Wie vom Feuer erwarten wir von der Frau, daß sie den Kindern Geschichten erzählt, nicht originelle und künstlerische Geschichten, aber Geschichten — besser jedenfalls, als sie wahrscheinlich ein erstklassiger Koch erzählen könnte. Wie vom Feuer erwarten wir von der Frau, daß sie leuchtet und erquickt, nicht in erstaunlichen Enthüllungen oder wildesten Gedankenstürmen, aber besser, wie ein Mann es kann, nachdem er Steine geklopft oder Vorlesungen gehalten hat. Aber wir dürfen nicht erwarten, daß sie etwas wie diese allumfassende Aufgabe aushalten kann, wenn sie zugleich die unmittelbare Grausamkeit von Wettbewerb und bürokratischer Arbeit aushalten soll. Die Frau muß ein Koch sein, aber kein Koch unter Wettbewerb; eine Lehrerin, aber keine Lehrerin unter Wettbewerb; ein Dekorateur, aber kein Dekorateur unter Wettbewerb; ein Schneider, aber kein Schneider unter Wettbewerb. Dies ist es, was wirklich von Anfang an durch die Abschließung oder selbst Unterdrückung der Frauen angestrebt wurde. Frauen wurden nicht zu Hause gehalten, um sie eng zu halten; im Gegenteil, sie wurden zu

Hause gehalten, um sie weit zu halten.“ Chesterton sagt dann weiter, daß er Frau Schmidt gern bemitleiden wollte, weil sie ungeheure und fast unerfüllbare Aufgaben hat, aber niemals darum, weil sie eine kleine, enge, unbedeutende und vermißquemte Aufgabe hätte.

Vorläufig verhindern der Radikalismus der Frauenbewegung, die Reste von verkappter Religion, die noch immer in ihr wirksam sind, die Frauen daran, wirklich radikale Forderungen zu stellen.

Aber hier erheben sich nun der praktische Mann und die praktische Frau und rufen: ja was soll denn mit den unverheirateten Mädchen geschehen? Wie sollen sie sich in dieser Welt durchschlagen, wenn nicht hinter der Schreibmaschine, in der öffentlichen Krankenpflege, im Modeatelier? Wir sind ganz bereit, zuzugeben, daß die Frau ihrem Wesen nach kein Berufsmensch, kein Spezialist, kein Monomane ist und sein sollte; aber sie muß es heute doch sein; bare Lebensnot zwingt dazu.

Ganz recht. Aber muß deshalb ein unnatürlicher und unerfreulicher Zustand in einen Fortschritt, nein, sogar zum Hinterweltlertum, als ob mit der „Auch-Versklavung“ der Frauen eine neue Welt anfinge, umgelogen werden? Berufsarbeit kann keiner guten Frau viel anhaben; im Gegenteil, sie mag dadurch gefördert werden — aber nur so lange, als wir alle und sie selbst uns das Gefühl dafür bewahren, daß nicht in der Spezialarbeit der Frau ihre große Aufgabe liegt. Wenn die Berufsarbeit der Frau gut tut, dann sicher nur soweit, als es uns allen gut tut, nicht immer nur so zu leben und das zu arbeiten, was wir möchten, zeitweilig Distanz von uns selber zu gewinnen. In einem Augenblick, wo die Frau so stolz wird auf ihre Berufsarbeit, wie irgendein dummer männlicher Spezialist, ja, vermöge ihrer viel eifrigeren Hingabe noch stolzer, geht dieser Vorteil weiblicher Berufsarbeit vollkommen verloren. Das Umlügen der Unerfreulichkeit in einen Fortschritt vernichtet sogar die bescheidenen Vorteile, die die Sache an sich ohne Zweifel haben kann.

Doch die Wirklichkeit ist noch ernster, praktischer, grausamer. Denn in Wirklichkeit bedeutet ja in 99 von 100 Fällen weibliche Berufsarbeit nicht etwa nur Berufsarbeit; sie bedeutet Berufsarbeit plus Haushalt. Daß die Seele der Frau im Beruf leidet, wie die alten ehrlichen Verteidiger des Haushaltes und der Weiblichkeit (bestehend aus den vier K: Küche, Kirche, Kindern, Krankenpflege) glauben, ist vielleicht gar nicht eine so furchtbare Gefahr. Daß jedoch ihr Körper leidet, wenn ihr zur Berufsarbeit noch die Hausarbeit aufgepackt wird, ist ganz sicher.

Soll nun deshalb alles bleiben wie heute?

„Das Weib", schreibt Friedrich Theodor Vischer in Auch Einer, „das Weib hat Zeit für den Kampf mit dem Racker Objekt, lebt in diesem Kampf, er ist ihr Element; ein Mann darf und soll keine Zeit hierfür haben, er braucht seine Geduld auf für das, was der Geduld wert ist." In diesem einfachen Satz steckt mehr Frauenverachtung als in dem ganzen Weininger und Strindberg. Hiergegen, gegen diese offene und populäre Meinung, daß die Frau gerade gut genug sei, die Kleinarbeit zu machen, für die der Mann sich zu gut ist, müßten sich sämtliche Frauenvereine zum Sturme erheben — und würden es auch tun, wenn sie vom eigenen Wert der Frau überzeugt wären, sich nicht auf Gnade und Ungnade dem männlichen Idol ergeben hätten. Sie würden fordern, daß der Frau gerade wegen der Größe und Allumfassendheit ihrer Arbeit jede nur denkbare Erleichterung im Kampf gegen die Tücke des Objekts zuteil werden müsse. Sie würden fordern — und werden es eines Tages, wenn die Frauenbewegung die letzten Reste von verkappter Religion losgeworden sein wird, auch tun — sie werden dann fordern, daß ihr eigenes Reich so leicht und bequem eingerichtet sein soll wie möglich. Statt Gleichberechtigung zu fordern, werden sie dann wirklich radikal Kohlenaufzüge in den großen Mietshäusern, vernünftige Heizungs- und Reinigungsanlagen, kurz möglichste Entlastung von den Dingen fordern, die nach Vischer der Geduld nicht wert sind. Und sie werden das tun in dem Gefühl nicht etwa, daß ihre Aufgabe zu klein, sondern, daß sie zu groß, zu universal sei. Und hier wird vielleicht wirklich etwas wie ein Geschlechterkampf entbrennen; nein: nicht wird; er entbrennt ja täglich in jedem Haushalt, in dem die Frau ihrem Manne auseinandersetzt, daß der alte Herd es nun nicht mehr tut, daß die Salonmöbel schreckliche Staubfänger sind, solange sie nicht anders bezogen werden, und daß der Wohnzimmerboden unbedingt neu mit Linoleum ausgelegt werden muß, wenn nicht jeden Morgen von neuem Putztag sein soll. Hier, im Kohlenaufzug und im Müllschacht, im Staubsauger und in der Warmwasserleitung, in der Kitchenette und im Linoleum, kurz in jeder möglichen Erleichterung der weiblichen Riesenarbeit liegt ein, soweit ich sehe, zugunsten der Gleichberechtigung ganz vernachlässigter Teil einer wirklich radikalen Frauenbewegung, die zweifellos unserem männlichen Schlendrian sehr unbequem werden wird, viel unbequemer jedenfalls, als die alte — weil sie so weiblich ist.

Vorläufig allerdings ist es so weit noch nicht. Vorläufig haben unsere Frauen gerade in der wichtigsten praktischen und sofort lösbaren Frage, die sie und sie besonders angeht, vollkommen versagt. Wir haben in Deutschland Frauenstimmrecht und weibliche Abgeordnete. Ich weiß einiges von dem, was diese letzteren geleistet haben. Ich will auch nicht sagen, daß es sich dabei nur um Leistungen handelt, die ebenso gut von männlichen Abgeordneten hätten ausgehen können, obwohl auch das zum Teil zutrifft. Bezeichnender ist, daß alle neuen Gesetze, die ihre Initiative weiblichen Volksvertretern danken, ganz genau so das „Anti" an der Stirn tragen wie die ihrer männlichen Kollegen, ja fast noch ausschließlicher. Die weiblichen Gesetze richten sich gegen die Ausbeutung von Heimarbeiterinnen, gegen die Prostitution, gegen die Geschlechtskrankheiten und manches Ähnliche; gewiß alles sehr dankenswerte Dinge. Aber für ihren weitesten und engsten Spezialbereich, für Erziehung und Bildung der Nachkommenschaft haben auch unsere weiblichen Abgeordneten nur auf Umwegen etwas getan.

Und doch liegt gerade hier das Gebiet, auf dem nicht mehr die einzelne Frau, sondern tatsächlich die Frauenbewegung ihre Ansprüche zu allererst anmelden müßte, ja das einzige Gebiet, das die Existenz einer Frauenbewegung, eines Zusammenschlusses von Frauen überhaupt rechtfertigt. Denn auf allen anderen Gebieten, im Sexuellen, Wirtschaftlichen, in der Lebenserleichterung erreicht ja die Frau als Einzelwesen viel mehr. Nur für die Schule als für eine öffentliche Angelegenheit hat ihr Zusammenschluß Notwendigkeit und Sinn. Hier hätte sie selbst dann, ja erst recht dann Sinn, wenn alle Mädchen heute noch Frauen und Mütter würden.

Gerade dann nämlich ist der frühere Zustand, daß der Mann im ausschließlichen Besitz der öffentlichen Rechte und ceteris paribus auch eines umfassenderen Wissens ist, vollkommen unhaltbar. Zu wenigen anderen Dingen gehört höhere Bildung des Herzens und des Kopfes als zur Erziehung von Kindern, und die wichtigsten Fragen, die in den Parlamenten verhandelt werden, greifen tief ins Leben der Familie ein. Der gute alte Konservative also, der die Frau in Universität und Parlament mit Hohnlächeln betrachtet (wobei unsicher bleibt, ob er nicht, wie der einfachste Büroangestellte, nur Konkurrenzangst hat), der Reaktionär macht sich ebenso lächerlich wie die Frauenrechtlerin selbst, wenn sie sich als gleichberechtigt ansieht. Nicht als Mannesanbeterin, sondern als Mutter von Kindern kann sie viel radikalere Forderungen stellen, als die Frauenbewegung es bisher wagt. Sie ist nicht gleichberechtigt, sondern für die Dinge, die sie von Natur angehen, die einzig zuständige im Haushalt wie im Staatshaushalt. In demselben Augenblick, wo sie sich von der verkappten Religion der Gleichberechtigung und der Hinterwelt der „freien Frau" loslöst, würde sie eigene Frauenuniversitäten fordern, auf denen der Stoff nach ganz anderen Gesichtspunkten gewählt und gelesen wird, als es auf den heutigen, von Männern gemachten und auf Männer eingestellten Universitäten der Fall ist.

Statt dessen tut die heutige Frauenrechtlerin genau das Umgekehrte. Sie begeistert sich für Schulreform in jederlei Gestalt. Mit anderen Worten, sie verläßt die Fahne; sie erlaubt dem Schulmeister, sie und ihre Geschlechtsgenossinnen zu verdrängen.

Sie läßt sich die Erziehung, eine ihrer bisherigen Prärogativen, einfach aus der Hand nehmen.

Die Gegner der Schulreform sehen ja nur selten, wo eigentlich der Einwand gegen die Bewegung und die Quelle ihrer eigenen Unlustempfindungen liegt. Sie sagen etwa gegen die Einheitsschule, daß diese alle fähigen Kinder zu Gelehrten und Bürokraten mache, allen anderen Berufen also die einigermaßen fähigen Kräfte entziehe. Sie klagen die Einheitsschule ferner der Schematisierung durch ein rein mechanisches Verfahren der Begabungsprüfung an. Aber die Anhänger der Einheitsschule haben es leicht, nachzuweisen, daß gerade die verbesserte Schule das Mittel sein soll, jede Begabung, ob auf geistigem oder künstlerischem Gebiet oder auf dem der Handfertigkeit, mit gleicher Liebe zu entwickeln. Und in der Tat liegt denn auch die wirkliche Gefahr der Einheitsschule wie der ganzen Schulreform an anderer Stelle: darin nämlich, daß durch sie die Schule überhaupt allmächtig wird.

Das äußert sich einmal darin, daß sie Prüfung und Titel noch wichtiger macht als bisher. Nein, nicht nur Prüfung und Titel, sondern sogar den Weg, auf dem diese Prüfung abgelegt, die Weise, in der dieser Titel erworben wurde. Seit Jahrzehnten arbeiten wir nun an der Schulreform herum und die Arbeit ist nach der Revolution ganz besonders heftig geworden. Näher gerückt sind wir dem einfachen Ziel, dem Tüchtigen freie Bahn zu bieten, soweit ich sehe, noch um keinen Schritt, eher ferner. Und doch wäre dieses Ziel ganz einfach zu erreichen, wenn man sich dazu entschlösse, es ernsthaft zu erstreben. Man brauchte dann nämlich nur auf den Nachweis des Weges, auf dem ein bestimmtes zu prüfendes Wissen erworben wurde, Verzicht zu tun. Man brauchte nur freie Prüfungen einzuführen, zu denen sich jeder stellen könnte, der Lust hat, eine bestimmte Berechtigung oder einen bestimmten Titel zu erwerben. Man brauchte sich nur zu entschließen, ihn, und das vielleicht sehr gründlich, nach seinen Kenntnissen auszufragen, ohne Bürgschaft auf Stempelpapier zu verlangen, wie er sie erwarb, und ohne den Apparat des Begabungslaboratoriums. Vorläufig scheint aber den Schulreformern mehr an der Erweiterung ihrer eigenen Macht und Stellung als an der Förderung der Tüchtigen zu liegen.

Sie allerdings sagen, daß ihnen an etwas anderem liegt: nicht nur an der Vermittlung eines bestimmten Wissens auf den Schüler, sondern an seiner Bildung zum Menschen.

Es ist leicht zu zeigen, warum diese edle Bemühung fruchtlos bleiben muß. Denn so viel auch auf dem Gebiet der Schule experimentiert, organisiert und geplant wird, so scheint doch keiner der vielen Reformer die Grundfrage auch nur zu sehen, geschweige denn zu beantworten; wo es ausnahmsweise jemand versucht, wird seine Antwort sicherlich von drei Vierteln seiner Kollegen mit Hohn abgelehnt.

Diese Grundfrage ist: was für Menschen, welche Menschenform wollen wir denn erziehen? Die Engländer wissen das. Sie wollen den Gentleman züchten und sie züchten ihn tatsächlich mit dem größten Erfolg. Wir Deutsche sind so bescheiden nicht — und eben deshab sind alle unsere Vorschläge zur Schulreform weit bescheidenr. Der eine fordert mehr deutschen Unterricht, der andere eine Verstärkung des naturwissenschaftlichen, der dritte möchte Griechisch auf keinen Fall fallen lassen und der vierte plädiert für Landerziehungsheime — alle mit guten Gründen. Alle diese Vorschläge sind jedoch nur ein Ausweichen vor der einen großen Frage, welche Menschenart denn das höchste Ziel der Erziehungsarbeit sein soll, ob Goethe oder Haeckel, Luther oder der heilige Franz, Wilhelm von Humboldt oder der vielsprachige Türsteher des Hotels Fürstenhof. Will man aber etwa darauf hinaus, daß jedes dieser Ideale seine eigene Schulform haben müsse, so können wir ganz ruhig bei dem alten Zustand bleiben, uns die unnütze Arbeit und Ausgabe einer großen Reform sparen.

Und hier ist nun der Ort, wo die Frau und ihre Bewegung einsetzen müßte, wenn sie nämlich eine Frauenbewegung, keine Männerbewegung wäre. Die Frauen nämlich, als die Berufensten, hätten Herrn Schulmeister Allmacht klarzumachen, daß sein Institut eine Einrichtung für Vermittlung des notwendigen

11*

Wissens sei und nicht eine moralische Anstalt. Daß sie das Moralische, soweit es sich nicht von selber versteht, ihren Kindern schon auf ihre eigene Weise beibringen würden. Hier aber wird die Frauenbewegung plötzlich zage; ihre eifrigsten Anhängerinnen werden sehr bequem und handeln hier wie Rousseau, der einen Erziehungsroman schrieb und gleichzeitig seine fünf Kinder ins Findelhaus schickte. Das beste Landerziehungsheim aber ist nichts anderes als ein Findelheim; eine ganz vorzügliche und humane Einrichtung — für arme Waisen, denen es natürlich nicht zugute kommt.

Die Jugend hat denn auch bereits aus dieser Drückebergerei der Frauenbewegung ihre Konsequenz gezogen und ihre eigene Jugendbewegung aufgemacht. Und das ist vielleicht das Traurigste an der Sache. Die traurigste Wirkung, die Strindberg, Weininger und Genossen im Verein mit anderen Strömungen angerichtet haben. Unter den unendlich vielen Bewegungen unserer Tage ist die „Jugendbewegung" die greisenhafteste, ganz verkappte Religion und Hinterweltlertum. Ihre Mitglieder, soweit sie gläubige Anhänger sind und nicht nur ganz praktisch die Bünde als Gelegenheit zur Anknüpfung von Freundschaften benutzen, zerstören sich auf die erfolgreichste Weise die eigene Jugend. Denn Jugend ist ja die Zeit des natürlichen Hinterweltlertums, des einzigen, das monoman und weltumfassend und doch zugleich kräftig und mutig ist. Jugend kennt nur die eigene Person, und hinter jeder Straßenkehre, hinter diesem Hügel und hinter jenem Wald liegt das Leben, das wirkliche, lebendige, machtvolle Leben, in das man bisher noch nicht so recht hineingekommen ist, das aber morgen, in einem Monat, in einem Jahr ganz bestimmt anfängt und dann dem Manne, mögen auch himmlische und höllische Heerscharen sich widersetzen, seinen Teil und einen möglichst großen Teil geben wird. Wer dies Gefühl der unbestimmtesten und doch gewissesten Erwartung, das nur ein Dichter gestalten, aber vielleicht jeder von uns auch in meinen armen Worten nachfühlen kann, nicht gehabt hat, der ist nicht mehr jung und wohl nie jung gewesen. Mit der Ausrottung dieses Gefühls gehen nicht nur Gefühlswerte verloren. Wer es mit 18 und 20 nicht hatte, wird mit 35 schwerlich etwas Überdurchschnittliches leisten.

Diese Ausrottung nun besorgt die Jugendbewegung auf das kräftigste. Sie begrenzt das Unbestimmteste und macht zugleich die felsenfeste närrische Gewißheit von 20 Jahren zu quälendem Zweifel und lähmender Auseinandersetzung. Wer ihr innerlich anhängt, glaubt nicht mehr, daß er morgen, spätestens übermorgen ein großer, noch nie dagewesener Mann sein wird, er ist viel bescheidener geworden, unjugendlich bescheiden. Er glaubt nicht an sich; er wälzt die Verantwortung und Hoffnung ab. Er glaubt an seine Generation. Er glaubt, daß mit seiner Generation die Welt erst beginne, wie der Greis glaubt, daß mit seiner Generation die Welt zu Ende sei.

Diese Erscheinung ist ziemlich allgemein und geht über den engen Kreis der Jugendbewegung weit hinaus. Tritt heute ein neuer Dichter auf, so beruft er sich nicht etwa ganz jugendlich und närrisch, aber sehr hoffnungsreich auf seine dichterische Größe und seine geniale Begabung. Nein, er fängt mit einer Entschuldigung an: er sei die Stimme seiner Generation. Dieses Verfahren entspringt der Angst. Einen Dichter kann man ablehnen. Wer will dagegen die Stimme einer Generation ablehnen?

Aber der Anhänger der Jugendbewegung übertrifft selbst dieses Verfahren noch. Er übertrifft sogar den Greis an Fatalismus. Er glaubt schon mit 20 Jahren an die Jugend an sich; er weiß, daß seine Jugend nicht lange dauern wird, daß andere nachrücken; er verlegt das bittere Erlebnis des Baumeister Solneß in den Anfang der 20; gleichviel ob er mit Spengler oder mit Blüher philosophiert, ob seine Hinterwelt Eros und Männerbünde oder Kulturverfall und Untergang des Abendlandes heißt.

Schuld des Krieges? Nein. Denn diese führt höchstens dazu, daß die Jugend sich früher und ausschließlicher an einen Brotberuf versklavt. Die Jugendbewegung aber hat lebhafteste Abneigung gegen jeden Beruf; sie möchte nur ihrer Berufung leben. Und das ist einer der Gründe, weshalb sie vorläufig Beruf und Berufung, vor allem aber das Jungsein vollkommen und beinahe hoffnungslos verfehlt.

Betrachtet man die verkappten Religionen, die durch Sozialismus, Abstinenz, durch Friedfertigkeit, durch Technik, durch die Lösung der „Sexualkrise", durch Frauenbewegung, Schulreform, Jugendbewegung und ähnliches eine neue Welt schaffen möchten, so ergibt sich, daß die neue Welt kleiner ist als die alte. Meist gibt sich die Flucht in die Zukunft politisch und geistig radikal. Aber sie ist es nicht. Der Sozialismus entdeckt ganz richtig, daß das selbständig und absolut gewordene Kapital den Menschen entmenschlicht, und geht dann hin, um den Industriearbeitern zu helfen statt den Menschen. Die Abstinenz kommt ganz einwandfrei darauf, daß Großstädte ungesunde Lebensgewohnheiten schaffen, und zieht den Schluß daraus, daß nicht etwa die Großstädte, sondern die Lebensgewohnheiten abgeschafft werden müßten. Sie bekennt sich, so radikal sie sich gebärdet, als unfähig, mit der Armut fertig zu werden. Ihr genügt es, wenn die Armut diskret und sauber ist. Der Pazifist kommt ganz richtig darauf, daß Kriege heute nichts als eine sinnlose Schweinerei sind, und redet uns dann zu, nicht etwa mit allen Kräften den Krieg abzuschaffen, sondern um Gottes Willen lammfromme Menschen zu werden. Die Technik rühmt sich der Wohltaten, die sie erweist, und führt doch vorläufig, von sich selbst besessen, die Menschheit noch tiefer in die Sklaverei der Zentralen. Die Anbeter des Carreau kommen ganz richtig darauf, daß Körperliebe eine schöne Sache ist und daß Sexualmoral häufig zur Sexualheuchelei führt ... und stellen im selben Augenblick eine verkappte Religion des Coitus auf, die Geschlechtslust wie Geschlechtstragik vernichtet. Die Frauenbewegung erkennt ganz richtig, daß die Frau ein armes, überbürdetes, ausgebeutetes Geschöpf ist ... und verarmt und überbürdet sie dann noch mehr, indem sie einen Notberuf zu einem Fortschritt umlügt. Schulreform sieht ganz richtig, welch ein Mißstand es ist, daß Wissenserwerb und Vorwärtskommen vom Geldbesitz abhängen und ist doch nicht mutig genug, sich von Stempelpapier, mindestens zwölf Schul- und drei Universitätsjahren loszumachen. Die Jugendbewegung endlich erforscht die Schönheit und Wichtigkeit des Jungseins so tief, daß sie darob zu Steinach geht.

Sollen wir deshalb, wie die heroischen Hinterweltler uns zureden, alles beim Alten lassen? Nein. Mag unser Wille tausendmal gebunden sein: wenn wir uns nicht mehr zutrauen, aus dieser Erde zu machen, was uns gut scheint, wird unser Leben eine sinnlose Plage. Mögen wir eine neue Welt und neue Menschen anstreben, so kühn und phantastisch wir immer wollen: nur auf das eine haben wir dabei zu achten, daß sie eine ganze Welt mit ganzen Menschen ist. Das geht nur durch Arbeit. Auf den Luxus der verkappten Religionen, auf die leichte Befriedigung des alleinseligmachenden Rezeptes, auf die Sucht, aus der Monomanie die Elephantiasis zu entwickeln, müssen wir dann Verzicht tun, und vielleicht führt uns dieser Versuch näher an eine schönere Welt heran als der Verzicht auf Alkohol, Kampf und persönliche Bewegungsfreiheit.

DRITTER TEIL
ZEICHENDEUTER UND FREIBEUTER

XVII
Das Unbewußte

Wenn wir die Betrachtung von Freuds Psychoanalyse an die Spitze der verkappten Religionen im engeren Sinn stellen, so folgen wir damit nur dem Brauch, der sich in der Mehrzahl neuerer Bücher über den Okkultismus eingebürgert hat. Psychoanalyse ist hier das Eingangstor.

Zugleich aber bietet sie uns Gelegenheit zu einer Rückschau auf die Mehrzahl der bisher behandelten verkappten Religionen. Absichtlich sind zur Rassenmystagogie, zur Zahlenmystik, zum Antisemitismus, zur Baconfrage und zu vielen ähnlichen Dingen Einzelbeispiele nicht gegeben worden. Denn dort wechselten alle Behauptungen und Beweisführungen fortwährend; diese Inkonsistenz macht es unlohnend, den Inhalt im Einzelnen zu betrachten. Hier, bei der Psychoanalyse, herrscht wenigstens in gewissen Grenzen Festigkeit der Behauptung und Beweisführung. Auch ist die Theorie in weitem Maße wissenschaftlich anerkannt; Leute, die vor der Rassenmystagogie und allem, was ihr anhängt, entsetzt flüchten, halten doch viel von der Psychoanalyse; Menschen, die Weiningers Monomanentum durchschauen, halten doch Freud für einen großen Entdecker.

Die allgemeinste Behauptung der Psychoanalyse besagt, daß unsere Seele sich in zwei große Reiche trenne: in das bewußte und in das unbewußte (oder wie mancher Anhänger Freuds mit wesentlich unklarerem Ausdruck sagt, das unterbewußte). Zwischen den beiden Reichen besteht die Beziehung, daß unangenehme und peinliche Erlebnisse, Eindrücke, Gedanken, Gefühle, Triebe aus dem Bewußten ins Unbewußte abgedrängt, „verdrängt" werden. Wird diese Verdrängung zu stark, umfaßt sie zu Lebenswichtiges, so wird der Mensch geistig und seelisch krank. Er kann geheilt werden, indem man durch ein besonderes Verfahren, eben die Psychoanalyse, das Verdrängte wieder ins Bewußtsein hebt, es ganz klar und verstandesmäßig faßbar macht. Der „Komplex" des Kranken zerfällt dann; er wird wieder gesund.

An den Erfolgen dieser Therapie in vielen Fällen zweifeln, soweit ich sehe, selbst ärztliche Gegner nicht. Und dennoch ist schon hier ein vorläufiger Einwand anzubringen, gegen die Vermischung von Äußerungen Normaler mit den Äußerungen Kranker, die sich in allen populären psychoanalytischen Arbeiten findet. Es ist ein fast stehender Satz: Um über dies oder das Problem Auskunft zu erhalten, müssen wir uns an die Neurosenlehre oder an die Erfahrungen bei Hysterie wenden. Äußerungen von Gesunden stehen überall hart und unvermittelt in den psychoanalytischen Schriften neben den Äußerungen Kranker. Das ist nicht nur ein wissenschaftlicher Kunstfehler. Es spricht sich vielmehr hier der Grundzug aus, daß eine Krankentherapie zur Weltanschauung erweitert wurde. Mit der Psychoanalyse als ärztlicher Wissenschaft würde dieses Buch nichts zu schaffen haben. Aber sie ist ja nicht nur ärztliche Wissenschaft, sie will ja nicht nur Krankheiten heilen, sondern das Wesen des Menschen neu erkennen. Sie ist, ob zugestanden oder nicht, eine Weltanschauung, nicht nur empirisch-wissenschaftlicher Befund und nicht nur medizinische Hypothese.

In seiner umfangreichen „Traumdeutung" beschreibt Freud an einem besonderen, begrenzten Objekt, dem Traum, das ganze Verfahren und seine Folgerungen. Er räumt auf mit der alten Auffassung: Träume sind Schäume. „Der Traum ist ein vollwichtiger psychischer Akt; seine Triebkraft ist allemal ein zu erfüllender Wunsch; seine Unkenntlichkeit als Wunsch und seine vielen Sonderbarkeiten und Absurditäten rühren von dem Einfluß der psychischen Zensur her, die er bei der Bildung erfahren hat ..."

Das Verfahren, wie man Träume deutet, beschreibt Freud so: Man läßt sich den Traum erzählen, hält die Traumerzählung schriftlich fest, fragt dann bei jedem einzelnen Stück des Traumes den Träumer, was ihm dabei einfalle: man gibt dem „freien Spiel nach beliebiger Assoziationsverkettung" Raum und stößt dabei früher oder später auf das, was der Traum eigentlich sagen sollte. Man gelangt dabei, wie Freud selber zugesteht, vom Hundertsten ins Tausendste. Aber das mache nichts, weil die Einfälle des Traumnacherzählers ebenso „determiniert" seien wie sein Traum selbst. Deshalb müsse man früher oder später auf den „Traumgedanken" stoßen, den der Traum ausdrücken wollte.

Freud spricht in dieser Beziehung gern von „ungewollten Vorstellungen". Aber es fragt sich, ob es sich wirklich um ungewollte Vorstellungen handelt. Auch bei einem bewegt hin und herspringenden Gespräch in größerer Gesellschaft gelangt man vom Hundertsten ins Tausendste und hier sind die Vorstellungen wirklich „ungewollt". Vor dem Psychoanalyten ist das kaum in derselben Weise der Fall. Gegenüber dem psychoanalytischem Interview setzt tatsächlich die Befangenheit und die Verdrängung ein. Wir werden später noch in einem bestimmten Fall sehen, wie wichtig der Unterschied ist.

Ganz lapidar verkündet Freud zunächst in der Überschrift seines dritten Abschnittes den Fundamentalsatz: „Der Traum ist eine Wunscherfüllung" und belegt diesen Satz mit einfachen Beispielen, in denen sich Wunsch und Erfüllung im Traum unverhüllt ausdrücken. Auf den weitergehenden Zweifel des Lesers, wie es denn komme, daß so viele andere Träume peinlichen und peinigenden Charakter haben, gibt er die schon unbestimmtere Antwort, daß der Traum die „(verkleidete) Erfüllung eines (unterdrückten, verdrängten) Wunsches" sei. Er gelangt so zur Unterscheidung zwischen „manifestem Trauminhalt" und „Traumgedanken", zwischen der realen Erscheinung des Traumes und dem, was der Traum uns wirklich sagen will. Zwischen beides schiebt sich nach Freud eine Zensurstelle aus unserem normalen Bewußtsein ein: die Zensurstelle gestattet nicht, daß Wünsche und Erfüllungen, die wir uns im wachen Bewußtsein als „unmoralisch" oder „peinlich" verbieten, unverhüllt in den Traum gelangen. Die Zensur zwingt den Traum oder die Wunscherfüllung, sich zu verzerren, unzusammenhängende, unklare, absurde Gestalt anzunehmen.

Schon durch diese einfache Zwischenschaltung, die noch durchaus klar und übersichtlich ist, verliert die erste Behauptung Freuds, „Der Traum ist eine Wunscherfüllung" sehr an Gewicht. Eine viel größere Gewichtsverminderung aber tritt dadurch ein, daß Freud nie die wirklichen Elemente, mit denen er arbeiten möchte, auseinanderhält; nämlich erstens, was wirklich geträumt wird; zweitens: was davon der Erinnerung bleibt; drittens, was der Träumer mit dem Gefühl äußerster Unzulänglichkeit und des Sich-nicht-deckens mit seinem wirklichen Traumerlebnis ins Bewußtsein hebt; viertens: was unter dem logischen Zwang des wachen Bewußtseins zur schriftlichen Fixierung kommt; und fünftens endlich: was der Deuter in den Traum hineinlegt, was er deutet. Was wir wirklich geträumt haben, wissen wir im Wachen selten ganz klar; bei dem Erinnerungsversuch bleibt uns fast immer ein ungelöster Rest, der beim Versuch des Erzählens als noch größer und vom wirklichen, ganzen Traumerlebnis als immer stärker abweichend empfunden wird. Versuchen wir gar schriftliche Fixierung, auch nur einigermaßen zusammenhängende Darstellung, so werden wir in den meisten Fällen das Gefühl nicht los, daß das, was da steht, etwas ganz anderes ist, als was wir im Traum erlebt haben, vom Traumerlebnis durch eine Welt von Gefühl geschieden. Dazu kommt dann, als ein rein Äußeres, die Deutung. Freud wirft alle diese fünf Stationen des Erlebnisses, Gefühls, Denkens nach Belieben durcheinander und bittet nur den Leser, genau zwischen manifestem Trauminhalt und Traumgedanken, zwischen Träumer und Deuter zu unterscheiden; was er selbst doch bei der Weiterentwicklung seiner Gedanken nicht immer klar tut. Zwar gibt er zu, „daß wir den Traum beim Versuch der Reproduktion entstellen". Aber das schade nichts; denn das In-Worte-fassen erfolge dabei nicht willkürlich, sondern nach ganz bestimmten Gesetzen: das Psychische sei bis in die kleinsten Einzelheiten determiniert; nicht einmal eine beliebige Zahl könne man sich einfallen lassen, ohne daß sie durch ein unbewußtes Erlebnis oder unbewußte Erlebnisse bestimmt sei. Aber die Tatsache, daß Freud nicht den Traum selbst, sondern unsere Nacherzählung davon deutet, daß seine Arbeit nicht an der ersten, sondern an der vierten Station ansetzt, bei einem ganz anderen Gebilde, als der Traum ist, schafft er mit aller Determinierung der Nacherzählung nicht aus der Welt, und es ist nur folgerichtig, wenn er an einer Stelle seines Buches gewissermaßen voll Unmut erklärt, auf den Traum komme es gar nicht an.

Aber erst die Betrachtung der Deutungswege, die Freud einschlägt, lehrt völlig, wie sehr sich unmerklich das ganze Problem verschoben hat.

Als Deutungswege gibt er im ganzen fünf an.

Erstens und zweitens kann jedes Traumelement im positiven oder im negativen Sinn genommen werden. Jedes Traumelement kann sich selbst und seinen Gegensatz bedeuten. Eine Versammlung, eine festliche Gesellschaft kann eine Versammlung und eine festliche Gesellschaft bedeuten; aber ebenso gut auch ihr eigenes Gegenteil: den Wunsch nach äußerster Geheimhaltung.

Drittens kann jedes Traumelement einer Erinnerung entsprechen.

Viertens kann es ein Symbol sein.

Fünftens kann es eine Wortanspielung sein.

Dazu kommen noch zwei andere Wege, die Freud nicht ausdrücklich aufführt, aber verwendet.

Sechstens nämlich gibt es Träume, die ganz klar einen versagten Wunsch darstellen und in denen die Methode, in den einzelnen Traumelementen den Trauminhalt festzustellen, aus ihnen die Deutung zu gewinnen, glatt versagt. Freud setzt einer Patientin an einem Tag auseinander, daß der Traum eine Wunscherfüllung sei; am nächsten Tag bringt sie ihm einen Traum, daß sie mit ihrer Schwiegermutter zum Landaufenthalt fahre, während sie sich in Wirklichkeit mit Erfolg gegen den gemeinsamen Aufenthalt gesträubt hatte. Der Traum macht diese erwünschte Lösung rückgängig und ist so der schärfste Gegensatz zu Freuds Lehre von der Wunscherfüllung. Wie erklärt sich das? Freud zieht einfach die Konsequenz aus dem Traum: die Patientin will nicht, daß Freuds Traumlehre recht haben soll; also träumt sie einen Tarum, der das Gegenteil einer Wunscherfüllung ist, also ist ihr Wunsch erfüllt, daß Freud unrecht hat. Sechstens also kann ein Traum, der einen Wunsch versagt (in Erweiterung der Gegensatzrelation), insgesamt, nicht nach seinen einzelnen Traumelementen, als Erfüllung eines anderen Wunsches gedeutet werden.

Und siebentens endlich kann (in Anlehnung an die Wortanspielung) auch das völlige Versagen des Traumerlebnisses und der Traumnacherzählung noch gedeutet werden. „Glossen über den Traum, anscheinend harmlose Bemerkungen zu demselben, dienen oft dazu, ein Stück des Geträumten in der raffiniertesten Weise zu verhüllen, während sie es doch eigentlich verraten. So z. B. wenn ein Träumer äußert: hier ist der Traum verwischt, und die Analyse eine infantile Reminiszenz an das Belauschen einer Person ergibt, die sich nach der Defäkation reinigt. Oder in einem anderen Fall, der ausführliche Mitteilung verdient. Ein junger Mann hat einen sehr deutlichen Traum, der ihn an bewußt gebliebene Phantasien seiner Knabenjahre mahnt. Er befindet sich Abends in einem Sommerhotel, irrt sich in der Zimmernummer und kommt in einen Raum, in dem sich eine ältere Dame und ihre zwei Töchter entkleiden, um zu Bette zu gehen. Er setzt fort: da sind einige Lücken im Traum, da fehlt etwas, und am Ende war ein Mann im Zimmer, der mich hinauswerfen wollte, mit dem ich ringen mußte. Er bemüht sich vergebens, den Inhalt und die Absicht jener knabenhaften Phantasie zu erinnern, auf die der Traum offenbar anspielt. Aber man wird endlich aufmerksam, daß der gesuchte Inhalt durch die Äußerung über die undeutliche Stelle des Traumes bereits gegeben ist. Die „Lücken" sind die Genitalöffnungen der zu Bette gehenden Frauen; „da fehlt etwas" beschreibt den Hauptcharakter des weiblichen Genitals. Er brannte in jenen jungen Jahren vor Wißbegierde, ein weibliches Genital zu sehen, und war noch geneigt, an der infantilen Sexualtheorie, die dem Weibe ein männliches Glied zuschreibt, festzuhalten."

Hier unterliegt also auch das einfach Nichtvorhandene der Deutung, ohne daß Freud darauf käme, daß er an ganz verschiedenen Stationen des Traumerlebnisses und der bewußten Traumnacherzählung herumarbeitet; daß vom Traume nicht mehr die Rede ist.

Wir haben also fünf — nein, mit Einrechnung der Assoziationskette sogar sechs — Stationen vom Traumerlebnis bis zur Traumdeutung und sieben verschiedene Deutungswege. Jede einzelne von diesen Stationen umfaßt schon für sich ein außerordentlich weites Gebiet; jeder einzelne von diesen Wegen könnte nicht nur einen Traum, sondern eine Welt deuten. Dabei erfahren noch die einzelnen Wege eine Erweiterung nach der anderen. Bei dem schon an sich fast unbegrenzten Gebiet der Wortanspielungen und Wortassoziationen genügt es Freud durchaus nicht, in einer Sprache zu bleiben; er zieht vielmehr nach Belieben zwei oder gar drei Sprachen heran. So kommen Gebilde zustande wie dieses: „Auf der Treppe spucken, das führte, da ‚Spucken' eine Tätigkeit der Geister ist, bei loser Übersetzung zum ‚esprit d'escalier'. Treppenwitz heißt so viel als Mangel an Schlagfertigkeit. Den habe ich mir wirklich vorzuwerfen. Ob aber die Kinderfrau es an ‚Schlagfertigkeit' hat fehlen lassen?"

Trotz aller Willkür, trotz der Heranziehung von zwei Sprachen, trotz der Gleichsetzung von Spucken mit Spuken, gelingt es ihm nicht, die Assoziation „dicht" zu machen. Deshalb muß zum Schluß einfach ein Gewaltmittel her, um die gesuchte Verbindung mit einer Kindheitserinnerung, mit der Kinderfrau herzustellen. Treppenwitz ist Mangel an Schlagfertigkeit. Auch hier genügen also die Deutungswege Freud noch nicht. Er behält sich vielmehr vor, jede Verbindung herzustellen, die ihm gut scheinen sollte. Es erinnert an die Schulaufgabe, mehrere Sätze mit ... zu bilden, wobei alles recht ist, wenn nur eben das betreffende Wort vorkommt.

Aber selbst mit dieser Erweiterung ist Freud noch nicht zufrieden. Er behauptet außerdem noch die Mehrdeutigkeit des Traumes. Ein Traum kann je nach der Deutung seiner Traumelemente ganz verschiedenen Inhalt offenbaren. Freud schiebt auch das auf den Traum selbst. Der Traum verfahre wie der Mann, der einen Kessel seinem Eigentümer beschädigt zurückgeliefert habe und dann behauptet: erstens habe er den Kessel unbeschädigt zurückgeliefert; zweitens habe der Kessel schon ein Loch gehabt, als er ihn bekam; drittens habe er überhaupt keinen Kessel erhalten — ohne sich um den Widerspruch zwischen den drei Behauptungen im geringsten zu kümmern. So verfahre auch der Traum und deshalb sei er mehrdeutig. Wir können auf sich beruhen lassen, ob der Traum so verfährt. Jedenfalls erweitert die Mehrdeutigkeit noch die ohnehin so breiten Deutungswege.

Bei sechs Traumstationen und sieben Deutungswegen, von denen schon jeder für sich beinahe unendlich breit ist, und einer Mehrdeutigkeit wird man schon rein theoretisch zur Einschränkung gedrängt. Freud selbst hatte seinen apodiktischen Satz „Der Traum ist eine Wunscherfüllung" schon auf den viel unsichereren eingeschränkt, daß der Traum die verkleidete Erfüllung eines unterdrückten, verdrängten Wunsches sei, wobei er allerdings vorsichtig die Unsicherheiten in Klammern setzte. Nach der Betrachtung der Stationen und noch mehr der Deutungswege ist man berechtigt, den Anfangssatz auf seinen Kern zurückzuführen. Dann lautet er nicht mehr: der Traum ist eine Wunscherfüllung; auch nicht verkleidete Erfüllung eines unterdrückten, verdrängten Wunsches. Er lautet einfach: Jeder Traum kann (bei sechs Traumstationen und sieben Deutungswegen) als die Erfüllung eines Wunsches gedeutet werden.

Damit aber ist der Anfangssatz Freuds nicht etwa erweitert und modifiziert, damit ist er einfach umgestoßen, zunichte gemacht. Denn nun erinnern wir uns plötzlich, daß ganz dieselben Deutungsmethoden, Deutungswege und ganz dieselbe Mehrdeutigkeit (die dort im einzelnen allerdings aus den vorerwähnten Gründen nicht dargestellt worden sind) in der Rassenmystagogie, in der Zahlenmystik, im Antisemitismus, bei Bacon, bei Weininger im Schwange waren. Und mit ganz demselben Ergebnis. Wie Freud nach seinem eigenen Geständnis über seiner Traumdeutung schließlich den Traum aus den Augen verliert, so sahen wir früher die Rassenmystagogen die Rasse, die Zahlenmystiker die Zahlen, die Antisemiten den wirklichen Juden, die Baconianer die Dramen, Weininger die wirkliche

Frau ganz aus den Augen verlieren. Die Methode der verkappten Religionen wird wichtiger als das, was sie zu erstreben vorgibt, und sie vernichtet, was sie erstrebt, durch die breite Beliebigkeit ihrer Deutungsversuche. Die Hinterwelt verschluckt die Welt, die Traumdeutung den Traum.

Überwältigend klar wird das erst in der Kasuistik. Hier müssen wir, wenn wir Freud selbst folgen wollen, alle Träume von Freud persönlich und von solchen Menschen, die die Psychoanalyse kennen und schätzen, von vornherein ausschalten. Denn wenn der Wunsch, daß die Freudsche Traumdeutung unrecht haben soll, schon Träume hervorrufen kann, die diesen Wunsch erfüllen, dann kann der umgekehrte Wunsch, daß sie Wahrheit sein soll, offenbar erst recht die passenden deutungsfähigen Traumgebilde erzeugen. Es wird daher gut sein, sich auf das Kapitel von den typischen, allgemein geträumten oder bekannten Träumen zu beschränken, obgleich diese gar nicht einmal die volle Willkürlichkeit, die durch Vermischung der Stationen und die verschiedenen Deutungswege erreicht werden kann, dartun.

Der erste und einfachste davon ist der Prüfungstraum, in dem man die ganze Angst einer Prüfung noch einmal durchlebt. Er scheint im schärfsten Gegensatz zur Wunscherfüllung zu stehen. Freud deutet ihn so: Nie träumen wir von einer unbestandenen Prüfung, immer nur von bestandenen. Und zwar dann, wenn wir vom nächsten Tage eine verantwortliche Leistung und die Möglichkeit einer Blamage erwarten. Der Traum bedeutet dann: Fürchte dich doch nicht vor morgen; denke daran, welche Angst du damals vor der Prüfung gehabt hast, und es ist dir doch nichts geschehen; du hast glatt bestanden.

Die Deutung ist außerordentlich einleuchtend.

Wenn dann aber Freud, allerdings unter Einschränkungen, einen anderen Psychoanalytiker anführt, der in weiterer Verfolgung des richtigen Freudschen Gedankens ein recht häufiges Auftreten der Prüfungsträume beobachtet haben will, „wenn eine sexuelle Erprobung für den nächsten Tag angesetzt ist, wo die gefürchtete Blamage also in der Entfaltung einer geringen Potenz bestehen könnte“, und für diese Theorie auf den Doppelsinn des Wortes „matura" (Reife) aufmerksam macht — dann müssen wir ihn nicht nur mit Freud darauf hinweisen, daß der im Deutschen Reich übliche Name Abitur „diesen Doppelsinn nicht bietet". Wir müssen ihn vor allem auf die elementare Tatsache aufmerksam machen, die er in mystagogischer Deutungslust ganz übersieht: daß nämlich Prüfungsträume auch bei Frauen vorkommen und daß ferner nicht jeder männliche Prüfungsträumer jeder sexuellen Erprobung mit Angst vor einer Blamage entgegensieht.

Noch deutlicher wird aber dieses Übersehen des Lebens an den Träumen vom Zahnausfallen oder Zahnreißen, die so allgemein vorkommen, daß jedes Traumbuch sie als Symbole äußersten Unheils deutet. Freud deutet sie auf Onanie. Wegen überraschend großer Widerstände sei ihm der Sinn der Zahnreizträume lange Zeit entgangen. „Endlich ließ die übergroße Evidenz keinen Zweifel daran, daß bei Männern nichts anderes als das Onaniegelüste der Pubertätszeit die Triebkraft dieser Träume abgebe. ... Rätselhaft mag es aber scheinen, wieso der ‚Zahnreiz' zu dieser Bedeutung gelangen kann. Ich mache hier auf die so häufige Verlegung von unten nach oben aufmerksam, die im Dienste der Sexualverdrängung steht ... der Sprachgebrauch tut dabei mit, indem er ‚Hinterbacken' als Homologe der Wangen anerkennt, ‚Schamlippen' neben den Lippen nennt, welche die Mundspalte einrahmen. Die Nase wird in zahlreichen Anspielungen dem Penis gleichgestellt; die Behaarung hier wie dort vervollständigt die Ähnlichkeit. Nur ein Gebilde steht außer jeder Möglichkeit von Vergleichung, die Zähne, und gerade dieses Zusammentreffen von Übereinstimmung und Abweichung (? ?) macht die Zähne für die Zwecke der Darstellung unter dem Drucke der Sexualverdrängung geeignet."

Auch die bare Unmöglichkeit zur Assoziation muß also noch einen, den achten, Deutungsweg hergeben. Nicht, weil die Zähne etwas mit der Unterpartie zu tun haben, bedeuten sie die Unterpartie, sondern gerade, weil auch der geübteste Assoziologe sie mit aller Bemühung zur Unterpartie nicht in Beziehung bringen kann.

Er kann es nicht? Wer das glaubt, unterschätzt Freud. Denn der bleibt von der Unmöglichkeit der Assoziation gequält und stellt schleunigst doch eine durch Wortanspielung her: „In unseren Landen existiert eine unfeine Bezeichnung für den masturbatorischen Akt: sich einen ausreißen oder sich einen herunterreißen." Zu Freuds Unglück werden aber die Zahnträume auch in anderen Ländern geträumt, wo man von diesen Tiefen folkloristisch-philologischer Forschung sicherlich keine Ahnung hat. Freud würde wohl sagen: Ja nun, dort bedeuten sie eben etwas anderes; er hat schon am Anfang darauf aufmerksam gemacht, daß sein Buch unübersetzbar sei. Aber dieses Argument hält dem Leben nicht stand, weil überall das Gebilde der Zahnträume dasselbe ist. Auch hier verliert die Deutung völlig ihr Objekt aus den Augen, wird monomaner Selbstzweck, verkappte Religion.

Beinahe alle neueren Beurteiler der Psychoanalyse werfen ihr die „sexuelle Monomanie" vor. Zum Teil aus „moralischen Gründen", die hier außerhalb der Sache liegen. Ihnen gegenüber hat Freud es leicht, sich auf seine Wissenschaftlichkeit zu berufen. Der entscheidende Einwand gegen die sexuelle Monomanie der Psychoanalyse geht denn auch in gerade umgekehrter, in, wenn man so will, „unmoralischer" Richtung. Wir sahen schon bei Wedekind, wie die Geschlechtslust als Weltanschauung schließlich die Geschlechtslust selbst zum Erliegen und zur Vernichtung bringt. Freud geht darin noch einen Schritt weiter.

Er erklärt z. B. die bekannten Fliegeträume als Erektionsträume mit der Begründung, daß „das merkwürdige und die menschliche Phantasie unausgesetzt beschäftigende Phänomen der Erektion als Aufhebung der Schwerkraft imponieren muß." Wenn ich nun Herrn Freud anflehe, mir zu glauben, daß das Phänomen der Erektion meine Phantasie durchaus nicht unausgesetzt beschäftigt, daß ich daneben auf dieser Erde auch noch einige andere Dinge zu tun habe, so wird er mir zweifellos streng erwidern: Ja, das glauben Sie; aber Ihr Unbewußtes weiß es anders. Aber zu seinem Unglück nimmt er ja auch mit der Behauptung, daß mich die Erektion als Aufhebung der

Schwerkraft beschäftige, d. h. mit der Deutung meines Unbewußten, mein waches Bewußtsein in Anspruch. Und da kann ich ihm allerdings nun bestimmt erwidern, daß, wie stark ich auch immer an der Erektion interessiert sein mag, sie mich doch nie und unter keiner Bedingung physikalisch, als Aufhebung der Schwerkraft, interessiert. Ihr Interesse für mich, für einen gesunden, normalen Menschen besteht gerade darin, daß sie auch viel wichtigere „Interessen", als das an der Schwerkraft, vollkommen aufhebt. Ja, gerade darin, daß sie alle Interessen aufhebt. Bei Wedekind endete das Sexuelle in der Vernichtung der Lust, bei Freud endet es — und das ist das Unterscheidende und Gesteigerte seiner Monomanie — in vollkommener Blödigkeit und innerer wie äußerer Bedeutungslosigkeit. Man sollte meinen, daß in seinen sexuellen Deutungen alle starken Geschlechtstriebe zutage kämen, die wir uns versagen: der ganze Marquis de Sade bis zum Lustmörder und der ganze Sacher Masoch, die zweifellos in jedem Menschen stecken und sich nicht austoben dürfen. Statt dessen kommen bedeutungslose, kleine und erweislich falsche Dinge zutage, wie, daß einen Träumer die Erektion als aufgehobene Schwerkraft und eine Träumerin der geträumte See als Fruchtwasser beschäftigt: Dinge, die nicht größer, sondern die sämtlich viel kleiner sind, als die bewußte, wenn auch nicht gerne eingestandene Wirklichkeit, daß in uns allen ein Stück Lustmörder oder Prügelknabe verborgen ist.

Auf diesem Weg gelangt Freud, obgleich unter erheblichen Selbstwiderständen, die er aber mannhaft verdrängt, tatsächlich zu einem sexuellen Traumcode. Kaiser und Kaiserin, König oder Königin gleich den Eltern des Träumers; Prinz oder Prinzessin er oder sie selbst. — Alle länglichen Gegenstände, Stöcke, Baumstämme, Schirme (des der Erektion vergleichbaren Aufspannens wegen!), alle länglichen und scharfen Waffen, Messer, Dolche, Piken gleich dem männlichen Glied. — Dosen, Schachteln, Schränke, Öfen gleich dem Frauenleib; Zimmer gleich Frauenzimmer; bestätigt durch die Schilderung ihrer verschiedenen Eingänge und Ausgänge, durch das Interesse daran, ob das Zimmer „offen" oder „verschlossen" ist; durch die sehr durchsichtige Schlüsselsymbolik. — Wanderung durch eine Flucht von Zimmern gleich Bordell oder Harem. — Treppensteigen gleich Geschlechtsakt, wegen der rhythmischen Bewegung, Tonleiter gleich ibidem. — Tische, gedeckte Tische, Bretter gleich Frauen, wegen des Gegensatzes, der die Körperwölbungen aufhebt; in Tisch und Bett gleich Ehe das verfängliche Bett durch den unverfänglichen Tisch ersetzt. — Frauenhut gleich männliches Genitale; ebenso Kravatte, weil sie lang herabhängt. — Landschaft mit Brücke gleich Koitus. — Kinder gleich Genitalien. — Luftschiff gleich Penis.

Ganz falsch, etwa gegen Freud einzuwenden, daß solche Deutungen unsinnig und an den Haaren herbeigezogen seien. Falsch, etwa an ihn die Scherzfragen zu richten, was denn die Deutung des Querbinders oder des unstarren Luftschiffes sei. Freud hat ganz recht damit, daß sich beinahe jedes Ding als Stellvertretung für den zu vermeidenden Sexualausdruck herleiht. Wer eine Probe machen will, höre ein Dutzend Couplets in einem Tingeltangel. Der Unterschied und die Harmlosigkeit des zotigsten Tingeltangels gegenüber Freud beruht in einem einzigen Umstand. Wenn ich am Sonntagabend die Chanteuse den süßen kleinen Hammer, den Klopfgeist, das Uhr-aufziehen erwähnen höre, dann weiß ich, was diese Dinge bedeuten. Warum? Weil ich es nach Ort und Person nicht anders erwarten kann: der Reiz dieses Ortes und dieser Person (falls sie welche haben) beruht nicht auf dem Sexuellen an sich, sondern darauf, daß ich es herauskriege, es deute. Das verhindert mich nicht, am Montagmorgen aus einem Deuter wieder ein normaler Mensch zu werden und Uhr und Hammer als das anzusehen, was sie sind. Freud hat keinen Montagmorgen. Er ist besessen davon, daß er, soweit er Psychoanalytiker ist, hinter jedem Ding immer das andere Ding sehen muß.

Erinnert man sich nun, daß das hier Angeführte nur ein Teil des Codes ist, daß dieser Teil nur einem — dem symbolischen — der sieben Deutungswege angehört, dann wird man allerdings Freud unbedingt zustimmen müssen, daß „keine Anknüpfung ...

zu locker, kein Witz zu verwerflich" sei, selbst wenn man das hübsche Beispiel von Wortassoziation, das den Traum einer italienischen Reise auf dem einfachen Wege „gen Italien gleich Genitalien" deutet, nicht kennt; nur daß es die Anknüpfung und der Witz des Deuters sind; nur daß er wieder nicht Traumelemente, Erinnerung, stammelnde Nacherzählung, bewußte Niederschrift, Assoziationen und Deutung auseinander hält.

Was ist nun nach Freud das Ergebnis der Traumdeutung? „Es ist wirklich nicht leicht, sich von dem Reichtum an unbewußten, nach Ausdruck ringenden Gedankengängen in unserem Denken eine Vorstellung zu machen und an die Geschicklichkeit der Traumarbeit zu glauben, durch mehrdeutige Ausdrucksweise jedesmal gleichsam sieben Fliegen mit einem Schlag zu treffen wie der Schneidergeselle im Märchen. Der Leser wird immer geneigt sein, dem Autor vorzuwerfen, daß er seinen Witz überflüssig vergeude; wer sich selbst Erfahrung erworben hat, wird sich eines Besseren belehrt finden."

Das ist, in zurückhaltenderer Form und auf verwandtem Gebiet, ganz dieselbe Ansicht, die wir die Handdeuterin, Frau Naval, am Ende ihres Buches aussprechen hörten: daß nämlich die „Regeln" durch Instinkt (Bleuler, Freuds Kampfgenosse, braucht das Wort „Flair") und durch Erfahrung ergänzt und zusammengeschlossen werden müßten. Nur daß Freud, weit unklarer als seine Kollegin, dem Traume selbst zuschiebt, was doch erst seine Deutungsarbeit bewirkt: sieben Fliegen mit einem Schlage zu treffen.

Wir sind, genau betrachtet, mit diesem Eingeständnis Freuds so weit, wie wir am Anfang waren. Immer haben die Menschen geahnt, daß es mit dem „Träume sind Schäume" seine Richtigkeit nicht haben könne, daß der Traum irgendwie tiefer in unserer Existenz verankert sein müsse. Freud selbst führt dafür aus der Literatur reichliche Beispiele an; er führt sogar einen direkten Vorgänger an, die Erzählung „Phantasien eines Realisten" von Lynkeus. Auch Lynkeus behauptet wie Freud, daß der Traum immer Sinn habe, daß er bei einiger Aufmerksamkeit von dem Träumer selbst wohl immer gedeutet werden könne;

daß der Traum ein sinnvoller Akt sei, denn es sei ja immer derselbe Mensch, ob wachend oder träumend. Warum trotzdem die Deutung meist nicht gelingt? „Es scheint bei Euch", antwortet Lynkeus wie Freud, „etwas Verstecktes in den Träumen zu liegen, etwas Unkeusches, eigener und höherer Art, eine gewisse Heimlichkeit in eurem Wesen, die schwer auszudenken ist . . ."

Wir glauben Lynkeus ohne weiteres. Woher kommt es, daß wir Freud nur in Einzelheiten Glauben schenken? Es kommt daher, daß Lynkeus der Ahnung, die hier einzig zuständig ist, ihr Recht läßt, wogegen Freud sie vergewaltigt und nur dort zu haltbaren Schlüssen kommt, wo er seine eigene Theorie, alle seine Anspielungen, seinen ganzen Witz vergißt, wie in der allgemeinen und zutreffenden Erklärung der Prüfungsträume, die er aber im nächsten Augenblick schon wieder durch rationalistische Überdeutung selbst zerstört.

Es bleibt ihm natürlich ein allerdings nur verhältnismäßig schüchtern angedeuteter Ausweg. Wenn die Traumdeutung sich durch ihren Rationalismus selber zerstört, wie kommt es dann, daß ihre Anwendung bei der Heilung gewisser Krankheiten zweifellos Erfolg hat? Wir werden am Schluß dieses Abschnittes uns mit der Zuflucht zur Therapie noch befassen, soweit es einem Nichtmediziner möglich ist; für jetzt wollen wir uns einer Seite der Psychoanalyse zuwenden, die mit Krankheiten und halbdunklen Zuständen, wie dem Traum, nichts zu tun hat und die etwa in Freuds „Psychopathologie des Alltaglebens" formuliert ist.

Alles, was an Freud genial ist, hat an diesem Buch mitgeschrieben. Sein Ziel ist der Erweis, daß die kleinen, scheinbar zufälligen Aktionen des wachen Tages, wie das Vergessen, Versprechen, Verlesen, Verschreiben, Vergreifen, in Wahrheit nicht so zufällig sind, sondern tiefer mit unserem Wesen verbunden, als wir ahnten. Freud ist hier beinahe zu bescheiden, wenn er die „Banalität" der Arbeit rechtfertigt.

Das Buch hat nur vor, „das Alltägliche zu sammeln und wissenschaftlich zu verwerten". „Ich sehe nicht ein", schreibt

Freud mit einer schönen Unbefangenheit, die ihm leider sonst fremd bleibt, „weshalb der Weisheit, die Niederschlag der gemeinen Lebenserfahrung ist, die Aufnahme unter die Erwerbungen der Wissenschaft versagt sein sollte."

Jeder mittelmäßig Begabte kann ein interessantes und reizvolles Buch mit einigen richtigen und selbst tiefen Erkenntnissen schreiben, wenn er sich die ganze Weltgeschichte dafür zur Verfügung stellt; aber wenn jemand aus den alltäglichsten und bekanntesten, am wenigsten beachteten Handlungen des Werktages Erkenntnisse und Interesse zu ziehen weiß, so werden wir ihm Achtung und vielleicht selbst Liebe kaum versagen können.

Nur daß Freud, der in diesem Buch im einzelnen außerordentlich fesselnd ist, auch hier in seiner verkappten Religion befangen bleibt. Er will zugleich zu wenig und zu viel. Zu wenig, denn er sagt ganz richtig, daß die kleinen Dinge des Alltags sicherlich irgendwo in unserer Natur verankert, daß sie nicht zufällig sind. Aber er vergißt, daß sie nie e i n e n Grund, nein, daß sie tausend Gründe haben. Und daß die Deutung, die er gibt, wieder nachträglich ist. Es ist ganz richtig: Wenn ein Soldat „vergißt", seine Uniformknöpfe blank zu putzen, so drückt sich darin unter anderem sicherlich die „Verachtung des elenden Gamaschendienstes" aus; das Vergessen ist nicht „zufällig". Aber Freud vergißt, und diesmal ganz ernstlich, daß sich noch tausenderlei andere Dinge darin ausdrücken können wie ein Rendez-vous und ein zu lange ausgedehnter Kneipabend. Minder richtig ist es schon, wenn er auch Fälle von Zerbrechen, z. B. irgendeines kostbaren und scheinbar hochgeschätzten Gegenstandes auf irgendeine nur halbbewußte Abneigung zurückführt sodaß in der Zerstörung des Gegenstandes die Abneigung und der Wille, ihn durch einen neuen zu ersetzen, zum Ausdruck kommen. Hier kann der Zusammenhang so sein, daß man nachträglich sich zum Trost sagt: Nun, es war schließlich nicht schade um das alte Ding; es ist gut, daß einmal etwas Besseres und Passenderes herkommt. Nie ist hier ganz sicher zu entscheiden, welcher der tausend Gründe der maßgebende war. Auch der Soldat, der seine Knöpfe nur einem Rendez-vous oder

Kneipabend zuliebe zu putzen vergißt, flucht ganz sicher auf den „elenden Gamaschendienst“ — hinterher, wenn er im Loch sitzt, zum Trost.

Und Freud will auf der anderen Seite zu viel. Er will die Sache — wie sagt man? — restlos aufklären. „Eine junge Frau bricht sich bei einem Wagenunfall die Knochen des einen Unterschenkels, so daß sie für Wochen bettlägerig wird, fällt dabei durch den Mangel an Schmerzensäußerungen und die Ruhe auf, mit der sie ihr Ungemach erträgt. . . . In der Behandlung erfahre ich die Nebenumstände des Unfalles. Die junge Frau befand sich mit ihrem schwer eifersüchtigen Mann auf dem Gut ihrer verheirateten Schwester in Gesellschaft ihrer zahlreichen übrigen Geschwister und deren Männer und Frauen. Eines Tages gab sie in diesem intimen Kreise eine Vorstellung in einer ihrer Künste: sie tanzte kunstgerecht Cancan unter großem Beifall der Verwandten, aber zur geringen Befriedigung ihres Mannes, der ihr nachher zuzischelte: Du hast dich wieder benommen wie eine Dirne. Das Wort traf; wir wollen es dahingestellt sein lassen, ob gerade wegen der Tanzproduktion. Sie schlief die Nacht unruhig; am nächsten Vormittag begehrte sie eine Ausfahrt zu machen. Aber sie wählte die Pferde selbst, refüsierte das eine Paar und verlangte ein anderes. Die jüngste Schwester wollte ihren Säugling mit seiner Amme im Wagen mitfahren lassen; dem widersetzte sie sich energisch. Auf der Fahrt zeigte sie sich nervös, mahnte den Kutscher, daß die Pferde scheu würden, und als die unruhigen Tiere wirklich einen Augenblick Schwierigkeiten machten, sprang sie im Schrecken aus dem Wagen und brach sich den Fuß, während die im Wagen Verbliebenen heil davon kamen.“ Freud hält diesen „Zufall“ und „Unfall“ für eine Selbststrafe, Selbstbeschädigung, Veranstaltung. Selbst wenn wir die Frage offen lassen, ob nicht das Gefühl, gerecht bestraft zu sein, erst hinterher von der Frau hineingedeutet wurde und zur Nervenerkrankung führte, so müssen wir es doch Freud danken, daß er uns auf eine Seite des Falles aufmerksam gemacht hat, die wir sonst meist übersehen.

Wenn er dann aber „nicht versäumen will, die Geschicklichkeit zu bewundern, welche den Zufall nötigte, die Strafe so passend für die Schuld auszuwählen; denn nun war ihr das Cancantanzen für längere Zeit unmöglich gemacht", dann sehen wir plötzlich statt eines Psychologen und Menschenergründers den triumphierenden Deuter, der alles verflacht, dem noch das letzte I-tüpfelchen an der Sache so klar ist wie entkeimtes Wasser. Die Deutung hat nicht, wie die meisten Gegner Freuds zu glauben scheinen, gegen sich, daß sie Unsinn und Blödsinn sei. Im Gegenteil: wie alle verkappten Religionen und Hinterweltler hat Freud zu viel Verstand; ein überscharfes, ganz ungehemmtes Hirn, das Körper und Welt restlos aufarbeitet, und das man sonst nur bei gewissen Formen monomanen Wahnsinns trifft.

Aber Freud bringt auch Beispiele, in denen der triumphierende, losgelöste Rationalismus so leicht nicht zu durchschauen ist. Wenigstens eines, das verblüffendste von ihnen, sei hier zugleich als Probe der ganzen Methode wiedergegeben. Freud erzählt: „Im letzten Sommer erneuerte ich ... die Bekannschaft eines jungen Mannes von akademischer Bildung, der, wie ich bald merkte, mit einigen meiner psychologischen Publikationen vertraut war. Wir waren im Gespräch ... auf die soziale Lage des Volksstammes gekommen, dem wir beide angehören und er ... erging sich in Bedauern darüber, daß seine Generation ... ihre Talente nicht entwickeln könne. Er schloß seine leidenschaftlich bewegte Rede mit dem bekannten Vergilschen Vers, in dem die unglückliche Dido ihre Rache an Aeneas der Nachwelt überträgt: Exoriare ..., vielmehr er wollte so schließen; denn er brachte das Zitat nicht zustande und suchte eine offenkundige Lücke der Erinnerung durch Umstellung von Worten zu verdecken: Exoriar(e) ex nostris ossibus ultor! Endlich sagte er geärgert: „Bitte, machen Sie nicht ein so spöttisches Gesicht, als ob Sie sich an meiner Verlegenheit weiden möchten, und helfen Sie mir lieber. An dem Vers fehlt etwas. Wie heißt er eigentlich vollständig?"

Gerne, erwiderte ich und zitierte, wie es richtig lautet: „Exoriar(e) aliquis nostris ex ossibus ultor!"

„Zu dumm, ein solches Wort zu vergessen. Übrigens von Ihnen hört man ja, daß man nichts ohne Grund vergißt. Ich wäre doch zu neugierig, zu erfahren, wie ich zum Vergessen dieses unbestimmten Pronomen aliquis komme."

Ich nahm diese Herausforderung bereitwilligst an, da ich einen Beitrag zu meiner Sammlung erhoffte. Ich sagte also: Das können wir gleich haben. Ich muß Sie nur bitten, mir aufrichtig und kritiklos alles mitzuteilen, was Ihnen einfällt, wenn Sie ohne bestimmte Absicht Ihre Aufmerksamkeit auf das vergessene Wort richten.

„Gut, da komme ich also auf den lächerlichen Einfall, mir das Wort in folgender Art zu zerteilen: a und liquis."

Was soll das? — „Weiß ich nicht." — Was fällt Ihnen weiter dazu ein? — Das setzt sich so fort: Reliquien, Liquidation — Flüssigkeit — Fluid. Wissen Sie jetzt schon etwas?"

Nein, noch lange nicht. Aber fahren Sie fort.

„Ich denke", fuhr er höhnisch lachend fort, „an Simon von Trient, dessen Reliquien ich vor zwei Jahren in einer Kirche in Trient gesehen habe. Ich denke an die Blutbeschuldigung, die gerade jetzt wieder gegen die Juden erhoben wird, und an die Schrift von Kleinpaul, der in all diesen angeblichen Opfern Inkarnationen, sozusagen Neuauflagen des Heilands sieht."

Der Einfall ist nicht ganz ohne Zusammenhang mit dem Thema, über das wir uns unterhielten, ehe Ihnen das lateinische Wort entfiel.

„Richtig. Ich denke ferner an einen Zeitungsartikel in einem italienischen Journal, den ich kürzlich gelesen. Ich glaube, er war überschrieben: Was der hl. Augustinus über die Frauen sagt. Was machen Sie damit?"

Ich warte.

„Also jetzt kommt etwas, was ganz gewiß außer Zusammenhang mit unserem Thema steht."

Enthalten Sie sich gefälligst jeder Kritik und —

„Ich weiß schon. Ich erinnere mich eines prächtigen alten Herrn, den ich vorige Woche auf der Reise getroffen. Ein wahres Original. Er sieht aus wie ein großer Raubvogel. Er heißt, wenn Sie es wissen wollen, Benedikt."

Doch wenigstens eine Aneinanderreihung von Heiligen und Kirchenvätern ...

„Jetzt fällt mir der heilige Januarius ein und sein Blutwunder — ich finde, das geht mechanisch so weiter."

Lassen Sie das; der heilige Januarius und der heilige Augustinus haben beide mit dem Kalender zu tun. Wollen Sie mich nicht an das Blutwunder erinnern?

„Das werden Sie doch kennen? In einer Kirche zu Neapel wird in einer Phiole das Blut des heiligen Januarius aufbewahrt, welches durch ein Wunder an einem bestimmten Festtage wieder flüssig wird. Das Volk hält viel auf dieses Wunder und wird sehr aufgeregt, wenn es sich verzögert, wie es einmal zur Zeit einer französischen Okkupation geschah. Da nahm der kommandierende General — oder irre ich mich? war es Garibaldi? — den geistlichen Herrn beiseite und bedeutete ihm mit einer sehr verständlichen Gebärde auf die draußen aufgestellten Soldaten, er hoffe, das Wunder werde sich sehr bald vollziehen; sonst ..."

Nun und weiter? Warum stocken Sie?

„Jetzt ist mir allerdings etwas eingefallen. ... Das ist aber zu intim für die Mitteilung. Ich sehe übrigens keinen Zusammenhang und keine Nötigung, es zu erzählen."

Für den Zusammenhang würde ich sorgen. Ich kann Sie ja nicht zwingen zu erzählen, was Ihnen unangenehm ist; dann verlangen Sie aber auch nicht, von mir zu wissen, auf welchem Wege Sie jenes Wort „aliquis" vergessen haben.

„Wirklich? Glauben Sie? Also ich habe plötzlich an eine Dame gedacht, von der ich leicht eine Nachricht bekommen könnte, die uns beiden recht unangenehm wäre."

Daß ihr die Periode ausgeblieben ist? fragt Freud, und der Reisegenosse bestätigt erstaunt die Richtigkeit der Vermutung. Freud stellt die Assoziationskette her, Kalenderheilige, blutflüssig werden an einem bestimmten Tage, Aufruhr bei Nichteintreten, Drohung, daß das Wunder vor sich gehen muß, sonst ...; und schließlich noch der als Kind hingeopferte heilige Simon.

Das liest sich wie eine Sherlock-Holmes-Novelle. Aus einer Reihe von zunächst ganz sinnlosen und zusammenhanglos scheinenden Indizien springt plötzlich ein Schluß heraus, den der „Verbrecher" als richtig zugeben, vor dem er sich als überführt bekennen muß. Ist das nicht der denkbar beste Beweis, ebenso exakt wie ein Sherlock-Holmes-Beweis für die Auseinanderreihung der sinnlosen Assoziationen, nur daß diese Geschichte dem wirklichen Leben entstammt?

Aber wie ist denn die Situation? Freud trifft auf der Reise einen jüngeren, unbekannten Mann, der einiges von seinen Schriften kennt. Er gibt sich zu einer Probe mit Freud her. In demselben Augenblick aber entsteht auch in ihm der „Komplex", an den er unbefangen vielleicht gar nicht gedacht hätte: Ob der Mann wohl herausbekommen wird, daß mich tatsächlich in dem Augenblick eine Sorge drückt, die seiner Sexualtheorie naheliegt? Es ist ganz richtig, daß keine seiner Assoziationen zufällig ist; sie sind alle durch das Halbverbergen- und Halboffenbarenwollen gegenüber dem Psychoanalytiker bestimmt. Zweifelhaft bleibt nur, ob tatsächlich das Vergessen des Wortes aliquis dadurch schon bestimmt war, und ob sich an dieses Vergessen dieselben Assoziationen geknüpft hätten, wenn der Ausfrager nicht der bekannte Sexualpsychologe Freud, sondern irgendein gleichgültiger Herr Schmidt etwa in einem auf Assoziationen gerichteten Gesellschaftsspiel gewesen wäre.

Alles Bisherige sind jedoch Einzeleinwände, die zwar zeigen, wie nahe die Methode der Psychoanalyse den „Methoden" anderer verkappter Religionen steht, die aber noch nicht berechtigen würde, sie selbst eine verkappte Religion zu nennen. Wir haben bisher nur oder doch überwiegend die Monomanie der Psychoanalyse gesehen — eine Monomanie, die von jeder neuen wissenschaftlichen Theorie zunächst untrennbar sein und sich erst allmählich zum Spezialistentum mildern mag.

Aber die Psychoanalyse ist ja mehr. Sie ist zugleich Elephantiasis. Sie besticht uns dadurch, daß sie im Gegensatz zur

„exakten Naturwissenschaft" sich wieder allen tiefen Äußerungen der Seele, vor allem der Kunst, der Religion, der Sage, dem Märchen, dem Mythos zuwendet und die Intuition gegenüber den Kräften des Bewußtseins wieder zu Ehren zu bringen verspricht. Sie entwertet im selben Atemzug alle diese Dinge wieder, indem sie sie nicht nur zu rationalisieren, sondern auch zu monomanisieren sucht. Wenn noch ein Werk eines großen Dichters, noch eine Sage oder ein Mythos bisher der psychoanalytischen Deutung entgangen sein sollte, so liegt das nur an der Kürze der Zeit und wird schon noch nachgeholt werden.

Es wäre nun außerordentlich fesselnd, einen der psychoanalytischen Versuche, die etwa über das Märchen, über das Inzestmotiv in Dichtung und Sage, über den Mythos von der Geburt des Helden, über Lenaus Liebesleben, über eine Kindheitserinnerung von Lionardo da Vinci, über die Frömmigkeit Zinzendorfs, über den fliegenden Holländer, über Segantini, über den Vatermord, über die Lohengrinsage, über mittelalterlichen Aberglauben, über die Psychologie der Mystik, über Hebbel, über Flaubert, über den Witz, über Urworte, über Egmont und über Dutzende von anderen Themen gemacht worden sind, im einzelnen zu analysieren. (Wirklich zu analysieren, auseinanderzunehmen, in seine organischen Bestandteile zu zerlegen; denn was Freud und die Schule „Analyse" nennen, ist ja nur ein ganz willkürliches In-Stücke-reißen, das keinem inneren Gesetz unterliegt. Wichtig ist bei Freud nicht die Analyse, sondern ihr gerades Gegenteil, die unbegrenzte Assoziation.) Wir müssen aber dieser Versuchung widerstehen, weil mit der sehr viel Raum beanspruchenden Analyse eines solchen Buches gar nichts geleistet wäre, da einerseits die psychoanalytische Elephantiasis immer neue zeugt, während andrerseits manche, ja viele dieser Schülerarbeiten vom Meister nicht gedeckt werden. Wir müssen uns daher hier auf die kurzen Andeutungen beschränken, die Freud selbst in „Traumdeutung" und „Alltagsleben" über Oedipus, über Hamlet, über Shaws „Cäsar und Kleopatra" gibt. Freud deutet das Oedipusdrama als den Wunsch nach Inzest mit der Mutter, der hier erfüllt werde und tragisch ende.

Aber nicht nur das. Gerade auf den Umstand, daß dieser Wunsch allgemein menschlich sein soll, von jedem Sohn gegen jede Mutter gehegt werde (wenn auch unbewußt), führt er die tragische Wirkung zurück. Andere Schicksalsdramen wie die Ahnfrau ließen uns völlig kalt. Der Oedipus ergreife noch den modernen Menschen ebenso stark wie den zeitgenössischen Griechen; nicht auf dem Gegensatz zwischen Schicksal und Menschenwillen ruhe hier die Wirkung, sondern in der Besonderheit des Stoffes. Über uns alle habe das Orakel vor unserer Geburt denselben Fluch verhängt wie über Oedipus; uns allen vielleicht sei es beschieden gewesen, die erste sexuelle Regung auf die Mutter, den ersten Haß und gewalttätigen Wunsch gegen den Vater zu richten. König Oedipus, der seinen Vater Laios erschlagen und seine Mutter Jokaste geheiratet hat, sei nur die Wunscherfüllung unserer Kindheit. Zu dieser Behauptung Freuds kann ich nur sagen, daß das Drama mich weder beim Lesen noch in der Aufführung besonders ergriffen hat. Gerade das Motiv, das Freud als allgemein menschlich angesprochen haben will, blieb mir fremd und störend; ich konnte mich in den Oedipus nicht hineinversetzen und fand sein unverschuldetes Schicksal zwar traurig, aber nicht tragisch, während mich anderes, Nebensächliches, aber dichterisch Gewaltiges, ergriff. Natürlich hat es Freud leicht, dagegen anzuführen, daß bei mir offenbar der Mutterkomplex und seine Verdrängung ganz besonders stark seien, oder daß ich nicht die Wahrheit sage.

Anders steht es sofort, wenn Freud auch den Hamlet aus demselben Komplex deutet.

Der Hamlet ergreift auch mich. Wodurch? Gerade das, worauf Freud die Wirkung zurückführt, das Verhältnis zur Mutter, sehe ich gar nicht, und wenn ich es sehen könnte, ließe es mich wahrscheinlich kalt. Was schiert mich, einen Menschen der ersten Hälfte des 20. Jahrhunderts, die Tatsache, daß ein König umgebracht worden ist, der Mörder dessen Frau geheiratet hat, daß der Sohn die Rache nicht vollziehen kann? Der Tatbestand der nicht zu vollziehenden Rache läßt mich ganz kalt, sagt mir gar nichts. Aber sehr wohl dieser Mensch, der zögernd, voll tiefsinniger Skrupel und doch von einer schwachen und wilden Schönheit erfüllt, vor seiner Tat steht. Sein Dasein, nicht seine Beweggründe, sprechen zu mir. Nicht, daß ich Hamlet deuten kann, macht die Wirkung; wo ich ihn deuten kann, ist er mir Hekuba; aber was ich nicht deuten kann, was einfach da ist, das läßt mich nicht los. Oder derber gesagt: Mein Hamlet ist größer und breiter als Freuds Hamlet, der bloß einen Mutterkomplex verdrängt hat. Mein Hamlet, Shakespeares Hamlet, umfaßt außerdem noch den Mann, der seines Vaters Geist mit „Brav, alter Maulwurf" und mit „trefflicher Minierer" anredet, der seine Freunde schwören läßt, der mit Polonius witzelt und Höflinge nasführt, der den Schauspielern Unterricht gibt, der mit Ophelia seltsam kost, den Polonius totsticht, der sich mit Totengräbern und Gebeinen zaust. Ich bin überzeugt, Freud würde auch das aus dem Mutterkomplex erklären können (zum Teil tut er es). Aber dann bleibt ihm noch entgegenzuhalten, daß außerdem noch Polonius und Ophelia, Laertes und Rosenkrantz, Fortinbras und Güldenstern in dem Stück nicht nur als Spiegel, Gegenredner und Maschinerien für Hamlet auftreten; daß sie in Shakespeares Dichtung leben. Vorsichtigerweise bemerkt jedoch Freud selbst, daß jede echte dichterische Schöpfung aus mehr als aus einem Motiv und einer Anregung hervorgegangen sind. Was ganz richtig ist. Fährt er dann fort: „und mehr als eine Deutung zulassen", so müssen wir ihm erwidern, was wir schon bei Gelegenheit der Faust-Exegese sagten: daß nämlich Kunst keiner Deutung bedarf, daß ihr vielmehr jede Deutung feindlich ist — und zwar aus dem einfachen Grunde, weil sie selbst schon Deutung ist. Hätte jemand das Stück Menschen und Welt, das Shakespeare im Hamlet packt, besser „deuten" können, als es der Hamlet tut, so wäre wohl Shakespeare der Nächste dazu gewesen. Kunst — das übersieht Freud, wie es die Faust-Exegeten übersehen — „bedeutet" nie etwas, sie ist etwas. Gerade darauf beruht ja ihre Überlegenheit gegenüber sonstigen Äußerungen des Menschengeistes, daß nichts hinter ihr, alles in ihr steckt.

Bisher haben wir dahingestellt gelassen, ob die Deutung der

Psychoanalyse zutreffend oder unzutreffend ist, und uns darauf beschränkt, zu erweisen, daß sie ein Unrecht an der Kunst ist. Aber die Betrachtung von Einzelheiten ergibt sofort, daß sie auch tatsächlich unrichtig ist und sich überall gegen das Wesentliche abblendet. Hier nur eine Einzelheit. Als Freud im „Alltagsleben" nachweisen will, daß das Vergessen nicht zufällig sei, sondern auf einer Geringschätzung des vergessenen Objektes beruhe, zieht er aus der Literatur auch Shaws „Cäsar und Kleopatra" bei. Im letzten Akt des Stückes „quält sich der von Ägypten scheidende Cäsar eine Weile mit der Idee, er habe noch etwas vorgehabt, was er jetzt vergessen. Endlich stellt sich heraus, worauf Cäsar vergessen hatte: von Kleopatra Abschied zu nehmen! Durch diesen kleinen Zug soll veranschaulicht werden — übrigens in vollem Gegensatz zur historischen Wahrheit —, wie wenig sich Cäsar aus der kleinen ägyptischen Prinzessin gemacht hat". (Freud gibt das nach Ernest Jones an; aber ohne jede Kritik.)

Hier kann man substanziell nachweisen, daß diese Deutung Freuds nicht nur zu eng ist, nein, daß sie gröblich falsch ist. Denn die wirkliche Situation des Stückes ist die: Der alternde Cäsar trifft auf die junge, reizende Kleopatra und in dem Welteroberer erwachen späte Triebe. Als sie ihn „alter Herr" anredet und von seiner Glatze spricht, ist er verwundet. Der Alternde sucht über dieses Halbgefühl, das ihn zu Kleopatra hinzieht und ihn gleichzeitig von ihr fernhält, wegzukommen. Es gelingt nicht ganz. In einer wundervollen Szene, einer der tiefsten, die Shaw geschrieben hat, spricht er mit ihr vom Wegwerfen der Weltherrschaft, von der Reise ins unbekannte Land zu den Quellen des Nils ... schließlich kommt er doch darüber hinweg; seine Aufgabe,, nein, sein Dämon reißt ihn darüber fort. Und an dieser Stelle steht nun als Abschluß die von Freud „gedeutete" und dadurch ganz falsch aufgefaßte Szene. Cäsar hat nicht Kleopatra vergessen; er möchte sie bloß vergessen, nein, er möchte sich selbst beweisen, daß er sie vergessen hat, daß er darüber hinaus ist. Nicht, „wie wenig sich Cäsar aus der kleinen ägyptischen Prinzessin gemacht hat, soll durch diesen

13*

kleinen Zug veranschaulicht werden", sondern im Gegenteil: wie sehr er wünscht, sich wenig aus ihr gemacht zu haben. Für einen literarischen Kritiker möchte es noch nicht allzu viel bedeuten, die Finesse dieser Szene verfehlt zu haben; für einen Psychoanalytiker, der der Seele tiefste Gründe aufdecken möchte, ist es einigermaßen blamabel, in solcher Weise gerade die Tiefenregungen in der Seele des alternden Weltherrschers zu übersehen. Moral: Es ist schon schlimm genug, wenn einer mit einem festen ästhetischen Kodex an die Kunst herantritt. Wer aber mit einem festen psychologischen Kodex an die Dichtung herankommt, wird aus ihr noch viel weniger erfahren.

Kleopatra hin, Cäsar her. Zugegeben, daß die Psychoanalyse Kunstwerke entweder unbillig verengt oder sie sogar ganz falsch und flach erklärt; daß die ganze Theorie reich an Unmöglichkeiten und Widersprüchen ist. Wie kommt es dann, daß man mit ihr, was selbst die schärfsten ärztlichen Gegner nicht zu bestreiten wagen, Kranke gesund machen kann? Ich bin nicht Arzt und ich weiß, daß ich mich bei Behandlung der Therapie auf Glatteis begebe. Aber wenn die Ärzte (durchaus nicht nur die Psychoanalytiker) heute damit anfangen, gewohnheitsmäßig Kunstkritik zu treiben, so mag es am Ende auch einem Kritiker der Dichtung erlaubt sein, einmal das medizinische Gebiet zu betreten. Der Arzt könnte ja einwenden, Kunst sei ein allgemein menschliches Gebiet und hier dürfe schließlich jeder mitreden, der einen Eindruck von ihr empfangen hat. Nur bestreiten wir dem Psychoanalytiker, daß er einen Eindruck von ihr empfangen hat, und werfen ihm außerdem noch vor, daß er seine Medizin nicht in den Grenzen der Fachwissenschaft beließ. Aber sei dem, wie ihm sei: Größer als die Blamage der Ärzte in der Literaturkritik kann die Blamage eines Literaturkritikers in der Medizin auch nicht werden. Denn der Literaturkritiker ist immerhin auch Psycholog; während der Psychoanalytiker nur Psychologe, nein (wenn er sich auf sein eigenes Gebiet beschränkte), nur Psychopatholog ist.

Einige der Gegner führen die Heilwirkung der Psychoanalyse auf Suggestion zurück. Das ist nur dann richtig, wenn man den

Begriff der Suggestion ganz ungebührlich erweitert. Das heißt: es ist zu eng.

Zum ersten verfügt die Psychoanalyse über eine nicht trotz, nein, gerade wegen der Zusammenhanglosigkeit ihrer Assoziationen vortreffliche Methode, das Innere des Patienten zu erschließen. An Stelle der quälenden Ausfragerei des „praktischen" Arztes, bei der der Patient aus Überängstlichkeit und in einer gewissen Autosuggestion vielleicht falsche Auskünfte gibt, weil er allzu genaue zu geben versucht, tritt beim psychoanalytischen Arzt die anscheinend zwanglose Unterhaltung, die doch durch die Person des Psychoanalytikers in ihrem Ziel bestimmt ist, und die, wie es gar nicht anders sein kann, neben vielem Unwichtigen auch Wichtiges zutage fördert, ja gerade das zutage fördert, was ein zielbewußtes Ausfragen des Arztes vielleicht schwer oder nie ergeben hätte. Diese genaue Kenntnis des Menschen muß dem Psychoanalytiker bei seiner Behandlung entgegenkommen. Wie wichtig diese genaue Kenntnis des ganzen Menschen, aller seiner, auch intimster Lebensumstände ist, darüber würde uns wohl die verschwindende Generation der alten Haus- und Familienärzte belehren können. Jüngere Mediziner mögen dem alten Hausarzt an medizinischer Kenntnis, an Entschlossenheit weit voraus sein; er wird doch in manchen Fällen leichter Erfolge erzielen, weil er den Patienten nicht nur als Mediziner, weil er ihn als Menschen kennt. Diese durch Zeit, Erfahrung, Vertrautheit erworbene Eigenschaft des alten Hausarztes hat die Psychoanalyse in eine Methode gebracht, die, wenn auch zunächst wahllos, doch weit tiefer schürft.

Aber die Sache hat noch eine andere Seite. Was uns Laien an den Nervenerkrankungen, den Neurosen, wie Freud es nennt, zuerst und am meisten auffällt, ist ihr, für unsere Begriffe, unsinniger Charakter. Wir würden etwa einem Neurotiker, der in der Furcht lebt, bei Betreten der Straße den nächsten Passanten zu ermorden, oder einer Neurotikerin, die auf dem nächsten Platz ein sexuelles Attentat fürchtet: wir Laien würden solchen Menschen gut zureden, daß das dumme Gedanken seien, die sie sich mit einiger Willensanstrengung aus dem Kopf schlagen könnten. Wir würden ihnen sagen: Nimm dich zusammen, trau dich auf die Straße, es ist nicht so schlimm, es ist nur „Einbildung". Wir haben damit ganz recht. Aber der Erfolg unserer Therapie ist, daß es mit dem Kranken immer schlimmer wird. Je mehr er sich zusammenzunehmen versucht, je mehr er seine Willenskräfte anspannt und verausgabt, desto schlimmer wird seine Angst.

Die Psychoanalyse geht gerade den umgekehrten Weg. Das erste, was sie tut, ist, daß sie die Krankheit bejaht. Anstatt ungeschickte Beruhigungsversuche zu machen, sagt sie ihm: Sie sind krank. Anstatt wegwerfend oder mitleidig von „Einbildung" zu reden, sagt sie ihm: Ihre Einbildung besteht ganz zu Recht. Sie beruhigt den Kranken tatsächlich, indem sie ihm zustimmt. (Auf den Umstand, daß nicht wenige der neurotischen Privatpatienten nur an der typischen Literatenkrankheit: der überwuchernden Beschäftigung mit dem eigenen Ich, am „Komplex" des nichtbeschäftigten und deshalb immer neu erbohrten Ich leiden; daß es wohlhabende, nichtstuende Leute, vor allem Frauen sind, die sich mangels sonstiger Hemmungen und Widerstände solche in ihrem eigenen Ich schaffen, weil das ihnen vor sich selbst und vor anderen Reize gibt, gehe ich nicht ein. Manche von Freuds Analysen ergeben indes dieses Bild des Patienten oder noch öfter der Patientin deutlich genug.)

Psychoanalyse bejaht nur die Krankheit? Nein, sie tut mehr. Sie bestimmt sie. Sie sagt dem Kranken: Ihre Krankheit hat einen ganz bestimmten, ganz sicher feststellbaren Grund. Sie reißt ihn aus aller Unsicherheit. Hier können wir mit unserer Alltagserfahrung heran. Wer von uns hat nicht schon erlebt, daß er sich lange vor Ausbruch einer Krankheit unsicher, arbeitsunlustig, gedrückt fühlte? Vielleicht war die Diagnose des Arztes auf Diphteritis, Typhus oder Lungenentzündung schlimmer, als wir sie in unseren schlimmsten Befürchtungen erwartet hatten. Trotzdem war sie der Beginn der Heilung, weil wir endlich an Stelle des allgemeinen und bekämpften Unlustempfindens das „Recht" bekamen, krank zu sein und die Hoffnung, daß sich diese einzelne Krankheit, so schwer sie auch sei, wieder wegbringen lasse. Ja, vielleicht war sogar die anfängliche Diagnose falsch, vielleicht mußte sie später geändert werden. Trotzdem wirkten schon die bloße Bejahung der Krankheit, ihre bestimmte Lokalisierung und das Gefühl, mit Recht krank zu sein, bessernd.

Dieses Rechtfertigungs- und Bestimmtheitsgefühl verschafft nun der Psychoanalytiker dem Kranken gerade bei den Krankheiten, deren schwierigste Seite es ist, daß ihr Charakter so unbestimmt und gefühlsmäßig ist.

Für den immerhin möglichen Fall, daß medizinische Fachleute auch eine Seite Text verstehen sollten, in der nicht auf jeder Zeile drei Fremdwörter stehen, bitte ich um Erlaubnis, noch ein Drittes, Spezielleres hinzuzufügen. Die Neurotiker, die der psychoanalytische Arzt behandelt, kranken ja an dem, was in diesem Buche „Hinterwelt" genannt wird. Der Neurotiker sieht feindselige Gestalten und Gewalten, auch wo keine sind, ebenso wie der Antisemit oder Antifreimaurer feindselige Gestalten und Gewalten sah, wo keine sind. Dem neurotisch kranken Hinterweltler tritt nun hier der psychoanalytische Hinterweltler gegenüber, ausgerüstet zugleich mit der ganzen Autorität und Fachbildung des diplomierten Arztes. Er versucht nicht mehr, die Neurose wegzuräsonnieren (wie der Laie) oder sie wegzukurieren (wie vielleicht der „praktische Arzt"), er ist kühn genug, die einzige Methode einzuschlagen, die hier überhaupt Erfolg verspricht: nämlich sie wegzuzaubern. Nicht, wie seine wissenschaftlichen Gegner meinen, trotzdem, sondern weil er Schamane, Zauberer ist, hat er seine Erfolge. Und wenn er heute herausfinden sollte, daß er gewisse Erscheinungsformen der Neurose am besten behandeln kann, wenn er dem Patienten in einem sternenbesäten schwarzen Mantel und in phantastischer Kapuze, im trüben Licht eines Opferfeuers entgegentritt, so würde ich jedenfalls vom Werte der Psychoanalyse als Therapie nicht geringer denken. Denn der Psychoanalytiker behandelt ja Kranke, die besessen sind. Es ist ein innerlich einfacher Fall von Similia similibus.

Die wirkliche diagnostisch-therapeutische Gefahr, daß der

Psychoanalytiker ein organisches Leiden irrtümlich als Nervenleiden ansieht und behandelt — auf die Freud in Selbstanalysen mehrfach zu sprechen kommt — ist wohl kaum größer als die Gefahr jeder spezialärztlichen Tätigkeit. Hier ist die Methode der Psychoanalyse vielleicht noch auszubauen. Sobald nämlich der Psychoanalytiker seine Monomanie, seine Regeln und Deutekünste vergessen, nein, sobald er unvoreingenommen, unbefangen, wenn man will, als „Betrüger" (der wohl an die praktische Wirkung der Therapie, nicht aber an ihre weltanschaulichen Grundlagen glaubt) dem Kranken gegenüberträte, dann würde seine gründliche Erforschung der Patientenseele ihn wahrscheinlich auch die leibliche Krankheit finden lassen. Freud hat einmal über die zukünftigen Chancen der Psychoanalyse Betrachtungen angestellt. Nun, hier ist ihre zukünftige Chance: Sie wird wahrscheinlich in der Hand von darüberstehenden, „ungläubigen" Ärzten ein Mittel zur Auffindung und Heilung von Krankheiten werden, die für andere ärztliche Waffen schwerer oder gar nicht zugänglich sind. Voraussetzung dafür ist nur, daß der Arzt an die Psychoanalyse als Regel, als Monomanie, als Deutungskunst, als Weltanschauung nicht mehr glaubt, sondern daß er bewußt das Hinterweltlertum mit Hinterweltlertum kuriert oder vielmehr wegzaubert. Hier mag dieses Buch vom Hinterweltlertum sogar medizinisch nutzbringend werden, weil es die Formen des Hinterweltlertums klarer durchschauen lehrt.

Heute ist es noch gerade umgekehrt. Während psychoanalytische Ärzte und Neurotiker eine kleine Sekte sind, machen auf der anderen Seite Menschen, die an die Regeln und Deutekünste, an die sexuelle Monomanie und vieles andere in der Psychoanalyse durchaus nicht glauben und alle ihre Einzelheiten lächerlich finden, doch die Grundlagen der Psychoanalyse zur Weltanschauung oder zu einem Stück davon. Sie glauben, daß in der „Verdrängung", im Unbewußten und in seiner Heraufhebung ans Tageslicht der wesentliche Mensch oder ein Stück davon ans Tageslicht komme.

Hier muß man sogar Freud gegen seine kritisch-kritiklosen Freund-Feinde, gegen seine philosophischen Verbreiterer in einem Punkt in Schutz nehmen. Ganz richtig bezeichnet Freud z. B. den Traum als „Wächter unserer geistigen Gesundheit". Seine philosophischen Verbreiterer scheinen diese und ähnliche Stellen vorsichtigerweise nicht mitgelesen zu haben; sie fahren lustig, in viel höherem Maße als Freud selbst, fort, Krankheit und Gesundheit zu vermischen.

So ist es etwa eine besonders klobige Unwahrheit, wenn immer wieder versucht wird, den Heiligen und die Verdrängung zusammenzukoppeln, die doch nur ein enger Sonderfall des Heiligen ist. Es wird dabei übersehen, daß es drei Fälle gibt. Der erste ist der des kleinen Heiligen. Er wandelt auf dem sanften und ausgetretenen Wege der Abstinenz, eines bequemen Märtyrertums, um darauf in den Himmel zu gelangen. Diese Spezies bildet die Weltkinder, nein, die Spekulanten unter den Heiligen. Sie sind ganz gesund und ganz bewußt. Sie verdrängen nichts. Sie versagen sich nur einiges, um Größeres zu bekommen. Es ist ein Rechenexempel, genau dasselbe Rechenexempel, aus dem ich mir heute Abend den Theaterbesuch versage, um noch diesen Abschnitt fertig zu machen. Es mag ja spirituell und in solchem Sinne krankhaft sein, lieber ein Buch fertig zu machen als ein Vergnügen zu haben. Aber verdrängt wird dabei nichts; man versagt sich nur etwas, bleibt ganz hell und bewußt.

Im zweiten Fall kann das Sichversagen so stark werden, daß es tatsächlich zur Verdrängung kommt, daß der Wunsch zum Unbewußten herabgedrückt wird und dort quälend erhalten bleibt. Aber dann zeigt sich auch bei längerer Dauer das unterscheidende Merkmal: der Mensch wird krank, wird besessen, was immerhin auch in mittelalterlichen Klöstern kein ganz alltäglicher Fall war, wie schon der Wert beweist, der den Berichten darüber beigelegt wird. Von einer alltäglichen Erscheinung würden uns kaum so viele Berichte überliefert sein.

Bleiben endlich die großen Heiligen. Sie versagen sich nichts mehr und verdrängen nichts. Christi Versuchung und (vielleicht) „Verdrängung" liegt im Anfang seiner Bahn. Später besucht er unbefangen eine Hochzeit, spricht menschliche Worte zu einer Hure; und verdrängt in seiner eigensten Sache, am Kreuz, sein Gefühl so wenig, daß er ausruft: Mein Gott, mein Gott, warum hast du mich verlassen! Wenn er vieles nicht mitmacht, was uns Weltkindern von Wert scheint, so deshalb —

Aber das Feld des Heiligen mag zu hoch liegen. Wir gewöhnlichen Sterblichen mögen zu klein sein, um dort nachgehen und nachempfinden zu können. Ich will mit mir selbst fortfahren. Es ist ganz sicher, daß ich in einer bestimmten Zeit brennend gern Indianergeschichten las. Es ist ganz sicher, daß ich sie heute nicht mehr lese. Habe ich sie nun verdrängt, weil eine Jugendschriftkommission mich darauf hinwies, daß sie Schundlektüre seien? Versage ich sie mir, weil ich selbst diese Einsicht gewonnen habe? Weder das eine noch das andere. Der wirkliche Grund ist, daß sie mir kein Interesse mehr bieten. Sie sind nicht versagt, ersetzt, verdrängt, sondern für mich wertlos geworden.

Ja, spricht Freud, bei Indianergeschichten geht das; aber — Gemach. Es ist auch ganz sicher, daß ich einmal lüstern war. Es ist ebenso sicher, daß ich es heute nicht mehr bin. Weil Lüsternheit unmoralisch sei, unter dem Druck einer Zensur, hätte ich sie verdrängt? Nein. Wenn heute dieser lüsterne Wunsch (der im wesentlichen nach möglichst exakter und intensiver Okularinspektion des alter genus ging) nicht mehr bei mir besteht, so darum, weil ich heute in gleicher Lage viel schönere, reizvollere, vollständigere Dinge tun kann. Weder die Indianer noch die Okularinspektion sind auf einen Donnerbefehl oder auf gutes Zureden der Zensur versagt, unterdrückt, verdrängt worden; sondern sie sind durch Erfahrung des Größeren, Schöneren wertlos, wesenlos geworden.

Was ich mit der Indianergeschichte und der Lüsternheit getan habe, haben Christus und die großen Heiligen mit vielen anderen Dingen getan. Ihnen wurde vieles wert- und wesenlos, was uns Unheiligen noch wesentlich und wertvoll scheint, nicht indem sie Verbotenes verdrängten, sondern indem sie das Wertvolle fanden, das sie bis ins Innerste erfüllte. Christus war wahrscheinlich gegen das Sexuelle in ähnlicher Weise gleichgültig wie unsereiner gegen die Indianergeschichte: nicht aus Askese, nicht aus Zwang, nicht aus Verachtung, sondern einfach, weil es ihm nichts mehr bedeutete.

Ja, meldet sich hier Freud zum Wort, das sagt Ihr waches Bewußtsein! Ihr Unbewußtes weiß es anders; und in ihm, im Traum, in vielen Handlungen, in der Hypnose und Neurose kann die Indianergeschichte und die Lüsternheit, die Sie so wesenlos glauben, wieder zum Vorschein kommen. Immerhin, sobald wir erkennen, daß das Leben des Gesunden nicht Unterdrückung des Begehrten, sondern Auffindung des Neuen, noch mehr Begehrten — nicht Verdrängung, sondern Anstieg — ist, läßt sich der funktionelle Mechanismus zwischen Bewußtsein und Unbewußtem, den Freud konstruiert, und in dem seine Verbreiterer ein Menschenprinzip sehen, nicht mehr halten. Nur der Kranke verdrängt. Der Gesunde setzt sich auseinander, überwindet, findet.

Aber, ruft Freud, wir sind ja alle partiell krank! Nachdem die Ärzte ihr eigenes Gebiet verlassen haben und fortwährend auf das der Kunst und Philosophie hinübergreifen, überrascht es am Ende auch den blutigen Laien nicht mehr, zu hören, daß vom rein medizinischen Standpunkt der vollkommen gesunde, der „Normalmensch", ein ärgeres Monstrum wäre als der sonderbarste Kranke. Immerhin, schon wenn wir nur die eine Tatsache anerkennen, daß der Kranke verdrängt, der Gesunde sich auseinandersetzt, überwindet und findet, entfällt sofort die positive Bewertung der Krankheit, das Gerede von dem kranken Dämmerzustand des Genies, von der Verdrängung des Genies: entfällt mit einem Wort der große Unfug der neu aufgebackenen Formeln vom Genie-Wahnsinn, denen die Psychoanalyse neue Substanz gibt. Es wird dann der Unfug unmöglich, große geistige Schöpfungen aus der Gewalt der Verdrängung im Schöpfer abzuleiten. Der Genius, der sich auf der einen Seite viel gestattete, hat sich auf der anderen auch viel versagt; das ist richtig. Verdrängt hat er kaum etwas. Gerade darin besteht seine Genialität, seine Überlegenheit über uns, daß er alles im Bewußtsein und im Gedächtnis hielt; daß er kämpfte, sich auseinandersetzte, überwand und fand.

Meine bisherige Kritik an Freud ist sehr schonend. Sie versuchte ihn von den einzelnen Punkten aus zu widerlegen. Schärfer fällt sie aus, wenn man einen Augenblick alles, was er sagt, als richtig und wahr hinnimmt. Man erkennt dann plötzlich — aber ich will ein Beispiel bringen. Wenn es wahr ist, daß sich mein Traum von voriger Nacht als ein Inzest nicht nur deuten läßt (was Freud sicher kann), sondern, daß dieser Traum ein Inzest war, positiv war, was bedeutet er dann für mein Wachleben? Daß meine geistige Gesundheit bewacht worden ist? Nur: den Seinen nimmt's der Herr im Schlaf? Gut. Aber das war ja im Schlafe. Damit bin ich ja eben durch den Traum fertig geworden. Was bleibt also für mein Wachleben? Die Mahnung, daß ich, daß wir alle Bestien sind, daß das Bestialische in uns nur von einer dünnen Decke am Ausbruch gehemmt wird? Ja, lieber Professor Freud, das wußten wir ja schon vor der Psychoanalyse einigermaßen. Außerdem ist ein Inzest (im Traum) so bestialisch nicht. Mein Wachleben wirft mir schlimmere Bestialitäten vor, weil unscheinbarere und doch schuldbeladenere. Was bleibt also? Nichts. Doch, die Regel, die Deutung, die Hinterwelt, die verkappte Religion bleibt. Am Ende noch die Mahnung, uns nicht zu fürchten, tapfer und ohne Bangnis auch das Unbewußte ins Bewußtsein zu heben? Ja, das ist allerdings eines unserer Ziele auf diesem Stern. Von der Ehrfurcht, die mehr Furcht als Ehre ist, wollen wir mit Recht nichts wissen. Immer nur tapfer das Unbewußte ins Wache heraufgehoben! Nur der bequeme Weg der Deutung und der Regeln, der ausgetretene Pfad der verkappten Religion führen nicht zum Bewußtsein. Sie führen zur Mystagogie, zur Monomanie, zur Hinterwelt. Das Unbewußte in einem Menschen und in der Welt ist nicht zu deuten, nur zu gestalten. Mit der großen harten Arbeit eines Lebens und der gesamten Persönlichkeit; wenn diese Arbeit vollendet ist, bleibt die Ehrfurcht, die uns ziemt, die vor dem ungelösten, ewig unlösbaren Rest. Am Schluß einer Betrachtung steht immer Ehrfurcht (selbst Ehrfurcht vor Professor Freud; nicht vor seinen philosophischen Verbreiterern).

XVIII
Das Okkulte

Gerade damals, als die alte Ordnung am festesten, Geist und Seele der Menschen unter straffster Disziplin schienen, im Kriege, ging es wieder an. Die Soldaten, auch die Angehörigen, begannen Amulette zu tragen; der Glaube an Vorahnungen — „heute geschieht mir nichts, heute passiert sicher ein Unglück" — verbreitete sich. Inmitten des allgemeinen Hangens und Bangens nach Ausgang und Frieden war selbst großen Blättern, sonst Vorkämpfern der „Aufklärung", ihr Spaltenraum nicht zu schade, um Prophezeiungen über Kriegsende und Frieden, Kriegsfolgen, Zusammenzähl- und Abziehspiele mit geschichtlichen Daten zu bringen. Aber auch die Kunst schwenkte ein. Es entstand die „gestaltlose Malerei und Graphik", die, von der Form und Anschaulichkeit sich immer mehr lösend, nur noch die Idee, den Geist fassen wollte. Die Bühne entdeckte den letzten Strindberg, den Strindberg der „Gespenstersonate", der Menschen zu Schemen, die Welt zum fahlgelben, okkultistischen Laboratorium machte, entdeckte ihn mit so viel Inbrunst und — Erfolg, daß z. B. in München — einer Stadt mit vier ernsten Schauspielhäusern — manchmal drei Bühnen an einem Abend Strindbergsche Schemenstücke gaben. Von Meyrincks Golem gingen in einer billigen Feldausgabe in kurzer Zeit über 100 000 Stück ab, sowohl in Deutschland als ins Feld. Das Buch und sein Autor, die beide lange auf den Erfolg hatten warten müssen, erlebten ihn jetzt um so stürmischer.

Alle diese Dinge und viele ähnliche hatten den Anschein von Ernsthaftigkeit, ja, manchem kam wirklicher Wert zu. Eine Rückversicherung war gegeben: wer mitmachte, blamierte sich nicht, er galt im Gegenteil als fortschrittlich.

Heute ist bereits unmodern, wer auch nur Skeptiker ist, und wer mit der Mode gehen wollte, mußte schon vor längerer Zeit eine gehörige Dosis Mystizismus und Mystagogie auf Vorrat legen. Eine „Schlagseite von Fakir", wie Graf Luckner (der Seeteufel-Luckner, der in Australien bei indischen Gauklern

Gehilfe gewesen war) sagt, steht heute dem gebildeten Mitteleuropäer gesellschaftlich ganz gut an. Und bald wird die Zeit kommen, wo der Neureiche, von Hause aus Materialist schlechthin, beim Kauf seines Schlosses nicht nur die Ahnengalerie, sondern auch die spukende Ahnfrau verlangen wird.

Vielleicht ist diese Zeit schon da. Jedenfalls ist Oskar Wildes schönste Erzählung, die vom Canterville-Geist, der durch eine gänzlich ungläubige amerikanische Familie mit Frische und Humor aus seiner alten Residenz vertrieben wird, heute ebensowenig up to date wie die hundert Jahre ältere Skizze von Dickens, in der — das Stück steht in den Pickwickiern — der neue Wohnungsinhaber zu Grays Inn seinem Hausgeiste klarmacht, wie scheußlich unkomfortabel und nicht wanzenfrei das alte Zimmer mit seinem romantischen Mobiliar sei; daß der Geist doch ganz leicht eine andere, schönere Wohnung finden und den Unannehmlichkeiten des Londoner Klimas entgehen könnte. Worauf der Geist — aber man muß das wörtlich zitieren — „Sie haben sehr recht, Sir", versetzte der Geist äußerst höflich, „und bringen mich auf einen mir ganz neuen Gedanken. Ich will es sogleich einmal mit Veränderung der Luft versuchen." Er fing in der Tat, während er diese Worte sprach, zu verschwinden an, ja, seine Beine waren bei der letzten Silbe schon unsichtbar geworden. „Und wenn Sie vielleicht die Güte haben wollten, Sir", rief der Mieter ihm nach, „die übrigen Ladys und Gentlemen, die sich damit abgeben, in alten leerstehenden Häusern umzugehen und zu spuken, gleichfalls zu bedeuten, daß sie es anderwärts viel komfortabler haben könnten, so würden Sie der menschlichen Gesellschaft eine sehr große Wohltat erweisen." „Das will ich tun", erwiderte der Geist, „wir müssen in der Tat große Tröpfe sein und ich begreife gar nicht, wie wir so einfältig handeln können." Mit diesen Worten verschwand er gänzlich, und was noch bemerkenswerter ist, setzte der alte Mann, mit einem schlauen Lächeln ringsumher blickend, hinzu; er kam niemals wieder."

Der breit bürgerliche Humorist sowohl wie der feinschäftige Ästhet sind heute, was ihre Geistergeschichten betrifft, längst überholt. Gerade ihr Vaterland hat ein Dutzend Jahre nach Dickens' Tod mit dem Versuche wissenschaftlicher Erforschung der übersinnlichen Welten angefangen; und von den Proceedings of the Society for Psychical Research und ihrem nordamerikanischen Parallelunternehmen ausgehend hat die sogenannte okkulte Forschung immer weiter um sich gegriffen. Wir stehen heute vor der Geisterwelt kaum mehr mit dem Schauder des Mittelalters, auch nicht mehr mit dem Humor von Dickens oder Wilde, sondern, bejahend oder verneinend, mit der Neugierde des Wissenschaftlers.

Es handelt sich dabei um mehr als um eine bloße Zeitmode. Nicht nur, daß der erste deutsche Generalissimus im letzten Krieg, von Moltke, anerkanntermaßen Theosoph war, ein Umstand, dem vielfach sein Versagen während der ersten Marneschlacht zugeschrieben wird. Man mag das als Einzelfall ansehen. Es gibt ein viel breiteres, einfacheres Kriterium für die Ausbreitung von Gedanken: eine rein äußerliche Prüfung der Bücher, die über dieses Gebiet erscheinen, und der Stellen, die sie publizieren. Nur ganz nebenbei und vorläufig sei erwähnt, daß eine immerhin so angesehene Berliner Zeitung wie das Achtuhrabendblatt der Nationalzeitung, ihren Spaltenraum nicht für zu kostbar hält, über das Schicksal der Führer Europas: Lloyd Georges, Poincarés, Mussolinis, Eberts eine ganze Seite Horoskope von Berliner Astrologen zu veröffentlichen, von denen übrigens trotz ganz vernünftiger politischer Vorausberechnung keiner zutreffende Angaben gemacht hat. Möglich, daß die Schriftleitung auf der Jagd nach etwas besonders Aufregendem oder Tröstlichem war. Aber es gibt Fälle, in denen das nicht zutrifft.

Nämlich nicht nur unter dem Verdacht der Sensationslüsternheit stehende Zeitungsredaktionen befassen sich mit dem Gebiet; nein, auch die Art der Buchveröffentlichung hat sich merkwürdig zum Vorteil gewandelt. Daß Otto Reichl, einer der kleineren, aber exklusivsten deutschen Verleger, auf einmal zwei Bücher über Psychoanalyse und Yoga und über Exerzitien bringt, mag ja durch seine Verbindung mit Kayserling bedingt sein; auffällig bleibt es. Denn bis vor nicht langer Zeit verrieten okkultistische Werke aus den Spezialverlagen dieses Gebietes, etwa von Altmann in Leipzig, schon rein äußerlich die Sekten- oder Pariastellung ihrer Verfasser. Das ist in den letzten Jahren gründlich anders geworden. Zwar ein anderer Verlag derselben Art, J. Baum in Pfullingen, hat das alte, etwas verwahrloste Äußere, das von der Geheimnismacherei jeder Art lange untrennbar schien, noch beibehalten; aber um so glänzender ist trotzdem seine Autorenliste. Nicht nur die bekannteren deutschen Spezialisten wie Dessoir, Schrenck-Notzing, der bekannte deutsche Graphologe Klages sind in seinen Büchern und in seiner ungleichmäßigen Zeitschrift „Die weiße Fahne" vertreten, sondern auch so ganz anders gerichtete geistige Arbeiter wie Martin Buber, Alexander von Gleichen-Rußwurm, August Horneffer, der Leipziger Philosophie-Ordinarius Hans Driesch und manche andere, deren Hauptarbeit auf ganz anderem Gebiete liegt, und die deshalb der Monomanie nicht unterliegen. Ein weiterer, ganz neuer Spezialverlag, der sehr rasch emporgeblüht ist, ist der Anthropos-Verlag. Es bedeutet immerhin etwas, wenn ohne Rücksicht auf ihren sehr verschiedenen Wert aus den Werken gerade dieses jungen Verlages führende Buchhandlungen in allen Teilen des Landes und im Ausland Spezialschaufenster machten, was sie zweifellos nicht getan hätten, wenn die Bücher noch die sektiererische Muffigkeit gehabt, wenn sie nicht Möglichkeit geboten hätten, beinahe jeden Vorübergehenden zum Kauf zu locken. Bezeichnend für die geistige Verbreitung und Bedeutung der Sache ist ferner, daß die bekannten Sammlungen, die sich von vornherein an noch weitere Kreise wenden, fast alle schon ihren Überblick über den Okkultismus gebracht haben.

Ist dieses erhöhte Interesse für das Übersinnliche auf Deutschland beschränkt? Nein. Häufiger kann man in ernsthafteren okkultistischen Schriften den Gedanken finden, daß es eine wissenschaftliche Pflicht für Deutschland sei (und ihm durch vermehrte internationale Beziehungen Nutzen bringen werde), wenn es sich stärker an der Erforschung des großen Geheimnisses beteilige. Ungewiß, ob das wahr ist. Immerhin ist sicher, daß in einer Zeit, wo von deutschen Büchern sonst fast nur die Erinnerungswälzer aus der Wilhelminischen Epoche übersetzt werden, ein Buch, wie des Tübinger Philosophen Österreich „Der Okkultismus im modernen Weltbild" (Sybillenverlag) zugleich auch englisch und französisch bei so angesehenen Häusern wie Methuen und Payot erscheint. Auch Eugen Diederichs hat neuerdings nach manchem früheren aus dem Bannkreis der verkappten Religionen zwei Bände über Astrologie von Hans Künckel gebracht; während Wilhelm Langewiesche-Brandt in zwei stoffreichen Bänden „Das große Geheimnis" eine sehr lehr eiche und unterhaltsame Kasuistiksammlung hat zusammenst llen lassen.

In allen diesen Äußerlichkeiten drückt sich deutlicher als in einer Fülle von Fremdwörtern über Ende des Materialismus usw. ein grundsätzlicher Wandel aus: das Jenseits der Vernunft ist nicht mehr Eigentum einer Sekte, sondern betrifft, ob beglückend oder bedrohlich, uns alle. Und es fragt sich nur, ob es jenseits der Vernunft liegt, weil wir unsere Vernunft eingebüßt oder weil wir neue weltumstürzende Fähigkeiten entdeckt haben und anerkennen müssen.

Natürlich ist die Verbreitung von Gedanken wohl ein Gradmesser für den Kulturzustand, aber kein Wahrheitsbeweis. Zumal bei Schriften, in denen deutlich der Wunsch der Vater des Gedankens ist. Sie sind auf den verschiedenen Gebieten des Spuks häufiger als die, die nur auf Forschung ausgehen. Natürlich wird jeder vernünftige Mensch von Haus aus Mißtrauen haben gegen die „Magie der Liebe" oder den „Liebeszauber". Aber auch, wenn das, was früher filmmäßig das „Nachtleben der Seele" hieß, heute so gelehrte Worte wie Para-Psychologie, Meta-Psychologie, Magio-Physiologie, Magio-Physik, Magio-Psychologie erfordert, die keinen Wunsch mehr zu verraten scheinen, so ist diese Wandlung doch häufig genug nur recht äußerlich. Der Wunsch, wissenschaftlicher Pionier zu sein, kann ebenso auf Abwege führen, wie der Wunsch, Geister zu beschwören und eine Lebensversicherung auch fürs Jenseits zu erhalten. Dazu kommt, daß fast immer die Literatur über diese Gebiete, auch wenn man mit scharfer Auswahl nur das einigermaßen ernsthaft zu Nehmende liest, falsche Eindrücke hinterläßt. Mit Recht weist der Tübinger Universitätsprofessor Österreich in seinem eben erwähnten Buch „Der Okkultismus" darauf hin, daß Leute, die viel okkulte Literatur gelesen haben, kurz nach der Lektüre ganz überzeugt sind, nach einiger Zeit aber wieder in Unglauben verfallen. Aber Österreich hat Unrecht, wenn er diese Äußerung sozusagen auf die Unzuverlässigkeit aller menschlichen Natur schiebt. Vielmehr wirkt in der okkultistischen Literatur und auch auf ihren Nachbar- und Grenzgebieten zwar nicht immer Dichtung, aber immer das Gesetz der Verdichtung. Das heißt, die immer wiederholten Tatsachenberichte, die alle auf denselben Punkt zusteuern, lassen dem Leser, solange er bei der Lektüre ist, kaum noch zu Bewußtsein kommen, wie selten und weit auseinanderliegend eigentlich alle diese Fälle sind, die er so rasch und bequem durchfliegt. Treffend sagt Hermann Burte in „Katte" über Prophezeiungen: „Tausendmal trifft nichts ein; dann wird die Sache vergessen. Geschieht ein einziges Mal das Angezeigte, wird es tausendfach erzählt und überliefert."

Das alles hat dazu geführt, daß mancher an seinem Zweifel zum Narren geworden ist. Zwar ist nicht jeder so übel weggekommen wie jener Berliner Fleischermeister, der im Zirkus Busch der Vorführung eines indischen auf dem Nagelbrett liegenden Wundermannes beiwohnte, nicht an die Wirklichkeit der Nägel glauben wollte, mutig zur Manège schritt und die geballte Faust auf die Nägel niederschlug — um einen blutigen Fleischklumpen zurückzuziehen.

Hinter dem Zweifel um jeden Preis haust fast immer die Furcht, altgewohnte Behauptungen aufgeben zu müssen. Dabei dürften wenige Ereignisse, von denen die Geschichtsschreibung mit voller Sicherheit spricht, unter so strengen Kontrollbedingungen stattgefunden haben wie die Experimente, auf die sich der sogenannte wissenschaftliche Okkultismus stützt. Wenn wir alles Rare für unglaublich halten wollen, so können wir bequem

Goethe oder Bismarck für unwirklich erklären, weil wir heute weder einen großen Dichter noch einen großen Staatsmann haben. Heute noch kommt es dazu, daß etwa deutsche Universitätsprofessoren den Privatdozenten ihrer Fakultät liebenswürdig nahelegen, sich lieber an die herkömmliche Seelenkunde zu halten. Sie könnten sonst nicht Professor werden. Diese Angst steht geistig um gar nichts höher als die der Spiritisten, daß jemand ihr Geisterreich widerlegen könnte.

Gewiß kann ein Zauberkünstler mehr vormachen, als sieben Professorenkollegien aufklären können. Das berechtigt die Kritik aber noch nicht, alles auf Schwindel zu diagnostizieren, wie es z. B. in dem schon erwähnten Buch von Lehmann „Aberglaube und Zauberei" geschieht. Lehmanns kritische Methode ist dabei mindestens eigenartig. Er führt, nachdem er das Gebiet des Okkultismus im engeren Sinn betreten hat, zunächst eine große Anzahl von „Fällen" mit merkbarem Mißtrauen an, läßt sie aber ohne Einzelkritik. Hinterher untersucht er dann die Unsicherheit von Zeugenaussagen und Verwandtes, um daran zu demonstrieren, wie wenig Glaubwürdigkeit wohl im allgemeinen die Berichte verdienen werden. Statt die Ungenauigkeiten der Zöllner und Crookes aufzudecken, deckt er die Ungenauigkeiten bei Plinius dem Älteren auf. Bei einer solchen Methode kann es vorkommen, daß der Entlarver, um den gesunden Menschenverstand zu retten, sich gegen den gesunden Menschenverstand so weit vergeht, daß er dem Medium ganz wunderbare akrobatische Leistungen zutraut. Nein, die Skepsis um jeden Preis wird manchmal so paradox, daß sie selbst an eine Art von Wundern glaubt, nur auf Umwegen. So hat man etwa, um das Medium Slade als Betrüger zu entlarven, zu der Theorie gegriffen, daß Slade seine Kontrolleure alle drei auf einmal hypnotisiert, seine Zauberkunststücke vollbracht und jene dann unter dem Befehl, die Hypnose zu vergessen, wieder aufgeweckt habe. Ganz gut; nur daß eine gleichzeitige Hypnose an drei Personen wider ihren Willen für einen „Betrüger" immerhin eine recht achtbare Leistung ist, die nicht aufs trockene Land des „gesunden Menschenverstandes", sondern höchstens von der Traufe

14*

in den Regen führt. Der Skeptiker um jeden Preis ist nicht weiser als der Idiot in Hebels köstlicher Anekdote vom Blendwerk: Die zusammenkrachende Bühne des Zauberkünstlers begräbt alle Zuschauer unter sich außer dem Idioten, der getrost im festen Vertrauen auf den Betrug des Schwarzkünstlers den Wehklagenden zuruft: „Habt doch nur Geduld und seid verständig! Merkt ihr denn nicht, daß es nur Blendwerk ist!"

Inzwischen ist die Photographie auch auf okkultem Gebiet in der Hand ernst zu nehmender Forscher zur Anwendung gekommen. Gewiß, Betrug und Selbsttäuschungen sind auch dabei noch nicht ganz ausgeschlossen. Vielleicht folgt der Photographie eines Tages der Film mit der Zeitlupe, die beide, soweit es überhaupt Apparate vermögen, Kontrolle bieten und Täuschungen unmöglich machen. Was aber, wenn nun Film und Zeitlupe ihrerseits die Echtheit mancher schwer glaublichen Vorkommnisse bestätigen? Werden sich dann die unentwegten Skeptiker etwa hinter die Behauptung flüchten, nunmehr seien nicht nur die anwesenden Zeugen, sondern auch der Kurbelkasten hypnotisiert?

Kritikloser Zweifel und kritikloser Glaube verhindern in gleicher Weise die Prüfung, was eigentlich vorgekommen und was daran ist.

Was bewirken denn die sogenannten übersinnlichen Kräfte? Nehmen wir einmal ein Sitzungsprotokoll des immerhin noch kühlsten deutschen Beurteilers, des Professors Österreich, über die berühmten „Materialisations - Phänomene vor. Nach genauer Beschreibung der Kontrolle gegen Betrug heißt es: „Es traten zunächst Bewegungen an der Stoffüberdeckung der Lampe beziehungsweise dem über sie gelegten Taschentuch auf, rechts, links, auch Zitterbewegungen der ganzen Lampe. Von anderen Teilnehmern wurden bereits nebelartige Gebilde in der Nähe des Tisches bemerkt . . . Von dem neuen Sitz aus habe ich dann drei Phänomene eklatanter Art mit absoluter Sicherheit beobachten können. Zunächst zeigte sich eine kleine Hand hinter dem kleinen Tisch oberhalb seiner Tischfläche. Das Phänomen bestand nur kurze Zeit, kaum wesentlich länger als eine Sekunde, war aber deutlich sichtbar. Der auftretende Überraschungseffekt — es war die erste materialisierte Hand, die ich sah — war einer genauen ruhigen Auffassung der Einzelheiten ungünstig. Doch war die Erkennung des ganzen Gebildes als einer Hand durchaus sicher. Bald darauf zeigte sich ungefähr an derselben Stelle eine zweite Materialisation, die mir ein linker menschlicher Fuß, von der Plantarseite aus gesehen, zu sein schien. Doch war das Gebilde nur so kurze Zeit vorhanden und der Anblick noch so ungewohnt, daß ich der Erkennung als Fuß nicht völlig sicher bin. Das Vorhandensein der Materialisation selbst und ihrer ungefähren Gestalt unterliegt jedoch keinem Zweifel. Ich bin seiner nicht weniger gewiß, wie irgendeiner anderen Wahrnehmung alltäglicher Art. Zur genauen Erkennung bedarf es offenbar der Gewöhnung an diese seltsamen Phänomene und der Übung in ihrem raschen Auffassen." Der Bericht ist typisch für tausend andere über ähnliche Erscheinungen. Der französische Arzt Dr. Gely hat an einem Medium Eva C. (mit dem auch Schrenck-Notzing gearbeitet hat) dieselben Bildungen festgestellt und photographisch festgehalten: eine weiße, rätselhafte Substanz kommt aus Mund und Nase oder aus den Händen des Mediums hervor, bildet sich zu Gesichtern, zu Fingern, zu Armen, zu Beinen um, umhängt sich mit Schleiern und was dergleichen mehr ist. Gleichzeitig treten Klopftöne auf, eine Klingel saust durch den Raum, der Tisch hebt sich, und wenn die Stimmung des Mediums besonders glücklich ist, können die Teilnehmer sogar Wünsche aussprechen, was geschehen soll.

Unglaublich. Ja; aber die Photographie spricht und das Selbstansehen der Erscheinung wahrscheinlich noch mehr. Aber wie dem auch immer sei, lassen wir einen Augenblick die Skepsis fallen, nehmen wir einen Moment auch das Unglaubliche als wirklich und wahrhaftig hin.

In genau diesem Augenblick erleben wir nämlich etwas Verblüffenderes, als der ganze Spuk ist. Wir entdecken nämlich, wie — bedeutungslos er ist. Er ist geradezu schauerlich bedeutungslos. Das Geisterreich oder die Para- oder Meta-Psychologie enttäuschen uns aufs fürchterlichste. Wir waren mit Vorstellungen aus Märchen, Sagen und Aberglauben an sie herangegangen; wir hatten erwartet, Kräfte zu finden von ganz anderer und höherer Art, als wir selber sind, und nun vermögen diese Kräfte nicht einmal so viel wie ein herzlich mittelmäßiger Zauberkünstler, ja, sie stehen offenbar weit unter diesem letzteren.

Gewiß, Sie oder ich können nicht einen herzlich kitschigen Italienerinnenkopf aus einer papiermaché - ähnlichen Masse aus unserer rechten Schulter hervorbringen, wie das Medium Eva C. es kann. Wir können nicht eine Glocke geheimnisvoll schwingen, können keinen Tisch tanzen, keine Spieldose ohne unser körperliches Zutun ertönen, keine Hand erscheinen lassen, wie Herr Franek-Kluski, Fräulein Goligher oder Stanislawa Tomczyk es können. Aber es fragt sich, ob Sie oder ich auf dieses Können sehr viel Wert legen. Die Erscheinungen sind übersinnlich; aber sie sind zugleich auch vollkommen sinnlos.

Diese Beurteilung sei anthropozentrisch, setze auch für übersinnliche Reiche den Menschen als Maß? Ja, aber als Mindestmaß. Wir dürfen von irgendwelchen übersinnlichen Kräften, die uns eine neue Welt erschließen sollen, wohl mindestens dasselbe Quantum an Intelligenz, Zusammenhang und Sinn verlangen wie von uns selber.

Natürlich wäre es denkbar, daß uns die Äußerungen übersinnlicher Kräfte völlig unverständlich und an unserem irdischen Menschen völlig verloren wären. Aber so ist es ja gar nicht. Die Köpfe, die erscheinen, sind Köpfe; die Hände sind Hände und als solche deutlich erkennbar. Nur erscheinen sie eben als sinnlos; das „Supranormale" hat nicht einmal den Sinn, den das Gewöhnliche hat, und der Trancezustand der Herren und Damen, die solche Gebilde hervorbringen können, scheint geradezu unternormale Interessen und Fähigkeiten zur Folge zu haben.

Aber vielleicht meint mancher, die Materialisationserscheinungen seien noch zu wenig bezeugt. Dann dient ihm vielleicht Frau Piper, das weltberühmte nordamerikanische Medium, über das die englische Fachzeitschrift bisher nicht weniger als 3200

Seiten gebracht hat, von denen Österreich sagt: Die im Trance befindliche Mrs. Piper machte oft Mitteilungen über den Namen, den Charakter und die Vergangenheit der Anwesenden sowie anderer ihnen bekannter Personen, nicht nur Lebender, sondern auch Verstorbener. Es waren immer ganz gewöhnliche Dinge, etwa von der Art: wie ein Spazierstock von jemand ausgesehen hat, was er für Manschettenknöpfe trug, wer sie ihm schenkte usw. Und einige Seiten weiter bestätigt Österreich ausdrücklich noch einmal, daß die Sitzungsprotokolle in der Regel „einen recht banalen Inhalt" haben. Das ist jedoch ein sehr milder Ausdruck. Tatsächlich ist der Inhalt nicht nur banal, sondern oft geradezu albern und von einer Zusammenhanglosigkeit der Sprachform und von einer Sprunghaftigkeit der Gedanken, wie sie für manche Formen der geistigen Gestörtheit bezeichnend sind. Dabei ist jedoch ganz sicher, daß die Frau Dinge weiß, die sie auf gewöhnlichem Wege nie erfahren haben kann, nur daß diese Dinge regelmäßig bedeutungslos, wenn nicht albern sind.

Aus allen Gebieten des Okkultismus lassen sich solche Tatsachen häufen, die zwar über gewöhnliche Menschenkräfte hinausgehen, die aber zugleich ihrem Inhalt nach so untermenschlich sind, daß das Interesse für sie tatsächlich einen Beleg für die dümmste menschliche Neugier gerade dann bildet, wenn man auf den Gedanken an Betrug Verzicht tut. Sieht man gut beglaubigte Berichte, ohne seine Kraft mit Winkelzügen zu verlieren, als ebenso wahr an wie jedes vielleicht minder gut beglaubigte historische Ereignis, so springt einem plötzlich die wahrlich nicht wenig schauerliche Tatsache entgegen, daß das Gebiet des Übersinnlichen in den allermeisten Fällen das Gebiet des äußerst Sinnlosen ist. Wobei man gar nicht einmal nötig hat, auf eigentliche Spukerscheinungen, Klopfgeister usw. zurückzugreifen, von deren Wahrheit heute durchaus ernst zu nehmende Forscher fest überzeugt sind.

Aber vielleicht wendet jemand ein, Materialisation und Hellsehen seien doch nicht das ganze Gebiet des Okkultismus. Ganz aufs Geratewohl schlage ich das kleine Buch von Karl Hermann Schmidt auf, das vielleicht am klarsten den Okkultismus disponiert: der Fall des bekannten Mediums Helene Smith. Sie hat Cagliostro, Marie Antoinette, eine indische Prinzessin mit überraschendem Ausdruck von Lebensechtheit, die sogar bis zur Ähnlichkeit in den Gesichtszügen ging, dargestellt. Sie konnte eine genaue historische Kenntnis der Persönlichkeiten nicht haben. Ihr wissenschaftlicher Untersucher, Professor Flournoy, berichtet darüber: „Ihre Augenlider senken sich, der Ausdruck ihres Gesichts verändert sich und ihr Hals schwillt nach Art eines Doppelkinnes an, was ihr mit dem bekannten Bilde Cagliostros eine Art Familienähnlichkeit gibt (dieses Porträt hängt in Fräulein Smiths Zimmer!). Plötzlich erhebt sie sich — sie richtet sich stolz auf, lehnt sich leicht hinten über. ... Dann beginnt Cagliostro zu sprechen, die Stimme erhebt sich, sie ist ernst, langsam und stark, eine kräftige, tiefe Männerstimme, mit fremder Aussprache und starkem Akzent, der dem italienischen sicherlich am nächsten kommt. Er hat ein pompöses, großsprecherisches, salbungsvolles Auftreten, zuweilen ist er streng und furchterregend, zuweilen auch gefühlvoll. ... Es liegt in dem ganzen Wesen Simandinis (der indischen Prinzessin), in dem Ausdruck ihrer Physiognomie, in ihren Bewegungen, dem Klang ihrer Stimme eine träge Anmut, eine Hilflosigkeit, eine melancholische Süße, etwas Entkräftetes und Zauberhaftes, das dem Charakter des Orients, so wie ihn die Zuschauer, die wie ich niemals dort gewesen sind, auffassen, vortrefflich entspricht. ... Der religiöse und feierliche Ernst, mit dem sie sich niederwirft, nachdem sie längere Zeit eine eingebildete Räucherpfanne hin- und hergeschwenkt hat, die Art, wie sie die ausgebreiteten Arme über der Brust kreuzt, niederkniet und sich dreimal zur Erde neigt, bis die Stirne den Boden berührt — die süße Melancholie ihrer Gesänge in Moll, wie sie schleppend und klagend dahinziehen in Flötentönen, die große Geschmeidigkeit ihrer ... Bewegungen, wenn sie in der Phantasie mit einem Affen spielt, die Art, wie sie zu ihm zärtlich ist, ihn umarmt, ihn neckt und lachend schilt und ihre Bewegungen nachmachen läßt. Dies ganze so verschiedenartige Mienenspiel, die exotische Art zu sprechen: all das hat einen Stempel von Originalität, Leichtigkeit und Natürlichkeit, daß man sich staunend fragt, woher diese Tochter des Genfer Sees ohne künstlerische Vorbildung und Kenntnisse des Orients zu einer solchen Vollendung des Spiels gelangt."

Ist das sinnlos? Ist eine überzeugende Darstellung historischer Persönlichkeiten sinnlos? Nein. Nur daß jeder Schauspieler sie besser macht als das Medium. Das Interesse verschiebt sich hier wieder von seinem Ausgangspunkt, dem Was, auf das Wie. Was tatsächlich vorgekommen ist, ist nicht übersinnlich, sondern unter der Normalität selbst eines mittleren Schauspielers.

Dasselbe Buch, ein anderer Fall. „Bei einem Besuch am 14. Oktober 1918, bei welchem auch drei Theologen und ein Arzt anwesend waren, bekam Fräulein H. einen mir vor zwei Jahren geschriebenen Brief in die Hand, worauf sie einen sehr zornigen Gesichtsausdruck annahm und mich fest ansah. Sie sprach u. a.: ‚Ich möchte das Papier in kleine Fetzen zerreisen; ich könnte bös werden, mich sehr ärgern, ich möchte streiten' (zerreißt den Brief in kleine Stücke); jetzt eine Erleichterung! ‚Ich möchte hinhauen auf Herrn Dr. Böhm und Herrn Dr. W. (Arzt); es ist etwas Böses da; Briefschreiber ist uns nicht freundlich gesinnt.' Wie ich im Sommer 1919 erst erfuhr, hatte der Briefschreiber zur Zeit der Analyse gegen mich und den Arzt aus bestimmten Gründen eine große Wut. In diesem Falle erfühlte also Fräulein H. die derzeitige feindliche Gemütsstimmung des in einer anderen Stadt lebenden Briefschreibers."

Ist das nicht wunderbar genug? Durch den verschlossenen Umschlag eines alten Briefes hindurch die jetzigen Gedanken des Schreibers lesen? Um Gedankenübertragung von seiten eines der Anwesenden kann es sich nicht handeln; Dr. Böhm bemerkt ja ausdrücklich, daß er erst später von der feindseligen Stimmung des Briefschreibers erfahren habe. Aus dem Brief selbst kann das Medium die Mitteilung auch nicht haben; im Brief selbst stand ja nichts Feindseliges. So daß sich wirklich das Wunder begibt, daß aus einer indifferenten Mitteilung bei indifferenter und unwissender Haltung der Anwesenden der feindselige Affekt eines dritten, der in einer fremden Stadt lebt, angesagt werden kann. Das scheint zunächst eine außerordentlich harte Zumutung an unseren Verstand. Aber anstatt auszuweichen und bequem die Sache als Schwindel zu erklären. tun wir besser, uns den Bericht genau anzusehen. Was sagt denn das Medium? Sie könnte das Papier in kleine Fetzen zerreißen, böse werden, sich ärgern, streiten, hinhauen; etwas Böses ist da, der Briefschreiber ist uns nicht freundlich gesinnt. Und wieder verschiebt sich wie bei Frau Piper unser Interesse auf die Frage: Wie kann sie davon nur erfahren haben? Die Tatsache selbst, die sie zur Kenntnis bringt, ist ja ganz natürlich und nicht wunderbar, macht uns auf nichts Neues aufmerksam.

Anderes Buch, anderer Fall. Aus Österreich, Okkultismus: „Wir kennen automatisch geschriebene Rätselschriften, Anagramme von so kunstvoller Art, daß man diese Möglichkeit (nämlich der hochentwickelten Intelligenz im medialen unbewußten Seelenleben) nicht abweisen darf. So erhielt z. B. ein gewisser Mr. A., als er probierte, ob er automatisch zu schreiben imstande sei, beim dritten Versuch auf seine an den vermeintlichen Geist gerichtete Frage: ‚Was ist der Mensch?' alsbald die automatisch geschriebene Antwort: Tefi Hasl Esble Lies. Die Auflösung lautet: ‚Life is the less able.'" —

Der tapfere Feigling, der alles für Schwindel erklärt, würde hier rufen: Nicht wahr! Oder: er hat ja gar nicht automatisch geschrieben; er hat sich ja das kunstvolle Anagramm zu Hause zurecht gelegt! Wir, die wir uns ohne Hypothese das Ergebnis genau angesehen, kommen zu weit vernichtenderem Urteil. Wir sagen, daß der produzierte Satz eine Binsenwahrheit, eine Flachheit, nein, sogar in dem Sinne, wie er gemeint ist, eine recht plumpe Unwahrheit darstellt. Denn wenn gegenüber dem übersinnlichen Reich unser Leben das weniger Wertvolle sein soll, dann dürften wir zum mindesten erwarten, daß das Übersinnliche uns Weisheiten zu schenken habe, die tiefer gehen als die sonst produzierten.

Die bisherigen drei Fälle habe ich einfach durch wahlloses Aufschlagen der beiden Bücher gefunden, tatsächlich als „Stichproben" aus einem Gebiet, dessen Kasuistik unendlich ist. Ich konnte nichts anderes tun. Unterwirft man bewußt gewählte Fälle der Kritik, so wird man immer auf die vielen tausend anderen verwiesen, die man unerwähnt gelassen hat. Es ist hier wie beim Antisemitismus. Die regressio ad infinitum ist kinderleicht; der Streit kommt nie zu Ende. Aber wenigstens einen Fall will ich noch anführen, in dem der Erzähler selbst darauf hinweist, daß hier die spiritistische Offenbarung nicht wertlos gewesen sei, daß hier die Kritik nach Sinn und Sinnlosigkeit Schiffbruch leide.

Pfarrer Karl Röhrig zu Potsdam erzählt als „eine mystische, aber wahre Geschichte":

Es war vor dem Krieg, als ich in Berlin einer spiritistischen Sitzung beiwohnte. Vielen war vieles gesagt worden, nur mir nicht. Ich beschwerte mich darüber. Da setzte der Kreis sich noch einmal an den Tisch und dieser erfüllte meinen Wunsch mit dem Satz: „Hüte dich vor Wolmirstedt!" Was ist Wolmirstedt? Ich kannte den Ort nicht. Jemand wußte, daß er in der Nähe von Magdeburg läge.

Nun gut, ich werde mich vor Wolmirstedt hüten und nie hingehen.

Nach ein paar Jahren besuchten mich zwei Damen, das Begräbnis ihres Onkels anzumelden. Ich fragte sie, woher sie kämen. Aus Wolmirstedt, lautete die Antwort. Ich bekundete ein offensichtliches Interesse, was die Damen veranlaßte, mich einzuladen, ihren dort an das Haus gefesselten Vater einmal zu besuchen und ihm von seinem verstorbenen Bruder zu erzählen. Ich sah sie prüfend an, keine Gefahr in ihnen entdeckend, mußte aber doch ihre freundliche Einladung ablehnen. Hüte dich vor Wolmirstedt! Wieder gingen ein paar Jahre dahin. Ich verlebte wundervolle Ferientage in einem Märchenschloß bei Stendal in der Altmark. Eines Tages sagte der Schloßbesitzer: „Begleiten Sie mich morgen auf einer Fahrt nach Köthen. Geburtstagsfeier. Glänzendes Festessen. Wundervolle Gesellschaft!" Natürlich eine Autofahrt. Ich lehnte ab, aber ich wurde gezwungen mitzufahren. Ich saß neben dem Chauffeur, der noch nicht sehr ortskundig war, und sollte ihm beim Suchen des Weges beistehen. Die Karte in der Hand, lese ich plötzlich: Wolmirstedt. „Kommen wir durch Wolmirstedt?“ frage ich entsetzt. „Ja, dort hinten, der spitze Kirchturm, ist Wolmirstedt“, lautet die Antwort. Kaum ist das Wort gefallen, ein Krach, ein Stoß — Panne! „Warum rasen wir auch so wahnsinnig“, rufe ich. Der Chauffeur sagt einfach: „Freuen Sie sich, daß wir nicht im Chausseegraben liegen.“ In der Tat war bei unserem Tempo diese Möglichkeit nicht ausgeschlossen. Erst kürzlich überschlug sich ein Auto auf der Fahrt von Hamburg nach Leipzig und die Insassen waren tot oder schwer verwundet.

Die Flickerei ging vor sich, war beendet. Wir stiegen wieder ein. Wolmirstedt rückte näher. Wir rasen, um die Verspätung einzuholen. Da plötzlich wieder ein Krach, ein Stoß, stärker als das erste Mal. Der Chauffeur fluchte. Der Schloßherr war entsetzt. Seine Begleiterin erzählte, sie habe gestern den ganzen Tag das dunkle Gefühl gehabt, die Sache ginge schief. Ich selbst stimmte bei und erwähnte die spiritistische Warnung: „Hüte dich vor Wolmirstedt!“

Was tun? „Allen Gewalten zum Trotz sich erhalten, nimmer sich beugen, kräftig sich zeigen!“ Der Chauffeur riet uns, zu Fuß nach Wolmirstedt zu gehen und ihn dort zu erwarten. Ich pflichtete ihm bei, weil ich diesen Weg für sicherer hielt. Außerdem riet er, in Magdeburg neue Reifen zu kaufen. „Jawohl, die kosten das Stück 5000 Mark“, meinte der Schloßherr. Er kam deshalb auf den unglücklichen Gedanken, das Auto seines Freundes aus Köthen zu erbitten, das uns entgegenfahren solle. Wahnsinn! Aber ich konnte es nicht verhüten, daß er in Wolmirstedt dieses Telephongespräch nach Köthen richtete, anstatt in Magdeburg neue Reifen bereitlegen zu lassen.

Wir kamen kaum nach Magdeburg. Ohne neue Reifen ging es nicht. Das Geschäft war verlegt und nicht aufzufinden. Überflüssiger Aufenthalt. Endlich ging es mit anderen Reifen weiter. Stark verspätet kamen wir in Köthen an. Die Gesellschaft war schon versammelt. „Wo ist das Auto, das euch entgegenfuhr?“ fragte der Hausherr. Es war uns keins begegnet. Das war um so schlimmer, als es einem anderen Gast gehörte. Das Festessen nahm seinen Verlauf. Plötzlich wurde der Hausherr ans Telephon gerufen. Bleich kehrte er zurück. Was ist geschehen?

Telephonnachricht aus Wolmirstedt: Das Ersatzauto hat eine schwere Panne erlitten und liegt zerbrochen in Wolmirstedt.

Das Fest ging zu Ende. Der Morgen graute. Wir rüsteten uns zur Heimfahrt. Es blieb uns nichts anderes übrig, als die Besitzer des Ersatzautos mitzunehmen, die in der Nähe von Magdeburg wohnten. Unser Wagen war übervoll gepackt. Schon in Köthen hatten wir ein Malheur. Wir fuhren in eine Sackgasse hinein. Ein Schutzmann, der mit seiner Braut von einem Vergnügen heimkehrte, stellte fest, daß nur zwei Personen in dem Geschäftsauto fahren dürften und nicht sieben. Er wollte uns verhaften. Er müsse nach den neuen strengen Bestimmungen verfahren. Es half nichts, daß wir ihm an den Kopf warfen, er sei ja gar nicht im Dienst. Als ob er eine Prämie verdiente, stellte er kaltlächelnd mit einer mehr als preußischen Gründlichkeit unsere Personalien fest. Endlich konnten wir weiterfahren. Wir setzten unsere Gäste, denen wir den Zwischenfall verdankten, in ihrem Orte ab und fuhren weiter nach Magdeburg. Ich saß wieder, wie auf der Hinfahrt, neben dem Chauffeur und verfiel sorglos in einen tiefen Schlaf. Plötzlich fuhr ich auf, wie von der Tarantel gestochen. Ich spürte einen Schlag, als seien alle Glieder zerbrochen. „Wieder eine Panne", fuhr ich den Chauffeur an. „Nein", sagte dieser, „ich fahre ja ganz ruhig." Ich wischte mir den Schlaf aus den Augen und sah, daß wir durch einen Ort fuhren. „Wo sind wir denn?" fragte ich. „In Wolmirstedt", lautete die verblüffende Antwort. Aber schon waren wir durch den Ort hindurch. Noch ein paar unschuldige Häuser und wir hatten die freie Chaussee gewonnen. Mit einem komischen Gemisch von Furcht und Freude sah ich zurück, hinaus. „Hüte dich vor Wolmirstedt!" Mit diesem Gedanken schlief ich wieder ein. Die Gefahr war überstanden. Wer weiß aber, wie es geworden wäre, wenn der Gedanke mich nicht wie ein Schutzengel geleitet und stark gemacht hätte: „Hüte dich vor Wolmirstedt!"

Man sagt wohl, die spiritistischen Offenbarungen seien wertlos. Hier hatte einmal eine ihren Wert. Ich werde den Satz nie vergessen, solange ich lebe: „Hüte dich vor Wolmirstedt!" Oder ob die Geschichte noch einmal ein Nachspiel hat? —

— Was ist hier passiert? Eine Weissagung, zwei Autopannen, eine Fastverhaftung und ein innerer elektrischer Schlag. Dafür die Bemühung des Übersinnlichen? Es scheint ein Mißverhältnis. Wir hatten erwartet, es werde Napoleon geweissagt worden sein: Geh nach Auerstädt und hüte dich vor Leipzig! Aber davon steht nichts da.

Wirklich nicht? Bitte, es gibt ja geschichtliche Weissagungen.

So weissagt ein Hauptmann von Gillhausen in der Nacht vom 3. August 1914 ein sofort niedergeschriebenes Gesicht, dessen Bestandteile — ich kann nicht vollständig zitieren — folgende sind: Langer Krieg, viele Feinde, Belgien schlägt in maßloser Grausamkeit furchtbare Wunden. Neben Frankreich, das er gestoßen, getreten und vergewaltigt sieht von England, eben dieses England als unser Gegner. In Afrika schwere Kämpfe mit Weißen. Zwischen beiden Erdteilen eine unklare Gestalt, die uns zu schaffen macht. (Spanien?) Italien wider uns. Serbien und Rumänien wider uns. Er sträubt sich gegen Rumänien, aber es bleibt. Rußland macht uns große Mühe, wird aber niedergeschlagen, trotzdem Japan ihm hilft. Der Krieg dauert viele Jahre. Fast alle Völker werden hineingezogen, von Nordamerika bis Australien, von Serbien bis zum Kap Horn. Überall England. Alle seine Verbündeten beugen sich vor ihm. 1918 wird es mit Deutschland am schlimmsten. Erst 1920 ist der Krieg zu Ende, oder nur Waffenstillstand? Ob der Kaiser das Jahr 1921 noch erlebt? Er sieht ihn mit Hermelinmantel und Krone die Beine seines eigens umgelegten Thronsessels absägen, die Krone schrumpft immer mehr zusammen, der Kaiser zerrinnt in nichts. England erhält in Indien oder Ägypten den Todesstoß. Deutschland braucht an die 30 Jahre zur Erholung. Rußland erwacht und streitet mit Amerika um den Besitz der Zukunft.

Ist das eine Weissagung? Es ist geradezu ein Prototyp für

die politischen Befürchtungen und Hoffnungen, die sich in Weissagungsform verstecken. Alle diese Einzelheiten standen ja schon offen oder angedeutet vor dem Krieg in unseren anglophilen Zeitungen und Büchern. Daß einiges nicht eingetroffen und einiges falsch vorhergesagt worden ist, ist so schlimm nicht. Aber daß das Ganze ein in prophetische Form gekleidetes Pronunciamento der vor dem Kriege in bestimmten deutschen Parteien verbreiteten anglophoben Politik ist, das allerdings scheint seinen Wert als Prophezeiung um einiges zu mindern.

Aber ist das immer so? O nein. Wir haben ja ganz bestimmte, nicht wegzuleugnende Prophezeiungen. Wir haben ja den alten Herrn Nostradamus wieder ausgegraben. Einer der Vierzeiler, auf die sich heute der Glaube an ihn stützt, lautet:

„Le Lys dauffois portera dans Nanci
Jusques en Flandres électeur de l'Empire:
Neusve obturée au grand Montmorency
Hors lieux prouvès delivré á clere peyne."

Auf deutsch: „Die Lilie des Dauphin wird nach Nancy kommen und wird bis nach Flandern einen Kurfürsten unterstützen. — Neues Gefängnis dem großen Montmorency. — Außerhalb des dazu bestimmten Ortes wird er ausgeliefert werden dem Clerepeyne (oder: einer berühmten Strafe)." — 1633 drangen die Truppen Ludwigs XIII. in Nancy ein und der König folgte am anderen Tage. Nancy war die Hauptstadt des Herzogtums Lothringen und gehörte nicht zu Frankreich, sondern wurde von diesem bekriegt. Der König drang 1635 bis nach Flandern vor, um die Sache des Kurfürsten von Trier zu unterstützen, der von den Spaniern gefangen und nach Brüssel geführt worden war. — 1632 wurde Heinrich II. Montmorency wegen Rebellion gegen den König im neuerbauten Gefängnis des Rathauses von Toulouse eingesperrt. Aus Gnade erwirkte es die Familie, daß er weder auf dem öffentlichen Hinrichtungsplatz noch vom Henker hingerichtet wurde. So wurde er im verschlossenen Hofe des Rathauses von einem Soldaten, der Clerepeyne hieß, enthauptet. — Ludwig XIII. war seit dem Tode des Nostradamus der erste König von Frankreich, der vor seiner

Thronbesteigung den Titel Dauphin geführt hat. — Der Name des Soldaten, der Montmorency hinrichtete, ist von zwei Zeitgenossen desselben bezeugt."

Die Verblüffung, die man über das wunderbare Eintreffen dieser, und nicht dieser allein, Weissagung empfindet, mindert sich zwar zunächst etwas, wenn man erwägt, daß Nostradamus über 2000 solcher Vierzeiler schrieb, so daß wohl durch Zufall hier und da einer zutreffen kann; daß er seine Weissagungen in einer absichtlich dunklen Sprache hielt; daß der Sinn selbst von sehr erfahrenen Philologen nicht über jeden Zweifel sicherzustellen ist, daß er sehr häufig Schlüsselwerte verwandte: kurz, daß die gesamten Weissagungen ein dunkler Irrgarten sind; und daß schließlich zu allem Überfluß noch während des Krieges sich einige deutsche Nostradamus-Kenner herzhaft blamiert haben, als sie aus dem Rätselbuch natürlich uns einen glänzenden Sieg herausdeuteten.

Das alles aber macht das Eintreffen dieses Vierzeilers und einiger anderer nicht weniger wunderbar. Ich führe im folgenden Schmidt „Die okkulten Phänomene" an: Daß bei dem angeführten Vierzeiler die Erfüllung durch einen Zufall ausgeschlossen ist und daß man auch nachträglich (post eventum) nichts hineingedeutet hat, ergibt sich allein aus der Anführung der vielen Namen. Hätte die Prophezeiung gelautet: Wenn der König nach Norden vordringen wird, dann wird an einer ungewöhnlichen Stelle ein Graf enthauptet werden, so hätte man das Recht, von einer vieldeutigen Prophezeiung und einer zufälligen Erfüllung zu reden. Es steht aber im Vierzeiler von Nancy, Dauphin, Flandres, Montmorency, Clerepeyne; es handelt sich also um eine individuelle, einmalige Zuordnung zwischen Vorhersage und Ereignis." Es mag sein, daß die Bedeutung der Eigenamen etwas überschätzt wird, da sie bis auf Clerepeyne sämtlich große Städte und große Granden bezeichnen. Aber selbst, wenn man das einräumt, berechtigt es noch nicht, wegwerfend von einem „Zufall" zu reden.

Und nun, in demselben Augenblick, wo wir zugeben, daß der alte Herr Nostradamus tatsächlich ein Weissager gewesen ist, erleben wir wieder dieselbe Enttäuschung, an die wir uns schon bei den Medien gewöhnt hatten. Wir werden nämlich inne, daß es ganz unmöglich war, hinter den Sinn des Vierzeilers zu kommen, bevor die Prophezeiung sich erfüllt hat. Solange sie sich nicht erfüllt hatte, war der Vierzeiler des Nostradamus ganz sinnloses Gekritzel, wie es heute noch die weitaus meisten seiner Prophezeiungen sind. Erst als das Ereignis eingetreten war, bekamen auch die Zeilen Sinn. Wir gewöhnlichen Menschen werden Worte, die sinnlos bleiben, bis es zu spät ist, Weissagungen, die wir erst mühsam lange nach Eintreten des Ereignisses deuten können, nicht gerade als Musterbeispiele von Weissagungen anzusehen vermögen und vielleicht, wenn wir ehrlich sind, recht enttäuscht sein. Die Kunst der Weissagung sinkt in genau dem Augenblick unter das bloße Vexierspiel herab, wo wir ohne Umstände an sie glauben, wie das Reich der Medien unter die Illusionsbühne herabsank gleichfalls in dem Augenblick, als wir unseren Widerstand aufgaben.

Paradox könnte man sagen, die Scheu und Abneigung, daran zu glauben, macht erst das Reich des Übersinnlichen so bedeutsam. Wenn bisher seine wirkliche Bedeutungslosigkeit nicht recht bemerkt wurde, so liegt das daran, daß die wenigen ernsthaften Forscher ihre Kräfte mit Aufrechterhaltung von Kontrollmaßnahmen, mit der Scheu vor Anerkennung des Übersinnlichen verzettelt haben. Wenn dann wider Erwarten auch unter den ängstlichsten Prüfungsbedingungen überhaupt etwas nicht Normales eintrat, waren sie so überrascht, daß sie zu einer Prüfung der Bedeutung und des Wertes des Eingetretenen gar nicht mehr kamen. Gibt es „Geister" und „Gespenster" — und die Sache bleibt dieselbe, auch wenn wir an Stelle dieser Worte neutral und gelehrt klingende Ausdrücke setzen — gibt es tatsächlich so etwas wie Geister, so müssen sie in der Tat, mit Dickens zu reden, „große Tröpfe" sein.

Vielleicht ist der Begriff „sinnlos", mit dem hier operiert wird, noch nicht genügend klar geworden. Dafür will ich ein letztes Beispiel aus der persönlichen Erfahrung anführen. Ein Freund, der an das Wesen des Okkulten glaubt, erzählte mir neulich, daß z. B. Gustav Meyrinck ein okkultes Training durchgemacht habe wie sonst kein Europäer. Ich weiß von okkultem Training nur aus Büchern, habe seine Wirkungen nicht am eigenen Leibe verspürt. Aber der Bekannte war doch etwas betroffen, als ich ihm sagte, ich wundere mich, daß Meyrinck diese übermenschliche Anstrengung, „die kein sonstiger Europäer ausgehalten hätte", nur mit einigen Romanen belohnt worden sei, die z. B. die künstlerische Größe Poes nicht erreichen — von denen, die größer als Poe sind, ganz zu schweigen. Es besteht ein offenbares Mißverhältnis zwischen der Aufbietung der übersinnlichen Kräfte und ihrem Ergebnis. Die sinnlichen Kräfte erreichen mehr. Das Übernormale bleibt unternormal.

Derselbe Freund sagte mir auch, daß die heutigen wissenschaftlichen Okkultisten wie die Kinder mit Kräften spielen, von deren wahrer Natur sie keine Ahnung haben, daß, wenn einmal die Wand des Unbewußten durchbrochen sei, das Ende der Welt bevorstehe. Mag sein. Sicher ist, daß Okkultismus, wenn wir seine Ergebnisse als wahr unterstellen, nicht Durchbruch zu einer großen Welt, höchstens Einbruch in eine etwas lächerliche Schreckenskammer darstellt. Bangemachen gilt nicht. Gerade wenn wir das Unbewußte als unseres Lebens höchste Kraft verehren, müssen wir ihm auch die Kraft zutrauen, sein Eigenstes, den Kern, vor täppischem Zugriff zu schützen.

Aber ist das Übersinnliche wirklich immer sinnlos? Da stoßen wir auf die große Beschränktheit des wissenschaftlichen Okkultismus: Es ist nur sinnlos im Experiment, unter Kontrollbedingungen. Es ist nicht sinnlos als Lebensvorfall.

Wenn Christus Wasser in Wein verwandelt, weil den Hochzeitern das starke Getränk ausgegangen ist; wenn er vor dem weinenden, bittenden Vater eine Tote auferstehen läßt, wer kann da von Sinnlosigkeit reden? Aber diese Fälle sind es ja eben, die der wissenschaftliche Okkultismus mangels Kontrollbedingungen nicht glauben will, die er schließlich ebenso heftig bekämpft wie irgendein Agnostiker. Daß sie ihren Wert und ihre Glaublichkeit im ganzen Zusammenhang der Dinge haben; daß der Wert dieser Glaublichkeit dadurch gesteigert wird, daß

Christus das Wunder als Erweis seines persönlichen Wertes mehrfach schroff ablehnt: das geht ihnen nicht ein. Sie verlangen Kontrollbedingungen und stoßen dabei auf die ganze Sinnlosigkeit der Hexenküche ohne ihren poetischen Zauber.

Aber sie berufen sich ja noch, ganz wie die Ungläubigen, auf etwas anderes: darauf, daß diese Ereignisse entlegen, vielleicht gelogen, zur Prüfung jedenfalls nicht geeignet seien. Kommen sie denn heute nicht mehr vor? Ich lese etwa den Bericht von einem Soldaten, der plötzlich im Felde die Stimme seiner verstorbenen Mutter hört. Er läuft ihr beängstigt nach; im nächsten Augenblick ist das Haus, aus dem er kam, von einer Granate zerstört. Lüge? Wir wissen es nicht. Der Stil des Erzählers macht das unwahrscheinlich. Zufall? Dann war es ein ganz wunderbarer Zufall. Eine natürliche Erklärung durch Selbsthalluzination ist möglich? Immerzu. Aber sie schafft die wunderbare Wirkung (nicht der Rettung eines Menschenlebens, sondern) der Rettung eines Sohnes durch seine verstorbene Mutter nicht aus der Welt. Gleichviel, ob Zufall oder Selbsttäuschung: die sinnvolle Verknüpfung von Mutter und Sohn bleibt bestehen. Wendet jemand ein, das sei ihm zu wenig, er begehre von den übersinnlichen Kräften mehr, als bloß die Fortsetzung des Hierseins unter anderen physikalischen Bedingungen, so hat er meinen Beifall. Aber was hier erwiesen werden sollte, ist nur, daß dieser „unkontrollierbare" Fall ebenso sinnvoll ist, wie unser Leben. Wohingegen die kontrollierten Fälle sinnloser sind als unser Leben. Der Fall, ob Lüge, Zufall oder Selbsttäuschung, zeigt deutlich das Mindeste dessen, was wir vom Übersinnlichen erwarten dürfen. Der wissenschaftliche Okkultismus bleibt überall unter diesem Minimum.

Was ist denn die Wirkung des heutigen wissenschaftlichen Okkultismus? Wir haben es schon kurz gestreift: Ihm liegt vielleicht weniger an der Erforschung der okkulten Tatsachen, deren Qualität er ja nicht beachtet. Ihm liegt mehr an der Erschütterung der bisher angenommenen Naturgesetze. Denn das kann nicht bestritten werden, daß, wenn auch nur ein einziges Mal in einer spiritistischen Sitzung ein Gegenstand sich frei vom

15*

Tisch erhoben hat, das „Gesetz der Schwere" als unverbrüchliches Dogma aufgehoben ist. Die an sich ganz sinnlosen Tatsachen, die der wissenschaftliche Okkultismus zutage fördert, scheinen doch unser ganzes bisheriges Weltbild, die Gesetze der Naturwissenschaft, zum Zusammenbruch zu bringen.

Scheinen? Nein, sie tun es. Unser bisheriges Weltbild ist bankrott.

Aber — — war das wirklich unser Weltbild? Es war das Weltbild einer engen Sekte von Naturwissenschaftlern. Nicht einmal das. Kein noch so orthodoxer Gläubiger der Naturgesetze hat wirklich auch nur eine Minute aus dem Gefühl heraus gelebt, daß er sich auf einer Kugel befinde, die ihrerseits wieder um andere Kugeln rotiert, welche ihrerseits wieder ... bis ins Unendliche. Ptolemäus, Kopernikus, Einstein sind die einzigen Märchenerzähler, denen trotz aller ihrer Beweise nie geglaubt wurde. Sie konstruierten die ewig gültigen Naturgesetze und vergaßen dabei, daß sie die Welt höchstens ausgemessen, nicht aber wie ein Dreieck konstruiert haben. (Daher kommt es, nebenbei gesagt, daß Naturwissenschaftler in der Geschichte des Okkultismus eine so große Rolle spielen. Wenn sie einmal dahinter gekommen waren, daß ihre sogenannten Gesetze keine Gesetze, sondern nur konstruktive Gedanken sind, so werden gerade sie am leichtesten geneigt, sich in den Okkultismus zu flüchten.) Wir anderen haben immer den fallenden Apfel als ein Wunder, ein Unerklärliches, angesehen, das nur den einen Nachteil hatte, zu oft vorzukommen.

Und doch könnte hier, in dem Ducken überheblicher Naturwissenschaftler, ein Verdienst des wissenschaftlichen Okkultismus liegen, und manche Leute, vor allem die wissenschaftlichen Okkultisten selbst, sind denn auch naiv genug, die Sache so anzusehen. Es könnte ja der Freiherr von Schrenck-Notzing Herrn Newton triumphierend entgegenhalten, daß sein Gesetz von der Schwerkraft so unverbrüchlich offenbar nicht sei, daß es vom Gesetz weit entfernt sei; denn am 28. Juli 1922 hätte in seiner Wohnung in der Arcisstraße in München ein schwerer Tisch sich ohne körperliche Kraft vom Boden erhoben. Das wäre eine wissenschaftliche Feststellung, an der nicht zu rütteln wäre, die nicht so konstruiert wäre wie Herrn Newtons Fallgesetze. Schade nur, daß Schrenck-Notzing gerade das Gegenteil tut. Er (und die anderen wissenschaftlichen Okkultisten) konstruieren schleunigst, um die Dinge plausibel zu machen, wieder eine körperliche Kraft. Sie kommen schließlich darauf hinaus, die Dinge seien ja durchaus nicht so wunderbar. Sie bitten flehentlich Herrn Newton, sie doch in seine Sekte aufzunehmen. Rationalismus und Materialismus erweitern ihren Radius.

Nur das? Aber sie konstruieren ja Theorien, Hypothesen, die noch weit unzureichender sind als die ihrer naturwissenschaftlichen Gegner.

„Der Vergleich der Materialisations-Prozesse", sagt Österreich, „mit den Schöpfungen Gottes liegt nahe. Sie erscheinen wie ein schwacher Abglanz der göttlichen Schöpfungskraft, die ihrerseits Gebilde von weit größerer Konsistenz und Beständigkeit zu schaffen vermag."

Der einzige Einwand dagegen ist, daß Gottes Schöpferkraft sich in den ganz bekannten und sinnlichen Dingen, vom Embryo an bis zum Goetheschen Gedicht, noch etwas stärker zu erkennen gibt als in dem übersinnlich-unsinnigen anatomischen Wachsfigurenkabinett der Medien.

Immerhin muß es sich Gottes Schöpferkraft noch gefallen lassen, wenn sie mit den Materialisationserscheinungen in Verbindung gebracht wird. Schlimmer wird die Sache, wenn das Gleiche mit der Mystik geschieht; wenn zunächst behauptet wird, daß zwischen der Inspiration eines Genies und eines Magiers eine völlige Analogie besteht; weil weder hier noch da der Begnadete sich durch ethische Qualitäten auszuzeichnen braucht (was ein offenbarer Unsinn ist, denn Genies sind Arbeiter, Arbeiter, Arbeiter, Arbeiter; Medien und Magier sind die ewig Arbeitslosen); und wenn im Anschluß betont wird, daß zwischen Meister Eckhart und dem Okkultisten nur ein Unterschied des Grades, nicht des Wesens bestehe.

Was besteht, ist nicht nur ein Unterschied, sondern der schärfste Gegensatz des Wesens.

Allerdings beileibe nicht in der Art, daß Mystik Anbetung der Intuition, schweigende Verehrung des Unerklärlichen wäre, und die Aufklärung der okkulten Phänomene Rationalismus. Mystik ist ja nicht das Eingeständnis eines Nichtwissens, sondern ein Hindurchgegangensein durch das ganze Gebiet des Rationalen, ein Nichtmehrwissen, ein Wieder-Unbewußtwerden. Wissenschaftlicher Okkultismus ist gerade das Umgekehrte: der Versuch, experimentell, mit einem großen Sprunge das Wunderbare (das der Mystiker höchstens als Station auf seinem Wege antrifft) zu erreichen und es dann rationell zu erklären. Mystik kommt nach der Ratio, zeitlich und kausal. Beim Okkultismus kommt die Ratio nach dem „Wunder“. Deutlicher wird das im Stil. Der Mystiker bittet beinahe nach jeder seiner Behauptungen den Leser um Entschuldigung: es sei alles nicht so gemeint: man könne eigentlich gar nichts sagen; Worte seien ganz unzureichende und beinahe sündliche Bilder. Der Okkultist glaubt, ganz naturwissenschaftlich, alles erklären zu können. Er ist nicht hindurchgegangen durch die Ratio. Er hat noch gar nicht einmal recht mit ihr angefangen. Sonst wären ihm die sinnlosen Ergebnisse seiner Versuche wohl selbst aufgefallen.

eben: Wenn Sokrates sagt, daß er weiß, daß er nichts weiß, impliziert dies einen tiefen Durchgang durch das Wissen bew-/gewußte, durch die rad. Erkenntnis –

XIX
Das Warenhaus

Was ist Anthroposophie?

Sie ist das Warenhaus aller, aber auch aller verkappten Religionen, für alle Stellungen und Berufe, alle Geschlechter, alle Lebensalter.

Sie sind Arzt? Wir verfügen über vier Leiber und einige Zwischenstufen.

Sie sind Philosoph? Bitte, bitte, unbegrenzt reiches Lager, 253 Weltanschauungen.

Wir lernen in Ihnen die bekannte Tänzerin kennen, gnädiges Fräulein? Bitte, gleich rechts: Untere Abteilung für Eurhythmie.

Sie sind Geschichtsforscher? Bitte, bemühen Sie sich in den zweiten Stock: Vergangene und künftige Zeitalter.

Wie? Wir haben die Ehre mit einem in Gewissensnot befindlichen Theologen? Bitte, Fahrstuhl rechts Jawohl, unsere Abteilung hat 7 Christusse und 14 Apokalypsen ... Selbstverständlich, Sie können auch außerchristliche Religionen haben.

Optimist sind Sie? Bitte, sprechen Sie im Souterrain in unserer Abteilung für Wiedergeburt bei dem weißgekleideten Fräulein vor.

Ein Pessimist? Ist nicht so schlimm. Bitte, sprechen Sie im Souterrain in unserer konkurrenzlosen Abteilung für Wiedergeburt bei dem schwarzgekleideten Fräulein vor.

Kein Varieté-Direktor will Sie mehr engagieren als Kettensprenger? O, da hilft unsere Abteilung für Yoga.

Ein notleidender Schriftsteller? Ja, ja, die Not der Presse! Nun, wir verfügen immerhin über etliche Zeitschriften und einen Buchverlag; vielleicht läßt sich etwas tun.

Aber natürlich, gnädige Frau. Wir haben eine besonders sorgfältig geführte Abteilung für lebensfrische untröstliche Witwen.

Zimmermann sind Sie? ... Ein edler Beruf ... der Vater des Christus ... wir werden sehen, was wir für Sie tun können.

Wenn Sie sich gut führen: das Goetheanum wird wieder aufgebaut.

Ah, verehrter Herr Geheimrat, Sie sind Politiker und Wirtschaftsmensch? Einen Moment bitte. Nehmen Sie einen Klubsessel und eine Waldorf. ... Sie wissen doch, der Meister und der englische Unterrichtsminister ... ja, ganz ausgezeichnete internationale Verbindungen. Da kommt unser Rayonchef für Dreigliederung des sozialen Organismus. Darf ich

Das seien schlechte Witze, aber keine Kritik?

Aber der Versuch einer rationalen Kritik ergibt ja genau dasselbe. Bemerke ich Herrn Steiner, daß er in seinen Büchern weniger Geheimwissenschaft als Courthsmalerei treibt, so erwidert er, sie hätten einen ganz anderen Sinn, als ich annehme.

Weise ich auf die logischen Widersprüche hin, so sagt er, die würden sich schon geben, wenn ich tiefer in die Sache eingedrungen sei.

Unterziehe ich mich der Geheimschulung ohne Erfolg, so weist er mir haarscharf nach, daß einzig meine mangelnde Devotion, meine vorlaute Vernunft daran schuld seien. (Unterziehe ich mich der Geheimschulung mit Erfolg, so muß ich auf meine Vernunft verzichten.)

Und rufe ich ihm endlich zornig zu, daß so viele aus der Anthroposophie geschieden seien mit einem Knacks fürs ganze Leben, mit wirrem Hirn, grauem Haar und müden Augen, dann sagt er bedauernd kaltblütig, das seien Unwürdige gewesen, unfähig, das strahlende und versengende Licht seines Geistes und seiner übersinnlichen Offenbarungen zu ertragen.

Kritik ist hier machtlos. Wir hatten den Fall schon einmal: bei Cagliostro; wir verdanken Heinrich Conrad die Veröffentlichung eines Tagebuches, das Elisa von der Recke, erst seine Schülerin, dann seine Kritikerin, über ihn geführt hat. Gegen Cagliostros letztes Aushilfsmittel kommt kein Räsonnement an. Wenn die Sache schwül wird, geht er vom Stolz auf sein Wissen zu äußerster Demut und scheinbarer Gewissensnot über; auch um seine eigene große Seele rängen, wie um die seiner

Schüler, gute und böse Geister. Ein hoffärtiger Schwindler ist auch bei starker Hörigkeit seiner Schüler noch zu durchschauen, muß er doch auftrumpfen, fortwährend neue Versprechungen machen, neue Erfüllungen geben. Aber wer kann einem demütigen, gelegentlich, wenn es brenzlich wird, scheinbar in Gewissensnot befindlichen Heiligen zu Leibe gehen? Nicht einmal er selbst. Einmal passiert dem bäuerlichen Sizilianer das Mißgeschick, in Gegenwart der baltischen Baronin eine Zote zu erzählen. Und sie, die von ihrem Glauben durch keinen Zuspruch abzubringen war, ist nun in ihrer Herzenskultur gröblich verletzt. Nun „verlor Cagliostro ganz mein Vertrauen". Nun glaubt sie — was? Daß der vorgebliche Graf ein Bauerntölpel ist? Daß der vorgeblich bei allen großen Meistern des Orients und Okzidents in die Lehre Gegangene in Wahrheit ein dummer Jahrmarktsverkäufer ist? Sie schließt beinahe umgekehrt, daß Cagliostro nunmehr gänzlich „den bösen Geistern anheimgefallen" sei. In demselben Augenblick, da er ihr Vertrauen enttäuscht, ihr Herz beleidigt, wird — weit gefährlicher! — ihr Mitleid rege.

Auch noch nach seinem Fall glauben seine Jünger fest an ihn. Noch nach seiner Verurteilung und der Veröffentlichung der Prozeßakten behauptet Lavater, immerhin nicht ganz der erste beste, der Verurteilte sei zwar ganz sicher ein Betrüger gewesen; aber — man habe eben nicht den richtigen Cagliostro verurteilt. Im Kerker der Inquisition zu Rom liege ein Subjekt, das sich diesen ehrwürdigen Namen angemaßt habe.

Wie gesagt, Kritik ist hier machtlos. Ich habe auch noch keine gelesen, die eine rationale Zergliederung auch nur versuchte. Die Kritiker beschränken sich vielmehr darauf, einzelne besonders anstößige und lächerliche Fälle hervorzuheben und dann gewissermaßen achselzuckend zu sagen, ja, wenn ihr's nun nicht einseht, dann ist euch nicht zu helfen. Es ist auch nicht zu helfen. Wenn Steiner behauptet, daß auf Grund der Bibelstelle: „Das Wort ward Fleisch" der Kehlkopf eines schönen Tages Geschlechtsorgan sein werde, so ruft jeder von uns dem Enthüller zu: sapienti sat. Aber es läßt sich nicht leugnen, daß dieses Verhalten, so vernünftig und begründet es auch ist, das Gegenteil von Kritik ist.

So weit ich sehe, sind sämtliche gegnerischen Beurteiler Steiners der Meinung, er stelle Behauptungen ohne Beweis auf; und sie legen viel Wert auf diese Tatsache. Aber wir alle stellen ja gelegentlich Behauptungen ohne Beweis auf und gegen beweislose Behauptung läßt sich der Gegenbeweis immer noch führen. Wenn etwa Freud ohne Beweis behauptet: der Traum ist eine Wunscherfüllung, so kann ich durch ein logisches Verfahren diese Behauptung auf ihre Wirklichkeit reduzieren: jeder Traum kann als Wunscherfüllung gedeutet werden.

Bei Steiner liegt der Fall umgekehrt. Er stellt keine Behauptungen auf und läßt dadurch auch keinen Gegenbeweis zu. Er bejaht grundsätzlich alles, schließt nichts aus; alle empirischen Tatsachen, alle 253 Weltanschauungen, alle Religionen werden bejaht. Er bejaht Übersinnlichkeit und Sinnlichkeit; er bejaht Intuition und Wissenschaft. Er läßt jeden nach seiner Façon selig werden. Gerade darauf, daß er Religion und Welt, Geist und Fleisch, Gott und Natur nicht zu versöhnen: nein, das Fleisch göttlich, die Triebe religiös, den Körper, nein, die Körper zum Gefäß der Offenbarung zu machen verspricht, beruht sein Erfolg auch bei ernsteren Menschen.

(Das Einzige, was er vorläufig nicht bejaht, sind die Gegner der Anthroposophie. Aber das wird schon noch kommen. Auch den anderen schwarzen Punkt, die Courthsmalerei, wird er verschwinden lassen, wenn er noch oft darauf hingewiesen wird. Steiner ist ein strebsamer Mann. Er kann ja auch anders.)

Was also will man gegen ihn unternehmen? Schon vor 100 Jahren haben sich die besten Leute darüber die Köpfe zerbrochen. Conrad führt einiges davon an. Schiller schrieb seinen Geisterseher; Goethe den Groß-Kophta und zornig ironische Notizen; Kant verglich das Unwesen mit der Grippe, was seitdem oft wiederholt worden ist, und fuhr fort: „Wider diesen Unfug ist nun nichts weiter zu tun, als den animalischen Magnetiseur magnetisieren zu lassen, solange es ihm und anderen Leichtgläubigen gefällt. Weitläufige Widerlegung ist hier wider die Würde der Vernunft und richtet auch nichts aus. ... Wie denn auch dergleichen Ereignisse in der moralischen Welt immer nur eine kurze Zeit dauern, um anderen Torheiten Platz zu machen." Aber sie alle haben ein Mittel gegen den Unfug, wohl das einzig wirksame, vergessen. Die große Katharina in ihrem gesunden Menschenverstand war weiser und weniger resigniert, als der große Immanuel: sie bekämpfte Cagliostro durch — drei Lustspiele. (Um nicht ungerecht zu sein: Wie weit war Cagliostro Herrn Steiner überlegen! Welche Luft von wirklichem Leben umwittert den Vorfahren! Er war Abenteurer großen Stils; Steiner ist nur ein tüchtiger Warenhausbesitzer. Auch die Mystagogie verfällt und wird bürokratisch. Wir leben in einer Zeit der Dekadenz.)

Wie würde ein Lustspiel der verkappten Religionen heute aussehen?

Erster Akt: Der große Befriediger; siehe den Anfang dieses Abschnittes.

Zweiter Akt: Der noch viel größere Befriediger; er läßt den großen Steiner bestehen als einen kleinen Vorläufer. Aber das Richtige beginne natürlich erst bei ihm, dem ganz großen Befriediger. Steiner sei immer noch ein kleiner Exoteriker. Wütender Kampf um die Seelen der Anhängerschaft, um Männlein und Weiblein, Zigarettenfabriken und Buchverlage, um Erlösung suchende Theologen und kleine Tänzerinnen. Der größere Befriediger siegt. (Etwa durch die Lieblingsschülerin des Befriedigers, die mit dem vielen Geld.) Das neue Zeitalter bricht an, der größere Befriediger erreicht alles, was Steiner nicht erreicht hat.

Dritter Akt: Der Betrüger. Er bringt durch Betrug, durch Ausnutzung der beiden anderen, die Welt wieder zu gesunden Sinnen — und der Witz ist, daß dies der einzige Weg bleibt, auf dem *diese* Welt wieder zu gesunden Sinnen gebracht werden kann.

Das brauchte kein toller und frecher Schwank zu sein; auch kein Lehrstück. Packte den Stoff ein Dichter, er könnte darin die Bedrängnis aller Kreatur lustig lamentieren lassen; die tiefe und durchaus nicht verächtliche Unbefriedigung, das Ringen, nein, nicht das Ringen, aber das Seufzen und Stöhnen, die Furcht und Hoffnung, die heute auch wertvolle Menschen zur Anthroposophie bringt. Ja, er könnte noch mehr, wenn er ein Dichter wäre: uns allen das Stück verkappte Religion zeigen, das irgendwo in uns kauert, die Neugier, die „dahinter kommen will".

Freilich, wenn er damit bis ans Ende geht, so wird das Stück ihm unter der Hand zur Tragödie. Denn was ist Anthroposophie? Der heutige Antisemitismus ist die Schuld und Entehrung jedes Menschen, der in Deutschland politisch arbeitet. Die Anthroposophie, das Warenhaus der verkappten Religionen, ist die Schuld jedes Menschen, der vorgibt, Seelsorger zu sein, gleichviel, ob er das durch Religion oder durch Kunst, durch Philosophie oder durch Politik besorgt. Gleichviel, ob eine Kanzel oder ein Hörsaal oder ein Verlag oder eine Zeitung oder ein Schreibtisch ihm gehört. Wir wollten Seelsorger sein; und Herr Steiner, der Warenhausbesitzer der verkappten Religionen, belehrt uns sehr scharf darüber, daß wir keine sind.

XX
Arbeit und Gnade

Den Menschen vorzeitig zu trösten, ihm eine Zuflucht zu bieten, während doch der Kampf nicht ausgekämpft ist, noch nicht einmal begonnen hat, ihn zum Deserteur an der eigenen Sache zu machen: das ist der gefährlichste Charakter der verkappten Religionen.

Keiner von uns ist davon frei, nicht einmal in der Religion selbst. Wir alle sind noch geneigt, Gedanken und Spekulationen über Religion und ihre Notwendigkeit mit dem Erwachen der Religion zu verwechseln. Wir alle halten allzu leicht die religiöse Sehnsucht unserer Tage schon für eine Vorstufe religiöser Erfüllung, für eine Zuflucht und Geborgenheit.

Wir alle ziehen den bequemen Weg des vorzeitigen Ab brechens, der Flucht in irgendeine Idee vor.

Wir fliehen statt zu kämpfen: der eine in seine religiöse Sehnsucht, der andere zu den verkappten Religionen. Nicht selten gehen beide ein Bündnis ein und im schlimmsten Fall wird Religion zur verkappten Religion.

Was sollen wir tun?

Wir haben keinen Glauben, der uns alle umspannt, und wir wissen nicht, ob ein solcher Glaube kommen wird. Das eine aber sollten wir wissen, daß er nicht erzwungen, erarbeitet, durch allerlei Gedanken erlistet werden kann.

Die Arbeit, die wir tun und mit der wir rechnen können, ist, das eine vom anderen scheiden; scharf, bohrend, forschend und doch zuletzt unbekümmert in unserer Arbeit. Lassen wir erst die Zukunftshoffnung, den süßen und leichtsinnigen Trost der verkappten Religionen und der voreiligen religiösen Sehnsucht fahren; stehen wir uns erst einmal gegenüber, jeder mit einem bis ins Letzte klaren Bild davon, was er aus Welt und Menschen machen will: dann mag sich an uns das Wunder begeben: Liebet Eure Feinde. Haben wir nur ohne Stimulantien und Opiate, ohne Rausch und Leichtsinn und voreiligen Trost den

Mut, einander Feind zu sein, dann mögen wir uns noch als Feinde lieben, weil jeder dem anderen zu hellerer Klarheit, zu stärkerer Kraft hilft.

Das ist es, was in unserer Macht steht. Das kann unsere Arbeit erreichen.

Darüber hinaus liegt — Gnade.

ANMERKUNGEN

Fachsprachen als Geheimsprachen (S. 36)

Wie gehoben fühlte sich nicht jeder von uns armen Teufeln, der während der Geldentwertungszeit in Aktien anlegte, durch die Anfänge der Beherrschung der Börsensprache, die uns so lange ein Buch mit sieben Siegeln gewesen war! Welche Wichtigkeit gab uns das Verständnis der Nücken und Tücken eines Kurszettels vor uns selbst! Während doch in Wahrheit dahinter nur die bare Not stand.

Homosexualität (S. 38)

Die Diskussion entnehme ich der deutschen Übersetzung der Wildebiographie von Frank Harris (S. Fischer).

Den ganzen homosexuellen Gefühlskomplex faßt Adolf Brandt, Herausgeber verschiedener homosexueller Zeitschriften, in den einen Satz zusammen: „Wir sind die Besseren." Er gibt dann die verkappte Religion der Homosexualit glatt zu: Die Liebe zum Freunde sei für sie das Schönste und Heiligste auf dieser Erde; seine Schönheit unsere Religion — seine Freiheit unsere Stärke — seine Ehre unser Vaterland.

Was wir später noch oft sehen werden, tritt uns hier gleich ganz scharf entgegen: daß nämlich die verkappte Religion immer ihre eigenen Ziele vernichtet. Wahrscheinlich wäre mit dem § 175, der gegen den geborenen Homosexuellen eine Brutalität ist und den pervertierten nicht abschreckt, der außerdem eine Zuchtanstalt für Erpresser ist — wahrscheinlich wäre mit diesem Paragraphen längst aufgeräumt und auch der homosexuelle Verkehr den sonstigen Sexualstrafgesetzen unterstellt, ohne diese Behauptung: wir sind die Besseren! Sie und sie allein ist es, die uns Normalen ein Recht zu geben scheint, den Homosexuellen zu bestrafen. Denn gegen die Homosexualität als Weltprinzip wehren wir uns und das mit vollem Recht.

Wanderers Nachtlied (S. 51)

Die beiden Gedichte sind hier nebeneinander gegeben, weil sie ein typisches Beispiel dafür sind, auf welchem Wege die „Deutung" eines Kunstwerkes tatsächlich möglich ist: nämlich — — durch ein anderes Kunstwerk.

Wille und Rasse (S. 57—106)

Das Ergebnis dieser Abschnitte hat Hans Heinrich Ehrler vorweggenommen, als er Energie mit Inkraft übersetzte; und als ihm (in den Briefen vom Land) die Schönheit einer jungen Gräfin den Gedanken ablockte, „wie viele edle Frauen darum drunten in der Gruft der Kapelle liegen müßten, bis diese hohe Schönheit geworden sei". Wille als Inkraft; Rasse als Opfer; keine Angelegenheit der Völker und Volkssippen, noch nicht einmal der Familie, sondern ein schwer zu tragendes, weil unschuldig-schuldig errungenes Glück begnadeter Einzelner.

Die Wedekindsche Welt (S. 65)

Genau besehen, tut man selbst Akrobaten, Rennfahrern, Ringkämpfern, Huren Unrecht, wenn man sie als Tatmenschen ansieht und glaubt, daß mit ihrem „Tun" schon für sie alles erledigt sei. Der Artist, wenn er nur ein wenig über den Durchschnitt hinaus will, muß sich seine „Nummer" genau so überlegen, geschäftlich, nach dem Eindruck auf die „Abnehmer", und technisch wie nur irgendein Stahlkönig sein neues Unternehmen. Etwas überspitzt, aber im Kern richtig, läßt Wedekind seine „Edelhure" Effie sagen: „Unsere Abenteuer erfordern ... ebenso viel Verstand wie Gelenkigkeit und Gewandtheit. Vor vierzehn Tagen soupierte ich in Monte Carlo am gleichen Abend zur selben Zeit mit drei verschiedenen Herrn in ein und demselben Hotel, ohne daß einer von ihnen die geringste Ahnung von der Anwesenheit der beiden anderen hatte. Das war Gemüts-Gymnastik! Mit Sekunden mußte ich rechnen. Vorwände für mein Fortgehen und Warten erfand ich, daß es in meinem Hirn wie in einer mechanischen Spinnerei surrte. Jeder der drei holte mich aus unserer Wohnung ab. Jeder bestellte ein anderes Souper von fünf Gängen, von denen ich keinen ungekostet abtragen ließ. Jeder hat mich übermannt und brachte mich im Auto in unsere Wohnung zurück. Es war ein Wirrwarr von Leckerbissen, Umarmungen, Pfropfenknallen, Wagenfahrten, Trinkgeldervergeuden ..." So wenig eine Kokotte zu diesem Experiment geneigt sein wird, so sicher ist es, daß die Frau, die von ihrem Körper leben will nicht von ihrem Körper allein leben kann, sondern auch noch andere, außerhalb der „Tat" liegende Talente haben muß, wenn sie nicht mit 25 im Spital sterben will. (Siehe auch die Anmerkung zu Seite 145.) Und wenn wir aus Sehnsucht nach dem Tatmenschen in jugendlichem Eifer zu den wilden Völkern durchbrennen wollten, so würden wir wahrscheinlich sehen, daß diese wilden Völker das Gegenteil von wild, nämlich stinkend faul sind.

Potsdam und Weimar (S. 68)

Die Gestalt Friedrichs des Großen und die tragische Bedeutung seines Konfliktes mit dem Vater hat der Verfasser in einem Beitrag zur Zeitschrift „Oberdeutschland" (Juli 1922) zu zeigen versucht. Das Ergebnis: „Während des Krieges ist endlos über die Vereinigung von Potsdam und Weimar geschrieben worden. Man verlegte dabei, soweit ich mich entsinne, den Hauptnachteil auf die Seite des preußischen Staates, bedauerte die Spaltung Potsdam — Weimar hauptsächlich im Interesse Preußens.

Vielleicht noch tragischer ist sie aber für Weimar, für unser ganzes geistiges Leben. Shakespeare steht nach Herders Wort mit beiden Füßen auf der Erde, nur das Haupt in Wolken und Sonne. Unsere Größten ragen ebensohoch; aber — Hand aufs Herz! — Weimar ist nicht unmittelbar von dieser Erde. Seine Großen stehen nicht nur über uns; sie stellen sich auch gewissermaßen von vornherein über uns. Sie leben nicht, wie ausländische Verständnislosigkeit und Feindlichkeit öfters zu sagen gewagt hat, in einer anderen Welt als wir gewöhnlichen Sterblichen; aber sie leben gewissermaßen auf einem anderen, höheren Stockwerk desselben Hauses. Sie fassen selten auf dieser Erde festen Fuß. Weimar ist Geist von unserem Geist; aber is ist nicht unmittelbar und nahe unser eigen Fleisch und Blut.

Ich gehöre nicht zu den Leuten, die Goethe für keinen ‚rechten deutchen Mann' erachten, weil er, an Stelle von Haßgesängen, persische Liebeslieder schrieb. Aber deshalb bleiben doch die Nachteile bestehen, die aus Weimars Weltferne unserem ganzen Volke erwachsen sind, dem letzten pommerschen Katenmann und dem letzten Schwarzwälder Uhrmacher, die vielleicht nicht einmal genau wissen, ob Goethe Schreiber oder Musikant war. Der falsche Ton, den der offizielle Patriotismus sogar noch heute hat; die unleidliche Verwechslung von Vaterlandsliebe mit allerlei Äußerlichkeiten; die verständnislose Feindschaft zwischen sogenanntem ‚nationalen' Ungedanken und dem wahren deutschen Volksgedanken; das Künstliche, in die Luft Hinausgebaute großer Teile unserer Politik und unseres geistigen Lebens lange vor Revolution und Expressionismus: das alles — ein Rattenkönig von Verwechslungen, Aneinandervorbeireden, beiderseitigem Unfug — geht auf die Trennung Potsdam und Weimar zurück. Es ist noch nicht lange her, daß sich gesprächsweise einer unserer stärksten und bewußt deutschen Dichter mit Recht heftig dagegen wehrte, als ‚nationaler Mann' abgestempelt zu werden. Es ist die tragische Folge von Potsdam ohne Weimar, daß nicht erst seit heute gerade die besten Deutschen — und mit ihnen die Massen des Volkes — zwischen den ihnen gleich fremden Bereichen des bloßen Wortpatriotismus und der Internationale heimatlos, obdachlos dastehen. —"

Der Nachtarock (S. 70 ff.)

Pierrefeu „Plutarch hat gelogen" ist deutsch bei Rowohlt erschienen. — Alles sonstige Material dieses Abschnittes verdanke ich den Arbeiten des Generalstabshauptmanns Karl Mayr vom deutschen Alpenkorps, der mir nicht nur in seinen großen Aufsatz „Die deutsche Kriegstheorie und der Weltkrieg" (März- und Aprilheft 1923 der „Deutschen Nation") und in seine Gneisenaubiographie im dritten Band des Sammelwerkes „Kämpfer" (Franz Schneider, Berlin) Einblick gab, sondern auch in ein neues Manuskript; und mit dem ich die hier und im Abschnitt über die Friedensbewegung behandelten Fragen öfter und gründlich durchsprechen durfte, ohne daß ich ihm damit die Verantwortung für Fehler zuschieben möchte, die mir auf dem mir fremden Gebiet der Kriegskunst unterlaufen sein könnten.

Sieg gleich Willen (S. 75)

Genau dasselbe, nur um das Wort „fanatisch" erweitert, rühmte im Münchener Umsturzprozeß der Nationalsozialist Adolf Hitler dem General Ludendorff nach.

Wagner und das Deutschtum im Barte (S. 89)

Ich bin zu unmusikalisch, um über Wagner urteilen zu können. Daß er als Kunsttheoretiker ein Hinterweltler war, ist sicher; nur daß seine Hinterwelt, seine letzte „Deutung" eben seine Musik war ... die mir persönlich ein Rausch mit dem rationalistischen Einschlag des Leitmotivs scheint. Auf die Sektierer von Bayreuth braucht man als verkappt Religiöse nicht besonders hinzuweisen; vielleicht auch ist Wagner dafür nur zum Teil verantwortlich. Dagegen will mir scheinen, daß er es sich etwas zu bequem machte; daß er oft Rezept und Rausch statt Schöpfung gab; und daß er dort am größten ist, wo er sich selbst und seine Meinungen vergißt.

Die edlen Tierrassen (S. 93)

Hier wird man mir vielleicht das gleiche vorwerfen, was ich den Rassegläubigen vorwerfe: flachen Rationalismus. Man könnte fragen, ob ich denn keinen Sinn dafür habe, daß ein Vollblut etwas anderes sei als ein flinker Gaul; ein Windspiel etwas anderes als ein langschinkiger Köter; eine Angora etwas anderes als ein langhaariges Katzenvieh. Natürlich sind sie etwas anderes; und wir spüren alle, daß ihre Noblesse nicht nur in diesen Äußerlichkeiten ruht. Aber das beweist ja eben, daß Rasse nur die Grundlage bildet. Was ihnen „angezüchtet" werden konnte, waren nur die Äußerlichkeiten; was sie darüber hinaus haben, ist ihnen nicht angezüchtet, sondern anerzogen durch Umgebung, Pflege, Erziehung. Ein Vollblut, zu Ackergäulen gestellt, bleibt noch immer Vollblut; nur, sobald es von Jugend auf Ackerarbeit tun muß, verliert sich der Vollblutcharakter. Anwendung auf Staat und Gesellschaft: wenn jemand den Adel damit zu rechtfertigen versucht, daß wir bestimmten Menschen die Lebenssorgen abnehmen und ihnen von vornherein eine erhöhte Stellung geben müßten, damit sie ganz frei für die Besorgung der allgemeinen Geschäfte sind, so können wir ihm höchstens erwidern, daß diese Sorgenfreien oftmals die allgemeinen Geschäfte trotz ihrer Sorgenfreiheit schlecht besorgen. Wenn er aber von Blut und Rasse zu reden beginnt, drückt er tatsächlich sein Idol auf die Stufe des Schafes.

Menschenzüchtung (S. 93) — „Allons, Madame ...“ (S. 147)

Ein förmliches Stelldichein der Verkappten Religionen bietet folgendes Heiratsgesuch der „Vegetarischen Warte“: „Lebensreformer, Anfang der Dreißiger, gebildet, wünscht mit gebildetem deutschem Mädel zwecks Heirat in Verbindung zu treten. Bedingungen: Alter etwa 17 bis 22 Jahre, arisch-germanischer Rasse, blondes Haar, langschädelig, gezeugt und geboren von streng vegetarisch lebenden Eltern, an Mutterbrust gestillt, vegetarisch ernährt und in lebensreformerischem Sinne erzogen. Anhängerin der Nacktkultur und der Reformkleidung. Freundliche Zuschriften im obigen Sinne mit Lebenslauf und Bild in Reformtracht sowie drei Ganzaktlichtbildern, Vorder-, Seiten- und Rückenaufnahme, an die „Vegetarische Warte“ erbeten. Strengste Verschwiegenheit zugesichert und verlangt. Die Bilder werden, wenn nicht zusagend, zurückgesendet.“ — Vegetarismus, Antisemitismus, Phrenologie, vegetarisch gezüchtete Rasse, Hygiene durch Muttermilch — alles mit Garantieschein! — Reformkleid und schließlich Nacktkultur mit Ganzaktbildern: ein Ausnahmefall, der doch für die Leichtigkeit und Schrankenlosigkeit bezeichnend bleibt, mit der sich eine Verkappte Religion aus der anderen entwickelt — um am Schluß schnöde und utilitaristisch in die Koofmichswendung abzufallen: „wenn nicht zusagend“ — das nackt und von drei Seiten sich offerierende garantiert deutsche, gebildete „Mädel“ nämlich. (Oder nur ihre Aktbilder?)

Geschäftsantisemitismus (S. 98)

Allerdings darf dessen Umfang nicht unterschätzt werden. Die politischen Sensationsprozesse der letzten Jahre haben darüber Einzelheiten zutage gefördert, die alles andere als schön sind. Im heutigen Antisemitismus ist die „Brechung der Zinsknechtschaft“ sehr gut durchgeführt, was so viel heißt als: Pumpe ohne Zinsen und Rückzahlung. Versagt dies Rezept, dann läßt bei manchem seiner Anhänger der Antisemitismus plötzlich nach.

Fischer und Michel (S. 101 und 103)

Die „Schädelstätte“ bei Rösl & Cie., München; die „Verräter am Deutschtum“ bei Paul Stegemann, Hannover.

Strizzi, Leichenfledderer, Wechselfälscher (S. 104)

Einzelnachweise dafür, daß diese Ausdrücke nicht zu hart sind, mag man bei Michel oder in den politischen Prozeßberichten der letzten Jahre nachlesen. Ich verzichte auf Einzelheiten, mit Michel zu reden, „aus hygienischen Gründen“.

Verräter am Deutschtum (S. 104)

Man muß weitergehen als Michel. Die Antisemiten verraten nicht nur das Deutschtum, sondern sogar den Antisemitismus. Sie bilden heute eine Schutzwehr für die wirklich vorhandenen jüdischen Schädlinge, von denen man kaum mehr sprechen kann, ohne sich wider Willen am Verrat am Deutschtum zu beteiligen. Denn jeder „Auch-Antisemit" führt heute, wie lauter seine persönlichen An- und Absichten immer seien, den Verrätern am Deutschtum Oberwasser zu. Der Antisemitismus ist heute tatsächlich nicht nur wegen seiner schamlosen Überschätzung der Juden eine Judenschutztruppe; und die Behauptung mancher ganz verbissener Antisemiten, daß alle anderen Antisemiten „Judensöldlinge" seien, hat mehr Richtiges als ihre Verbreiter selbst ahnen.

Der Kaffernselbstschutz der Antisemiten (S. 104)

Wie die, die sich brüllend das „deutsche Volk" nennen, für geistige Werke danken, hat Fontane in bitter lächelnder Resignation an seinem „Fünfundsiebzigsten" gestanden:

Hundert Briefe sind angekommen,
Ich war vor Freude wie benommen,
Nur etwas verwundert über die Namen
Und über die Plätze, woher sie kamen.
Ich dachte, von Eitelkeit eingesungen:
Du bist der Mann der „Wanderungen",
Du bist der Mann der märk'schen Gedichte,
Du bist der Mann der märk'schen Geschichte,
Du bist der Mann des alten Fritzen
Und derer, die mit ihm bei Tafel sitzen,
Einige plaudernd, andre stumm,
Erst in Sanssouci, dann in Elysium;
Du bist der Mann der Jagow und Lochow,
Der Stechow und Bredow, der Quitzow und Rochow,
Du kanntest keine größeren Meriten,
Als die von Schwerin und vom alten Zieten,
Du fandst in der Welt nichts so zu rühmen,
Als Oppen und Groeben und Kracht und Thümen;
An der Schlachten und meiner Begeisterung Spitze
Marschierten die Pfuels und Itzenplitze,
Marschierten aus Uckermark, Havelland, Barnim,
Die Ribbecks und Kattes, die Bülow und Arnim,
Marschierten die Treskows und Schlieffen und Schlieben —
Und über alle hab' ich geschrieben.

Aber die zum Jubeltag kamen,
Das waren doch sehr, sehr andre Namen,
Auch „sans peur et reproche“, ohne Furcht und Tadel,
Aber fast schon von prähistorischem Adel:
Die auf „berg“ und auf „heim“ sind gar nicht zu fassen,
Sie stürmen ein in ganzen Massen,
Meyers kommen in Bataillonen,
Auch Pollacks und die noch östlicher wohnen;
Abram, Isack, Israel,
Alle Patriarchen sind zur Stell',
Stellen mich freundlich an ihre Spitze,
Was sollen mir da noch die Itzenplitze!
Jedem bin ich was gewesen,
Alle haben sie mich gelesen,
Alle kannten mich lange schon,
Und das ist die Hauptsache „kommen Sie, Cohn“.

Proudhons Geldtheorie (S. 109)

Die Brecher der Zinsknechtschaft werden hier erfreut rufen: mag sein, daß Proudhon den Gedanken früher gehabt hat, aber Proudhon war ja vor Marx; und wir bekämpfen ja nur den Marxismus. Aber es besteht ein Unterschied. Der Frühsozialismus war auch in seinen gröblichsten Narreteien noch ehrlich. Der heutige Faszismus aller Spielarten dagegen benutzt die frühsozialistischen Ged nken nur als Werbemittel. (Vergleiche etwa die durch den Umsturzversuch Ludendorffs und Hitlers so unliebsam unterbrochene Rede, die von Kahr am 9. November im Bürgerbräukeller zu München zu halten versuchte und die trotz der Unterbrechung nach dem Manuskript von der Münchener Presse vollständig gedruckt worden ist. Sie ist ein einziger Schrei: woher kriegen wir ähnliche Werbemittel wie der Sozialism l)

Palmen in den Händen (S. 134)

Es ist kennzeichnend für die hier behauptete Unklarheit und das Hinterweltlertum noch des heutigen Pazifismus, daß er zu „Abrüstungskonferenzen“ zu treiben sucht und sich über jede gehaltene freut. Das ist ein Kurierversuch am Symptom statt an der Krankheit. Wollen wir wirklich den Krieg vermeiden, so ist die Einigung über wirklich vorhandene Streitpunkte viel wichtiger als die Abrüstung, in die jeder der Beteiligten nur zögernd und mit der Furcht, schmählich hineingelegt zu werden, einwilligt. Eine vernünftige Politik ohne Rezepte, nur aus der klaren Einsicht heraus, daß der Krieg heute nicht mehr ultima ratio sein kann, weil er sinnlos geworden ist, würde die Welt weiter bringen als alle mit viel Pomp eingeleiteten, dann aus ganz natürlichen und vernünftigen Gründen im Sande verlaufenden Abrüstungskonferenzen, auf die die Pazifisten als Hinterweltler ihre Hoffnung setzen.

Verkafferung des Mutes (S. 135)

Als im letzten Krieg der Luft- und U-Bootskampf das freie Heldentum des Mannes wieder zu Ehren zu bringen scheint, da werden alsbald auch diese Heldentaten serienweise ausgeführt, und die Zahl der Ritter pour le mérite wird unübersehbar, womit nicht das Heldentum des einzelnen Mannes herabgesetzt ist, wohl aber der Wert; auch hier wird, in diesem Falle nicht durch sittliche Einwirkungen, Schnaps und Sperrfeuer, sondern durch das einfache Mittel der Ordensbelohnung nach acht abgeschossenen Flugzeugen künstlich gezüchtet. Es ist ein glattes Geschäft: hier Leistung, hier Gegenleistung. Beileibe nicht der Mut, wohl aber die Freiheit dieses Muts kommt unter die Räder.

Wedekinds Sexualmonomanie (S. 145)

Allerdings darf hier nicht verkannt werden, daß gerade Wedekind in die Monomanie hineingetrieben wurde erst durch eine völlig blind und völlig erfolglos wütende Zensur. Es ist entweder naiv oder unehrlich, einen Künstler mit all seinen Anlagen als vom Himmel gefallen anzusehen und solche äußeren Einflüsse zu vergessen oder zu unterschlagen.

Auch daran, daß Wedekind nicht einmal sein eigenes kleines Objekt ganz übersah, mag die Zensur mit Schuld tragen, indem sie ihn zu immer verblüffenderen, immer „unanständigeren" Dingen trieb. Er legte es immer mehr darauf an, Zensur und Bürger zu verblüffen und ihnen die Wahrheit zu sagen; und schließlich, bei Lichte betrachtet, ist ihm nicht einmal das gelungen. Er wollte ihnen zeigen, wie die Hure, die große Hure, „das wilde schöne Tier", aussieht. Aber er zeigte ihnen nur etwas verdrehte Frauenzimmer, die unter dem Messer Jack des Aufschlitzers oder unter dem Blick des Gedankensadisten elend zugrunde gehen. Die große Hure sieht etwas anders aus: etwa wie die Paiva, die als uneheliche Tochter Puschkins und einer Moskauer Jüdin geboren wurde, mit 15 Jahren in ein Moskauer Bordell kam, dort den Klaviervirtuosen Herz kennen lernte, von ihm nach Paris mitgenommen wurde, wo sie als große Kokotte — — — vom Fürsten Henckel-Donnersmarck geheiratet wird, dem sie sein Vermögen zusammenhält, durch bergmännische Ausbeutung der oberschlesischen Besitzungen vermehrt und dabei selbst die Kleinigkeit von 17 Millionen Franken gewinnt, die sie ganz brav ihrem Ehemann hinterläßt. Bismarcks Haus bleibt ihr allerdings verschlossen, aber auf der deutschen Botschaft in Paris empfangen zu werden, setzt sie doch durch. Die deutsche Legende sagt ihr Beziehungen zu Napoleon III., die französische dafür Beziehungen zu Bismarck nach. — Wie verblassen und versinken alle Stoffe Wedekinds vor einem solchen Stück Mensch und vor einem solchen Stück Leben. Hier war wirklich Gelegenheit, den Bürgern zu sagen: die Hure tut manchmal wirklich das, was ihr bloß nicht riskiert; und wenn es ihr gelingt, habt ihr gar nichts dagegen, daß sie an eurem Tisch sitzt. Wedekind aber war zu verliebt in sein kleines Idol, um jemals wirklich die Fragwürdigkeit bürgerlicher Moral anders als durch langweilige professorale Sätze bloßzustellen. Seine Hure bleibt nicht nur unter der Frau; sie bleibt sogar unter der Hure.

Die Frau als Sozialbeamtin (S. 154)

Vielleicht wird man einwenden, daß es doch ganz weiblich und zweckentsprechend sei, wenn sich die Frau als Sozialbeamtin zum Beispiel mit der Fürsorge für verwahrloste Kinder, für Prostituierte und ähnlichem befaßt. Es ist auch zweckentsprechend; nur weiblich ist es nicht. Denn die Aufgabe der Frau liegt darin, möglichst jede „soziale", das heißt entmenschte, entwärmte Arbeit in ihrem Lebenskreis überflüssig zu machen.

Das Geschlechtsverhältnis hat keine soziale und politische Bedeutung (S. 155)

Aber die Prostitution? Aber der Mädchenhandel? Sind da nicht soziale und politische Aufgaben? Ja. Nur daß wir, wenn wir diesen Übelständen abhelfen wollen, sie nicht sexuell, sondern immer nur politisch und wirtschaftlich packen können. Das Problem liegt hier überall auf dem Gebiet der äußeren Welt, nie im Geschlechtlichen an sich, das immer eine Sache zu zweien ist.

Die Psychoanalyse als verkappte Religion (S. 178)

Es ist tatsächlich etwas wie ein Treppenwitz, daß hier ein jüdischer Gelehrter genau die Mittel anwendet, die ihm die antisemitischen verkappten Religionen des Willens und der Rasse vorgemacht hatten; allerdings waren diese Mittel zum Teil schon in den Zahlen- und Buchstabenspekulationen etwa der Kabbala vorgebildet. Die Psychoanalytiker bildeten tatsächlich in ihren Anfängen so etwas wie einen jüdischen Geheimbund, — der im Gegensatz zu denen der Tat und des Willens sehr erfolgreich ist und ernstliche Anerkennung gefunden hat.

Cagliostro (S. 232 ff.)

Das Tagebuch der Elisa von der Recke — vielleicht das Aufschlußreichste über den großen Magier — hat Heinrich Conrad in der Sammlung „Rara" bei Robert Lutz, Stuttgart, herausgebracht.

Kehlkopf als Geschlechtsorgan (S. 233)

Entnommen dem Bändchen von Hans Leisegang „Geheimniswissenschaften“ (Perthes' Bildungsbücherei), das — im Gegensatz zur Mehrzahl der sonstigen Bücher für und gegen Steiner — sehr bestimmte Einzelheiten — auch aus den sogenannten „Geheimzyklen“ — mitteilt.